逻辑思维与写作分类实操训练 系列图书

陕西师范大学校级本科教材建设项目成果

逻辑思维与公文写作

主编 赵 颖 王同亮

西安交通大学出版社
XI'AN JIAOTONG UNIVERSITY PRESS

国家一级出版社
全国百佳图书出版单位

图书在版编目(CIP)数据

逻辑思维与公文写作 / 赵颖，王同亮主编. — 西安：西安交通大学出版社，2023.3
ISBN 978-7-5693-2839-4

Ⅰ.①逻… Ⅱ.①赵… ②王… Ⅲ.①公文-写作-教材 Ⅳ.①H152.3

中国版本图书馆 CIP 数据核字(2022)第 195147 号

书　　名	逻辑思维与公文写作 LUOJI SIWEI YU GONGWEN XIEZUO
主　　编	赵　颖　王同亮
责任编辑	雒海宁
责任校对	李逢国
封面设计	任加盟
出版发行	西安交通大学出版社 （西安市兴庆南路1号　邮政编码 710048）
网　　址	http://www.xjtupress.com
电　　话	(029)82668357　82667874(市场营销中心) (029)82668315(总编办)
传　　真	(029)82668280
印　　刷	西安日报社印务中心
开　　本	720 mm×1000 mm　1/16　印张 14.375　字数 242 千字
版次印次	2023 年 3 月第 1 版　2023 年第 3 月第 1 次印刷
书　　号	ISBN 978-7-5693-2839-4
定　　价	49.90 元

如发现印装质量问题，请与本社市场营销中心联系。
订购热线：(029)82665248　(029)82667874
投稿热线：(029)82664840
读者信箱：363342078@qq.com

版权所有　侵权必究

前 言
Foreword

笔者主持的慕课"逻辑思维与写作"作为陕西师范大学首批"金课"建设项目之一和省级精品在线课程,于2018年末正式在"中国大学MOOC"和"爱课程"两个在线课程平台上同步推出。三年多来选课人数逾10万人次,课程陆续在"学习强国"和国家智慧教育公共服务平台上线。课程受到广大学习者的欢迎,亦有学习者建议笔者推出后续课程,将写作课程细化。经过精心策划和严格打磨,笔者所在团队计划陆续推出《新编逻辑与写作》《逻辑思维与论文写作》《逻辑思维与公文写作》系列丛书。

本书作为系列丛书中的一本,不止于对逻辑学或者公文写作知识的传授,而是让学生学会用逻辑思维指导公文写作。本教材通过对逻辑思维与公文写作知识的融合,指导学生在使用写作材料的基础上,掌握和运用逻辑知识、推理技巧进行公文写作。本教材力求让学生学会运用逻辑知识分析和解决实际问题,以达到提高逻辑思维能力的目的;让学生学会在论证过程中,从论据合理地推导出论题,能运用严谨的思维和科学的方法完成公文和申论文的规范写作。

本教材在基本逻辑知识的框架内,从对材料处理、公文写作的实际指导作用角度进行设计。本教材导论部分对逻辑思维和公文写作进行概括性介绍。上篇(第一至三章)针对基本逻辑知识点结合写作的要求进行讨论。中篇(第四至六章)针对公文主旨的表达、结构分析和材料处理进行设计,在此基础上,注重对公文写作能力和方法进行提升和指导。下篇(第七至十一章)针对日常工作中常用公文文种写作进行介绍。

在本书的编写过程中,笔者参阅了国内外大量专著、论文等文献资料,在此一并表示感谢。与此同时,教材所用范文,一部分系笔者结合近年来在国内党政机关和企事业单位进行公文讲座的实践,从收集的范文筛选而来。另一部分系笔者在某市直机关挂职期间所撰。本书的第七至九章由王同亮同志编写,其余章节由笔者完成,特此说明。

同时,感谢西安交通大学出版社的编辑同志在本书编辑出版中付出的辛苦努力;亦感谢多年来参与本课程学习的学生和其他社会人士,他们在课堂内外的讨论和建议给予我坚持写作的信心和动力。

即便如此,囿于能力所限,不足之处期待诸位方家批评指正。

赵颖

2022年6月于陕西师范大学

目录 Contents

导　论 ··· 001
　一、写作与公文写作 ··· 001
　二、思维与逻辑思维 ··· 008
　三、逻辑思维与公文写作的关系 ······························ 011
　四、公文写作的质量要求 ·· 017

上篇　逻辑思维与公文之"思"：逻辑基本要素在写作中的运用

第一章　概念与语词的运用 ····································· 027
　一、概念和语词 ·· 027
　二、概念间关系 ·· 031
　三、限制与概括 ·· 032
　四、下定义 ·· 033
　五、划分 ·· 038

第二章　命题和语句的表达 ····································· 043
　一、命题和语句的关系 ··· 043
　二、性质命题的运用 ··· 048
　三、复合命题的运用 ··· 051
　四、模态命题的运用 ··· 060
　五、规范命题的运用 ··· 062

1

第三章　公文写作中的推理思维 …… 064
一、溯因推理 …… 064
二、类比推理 …… 066
三、归纳推理 …… 069
四、求因果联系的逻辑方法 …… 080
五、厘清逻辑推理结构 …… 088

中篇　逻辑思维与公文之"论"：主旨、结构与材料

第四章　公文主旨的写作 …… 093
一、公文主旨的确立原则 …… 093
二、公文主旨确立的依据 …… 096
三、公文主旨的表达 …… 099

第五章　公文的谋篇与结构 …… 104
一、公文的谋篇布局 …… 105
二、公文的常见结构 …… 106
三、公文的段落顺序 …… 117
四、公文结构的语言表达 …… 121

第六章　公文写作材料的运用 …… 123
一、占有材料 …… 123
二、选择材料的标准 …… 127
三、收集材料的方法 …… 130
四、整理经验材料的逻辑方法 …… 133

下篇　逻辑思维与公文之"学"：常用文种写作实操

第七章　通知的写作 …… 141
一、通知的含义和特点 …… 141
二、通知的分类 …… 142

三、通知的写作结构 ………………………………………… 145
　　四、通知的写作要求 ………………………………………… 153

第八章　报告的写作 ……………………………………………… 155
　　一、报告的含义和特点 ……………………………………… 155
　　二、报告的分类 ……………………………………………… 156
　　三、报告的写作结构 ………………………………………… 170
　　四、报告的写作要求 ………………………………………… 177

第九章　函的写作 ………………………………………………… 179
　　一、函的含义与特点 ………………………………………… 179
　　二、函的分类 ………………………………………………… 179
　　三、函的写作结构 …………………………………………… 187
　　四、函的写作要求 …………………………………………… 189

第十章　请示的写作 ……………………………………………… 191
　　一、请示的含义和特点 ……………………………………… 191
　　二、请示的分类 ……………………………………………… 192
　　三、请示的写作结构 ………………………………………… 196
　　四、请示的写作要求 ………………………………………… 200

第十一章　纪要的写作 …………………………………………… 202
　　一、纪要的含义与特点 ……………………………………… 202
　　二、纪要的分类 ……………………………………………… 203
　　三、会议纪要的写作结构 …………………………………… 207
　　四、纪要的写作要求 ………………………………………… 212

附录 ………………………………………………………………… 214

导 论

公文自古以来,不仅是社会管理、信息传递的工具,更是具有社会教化的功能性体现。《颜氏家训》曾对中国历史上公文的功能做出高度概括:"朝廷宪章,军旅誓诰,敷显仁义,发明功德,牧民建国,施用多途。"刘勰以为:"辞之所以能鼓天下者,乃道之文也。"公文写作的自律性和他律性决定了公文在政治参与、社会活动中的重要作用。伴随社会现代化的进程,公文作为工具性的效能被愈加重视,公共事务处理对公文的规范化和精细化提出更为严格的要求,除了格式规范,对于主旨表达、逻辑顺畅同样要求精益求精。

一、写作与公文写作

(一)写作

写作是以语言文字为媒介进行文化交流的行为,是人类各个领域不可或缺的信息记录与传播方式。作为人类有目的的社会实践活动记录,写作的本质是人类思维的结果。关于写作的定义,学界从不同角度给予不同的界定,具有代表性的如:

从文章学角度看,写作即"写文章",是人类运用语言文字、符号进行记录、交流传播信息的语言活动,这也是写作最通常的含义。这个角度,重视文章中心思想、材料应用,结构编排以及表达顺畅。

从文学和语言学角度看,写作是一种创造性的精神活动,是"积字成词,积词成句,积句成段,积段成篇"的组合训练。这个角度,重视对文字的精雕细琢,强调文章的个性和美学意味。

从写作的研究要素看,写作是由"主题""体裁""结构""表达方式""语言""文风""修改""文本写作"八个要素组成的创作活动。这个角度,重视写作中最基本形态的完成和组织。

从社会活动的角度看,写作是人类运用书面语言反映客观事物、再现社会生活的一种行为过程。这个角度,重视写作与现实生活的关系。

学界从诸多角度讨论,对写作的定义兼顾了实践层面和学理层面,使写作作为一门学科承担更多的社会责任。与此相伴的,学界出现了写作思维学、写作美学、应用写作学、文学写作学、非虚构写作等诸多写作的分支学科。

其中,写作按照活动对象可以分为文学写作与公文写作。

文学写作是典型的生命个体活动,具有个体性、创造性的根本特征。文学写作往往凝聚了作者个体的思想、经历、情感,鲜明地烙上了作者个体的生命印记。公文写作,必须依附于组织,服从或服务于组织管理目标,内容上忠于法定作者的意图,在形式上严格遵循行文规范。下文对此进行专门的介绍。

(二)公文写作

1. 公文的定义

公文有广义和狭义两个方面的含义。广义上的公文,即文书,是人们在社会实践活动中,因为凭证、记载、公布、传递的需要,在一定载体材料上表达思想意图的一种信息记录;亦是传达、贯彻党和国家的方针、政策,发布法规和规章,实施行政措施,指导、商洽工作,汇报情况,交流经验的重要工具。

狭义的公文是党政机关、人民团体、企事业单位在管理过程中形成的具有法定效力和规范体式的特定文书。2012年4月16日由中共中央办公厅和国务院办公厅联合印发,自2012年7月1日起实施的《党政机关公文处理工作条例》规定:

> 党政机关公文是党政机关实施领导、履行职能、处理公务的具有特定效力和规范体式的文书,是传达贯彻党和国家方针政策,公布法规和规章,指导、布置和商洽工作,请示和答复问题,报告、通报和交流情况等的重要工具。

狭义的公文通常专指2012年《党政机关公文处理工作条例》中规定的决议、决定、命令(令)、公报、公告、通告、意见、通知、通报、报告、请示、批复、议案、函和纪要15种党政机关公文,即:

(一)决议。适用于会议讨论通过的重大决策事项。

(二)决定。适用于对重要事项作出决策和部署、奖惩有关单位和人员、变更或者撤销下级机关不适当的决定事项。

(三)命令(令)。适用于公布行政法规和规章、宣布施行重大强制性措施、批准授予和晋升衔级、嘉奖有关单位和人员。

(四)公报。适用于公布重要决定或者重大事项。

(五)公告。适用于向国内外宣布重要事项或者法定事项。

(六)通告。适用于在一定范围内公布应当遵守或者周知的事项。

(七)意见。适用于对重要问题提出见解和处理办法。

(八)通知。适用于发布、传达要求下级机关执行和有关单位周知或者执行的事项,批转、转发公文。

(九)通报。适用于表彰先进、批评错误、传达重要精神和告知重要情况。

(十)报告。适用于向上级机关汇报工作、反映情况,回复上级机关的询问。

(十一)请示。适用于向上级机关请求指示、批准。

(十二)批复。适用于答复下级机关请示事项。

(十三)议案。适用于各级人民政府按照法律程序向同级人民代表大会或者人民代表大会常务委员会提请审议事项。

(十四)函。适用于不相隶属机关之间商洽工作、询问和答复问题、请求批准和答复审批事项。

(十五)纪要。适用于记载会议主要情况和议定事项。

此类公文是国家机关和企事业单位为处理公共事务、按照确定程序和特定体式制作并使用的具有相应效力的书面文字材料,是公务活动的重要书面工具,通常由法定作者制发,事关公务并具有现实效用,依特定程序、格式和规则行文以及具有法定的权威性和约束力等特质。

本书中的"公文"指其广义上的含义,广义上的公文即文书,一般有以下分类:

一是二分法,公文分为行政公文和事务文书。行政公文通常是体现行政机关意志,由机关或机关部门根据权责范围、行政关系行文,并具有法定效力和规定格式的文书。事务文书则是围绕公务活动形成的其他文书,但是不属于具有行使职权和法定效力的文书,因此不能单独行文。例如工作计划、研究报告、总结、讲话稿等,不需要公文的版记、印章,没有格式的规定,通常按照约定俗成的规范写作。

二是三分法,包括公务文书、事务文书和专用文书三大类。

公务文书是党和国家机关、人民团体、企事业单位及其他法定的社会组织行使职权、处理公务的具有法定效力和规范体式的文书,是治理国家、管理社会的重要工具。

事务文书是围绕公务活动形成的其他文书,即机关、企事业单位和团体在日常工作和事务处理中,常使用形式较为灵活的文书,不能单独行文。通常按照约定俗成的规范写作,例如工作计划、研究报告、总结、讲话稿、情况说明等,没有格式的规定,不需要公文的版记、印章。

专用文书是指在特定工作部门或限定的业务范围内使用的文书。如外交文书中的照会、外交声明;司法文书中的诉状、答辩书、判决书;经济活动中的市场调查与预测报告、经济活动分析报告、质检报告、财务分析报告;另外还有军事专用文书、科技专用文书等。

2. 公文的历史发展

作为实现国家统治的工具,公文的出现几乎是和文字的出现并行的,一些关于上古三代的间接史料记载了当时公文的使用状况,例如《尚书·甘誓》是夏启讨伐有扈氏的动员令。甘,是地名;誓,为约信,有很强的命令性。这是迄今发现最早的带有军法性质的规范。《史记·夏本纪》记载:"启伐之,大战于甘;将战,作《甘誓》。"商代的主要文体有誓(如《尚书·汤誓》)、诰、训。

周代文体如命、诰、誓等。其中,命主要用来授官赐爵。西周时期,命,又称为册命、册(策)、书、简书、命书、令书、令册(命册)等。诰、誓均属于沿用前朝的文体。当时虽然没有明确的行文意识,但是按照今天的行文方向,周朝已经针对具体的行文对象有了文种的规定,下行文如册(策)、典,平行文如盟书,上行文如丁籍、事书。此外还有专门的事务性文书,如谱牒、版、图、丹书、约剂等。

《史记·秦始皇本纪》中提到秦朝公文种类包括"制、诏、奏"等。秦统一中国后制定的相关文书工作规范为后世的文书规范奠定了基础,如制、诏、令、奏等文体的使用。汉承秦制,公文文体常用的如策书、章、表、疏、议、状、告、令、教、敕、檄、移、品约等。

三国两晋南北朝时期,是我国公文的大变革时期,具体表现在三个方面。第一,明确提出公文这一概念。西晋陈寿在《三国志·魏书·赵俨传》中记载:"或报曰:'辄白曹公,公文下郡,绵绢悉以还民。'上下欢喜,郡内遂安。"南朝宋范晔著《后汉书·刘陶传》中,则有"州郡忌讳,不欲闻之;但更相告语,莫肯公文"的记录。古文献中的"公文",指官府发布的具有法定效力的文书。第二,对于公文的理论开展专门研究。极具代表性的如蔡邕的《独断》、曹丕的《典论·论文》、曹植的《与杨德祖书》、晋代挚虞的《文章流别论》、应玚的《文质论》、陆机的《文赋》、南朝刘勰的《文心雕龙》和任昉的《文章缘起》等。第三,明确了文学和公文作品的区分。在中国文学史上，南北朝之前，人们并没有对公文写作和文学创作的本质进行区分，此前几乎所有的文字被统称为"文学"。因此早期文字活动中，尤其是先秦时期很多作品并非都是文学创作，更多的是具有公文的本质属性，如《尚书》《谏逐客书》《论贵粟疏》《出师表》《盐铁论》等，都是典型的公文。魏晋南北朝时期，更加重视文体的分类，蔡邕在《独断》一书中对上行文、下行文进行了划分，将下行文划分为策书、制书、诏书、戒书，将上行文划分为章、奏、表、驳议。曹丕的《典论·论文》则将文章分为奏议、书论、铭诔、诗赋四大类，并指出它们在写作上的不同要求："盖奏议宜雅，书论宜理，铭诔尚实，诗赋欲丽。"前三种就是公文。刘勰所著《文心雕龙·书记》运用大量篇幅系统论述谱、籍、簿、录、方、术、占、式、律、令、法、制、符、契、券、疏、关、刺、解、牒、状、列、辞、谚 24 种公文，并论述文体的起源与演变、运用范围、拟制要领。《文心雕龙》初步形成了我国古代公文的理论体系，它有一个非常重要的意义在于认识到应用性文体与文学作品有着不同的写作要求和创作规律，即古史所谓的"文笔分途"。"文"即文章、诗赋，必须有情辞声韵；"笔"即公文，不需要有韵，也不必具有文采，只要直叙，着眼于叙事达意，施于实用。按刘勰的观点："今之常言，有文有笔，以为无韵者笔也，有韵者文也。"（《文心雕龙·总述》）"文""笔"分途说明公文写作已经成为一种专门技能，有独特的要求、规格，这样的划分大大提高了公文的质量。

唐代《公式令》规定不同行文方向："凡上之所以逮下，其制有六，曰：制、敕、册、令、教、符。（天子曰制、曰敕、曰册；皇太子曰令；亲王公主曰教；尚书省下于州，州下于县，县下于乡皆曰符。）"关于上行文，唐朝有表、状、笺、启、辞、牒 6 种。《公式令》规定："凡下之所以达上其制亦有六，曰：表、状、笺、启、辞、牒。（表上于天子；其近臣亦为状、牒；启于皇太子，然于其长亦为之，非公文所施；九品已上公文皆曰牒；庶人曰辞。）"平行文有关、刺、移 3 种。《公式令》规定："诸司自相质问其义有三，曰：关、刺、移。（关谓开通其事；刺谓刺举之；移谓移其事于他司，移则通判之官皆连署。）"唐代的公文在提高办事效率的同时，通过皇室文书与一般文书的区别维护皇权。这一行为沿袭至后世，宋、明、清各朝对行文方向和行文文种都有严苛规定。清末，受西方社会影响，公文文体也有了变化，增加了报告、护照等；电报传入后，又出现了电旨、电奏、电信等文体。

中国古代公文往往是朝廷、官府（及其主官）在行使职权、处理公务时所使用的文书。与现代公文一样，古代公文也有上行文、下行文、平行文之别，无论是君主下发的制、诰、诏、敕，还是臣子上书的章、表、奏、议，公文与其他文章尤其是文学作品的差别主要在于它的实用性。在写作特征上，古代公文与当代公文最重要的变化是"文学性"向"逻辑性"的逐步转变。古代公文非常强调"文采"，不少经典公文使用散、骈、赋的方式进行写作，尤其是在许多上行文中，作者的个人风格浓烈，情感抒发自由。而在当代公文写作中，对真实性、准确性的要求远高于对文采的要求，一般被当作应用文来写作，并且由于公文作者在这个过程中充当的是权力意志的传声筒，所以个人意志、主观情感总是被减弱到最低程度，以避免对公文的权威性造成伤害。古今公文写作内容的转换过程，也是公文的文学性逐渐减弱、逻辑性逐渐增强的过程。

此外，所谓"言之无文，行而不远"，公文写作是公务人员的必备技能之一。中国历史上的科举考试，无论是诗赋或是策问，写作能力是最根本的考核。

3. 公文的作用

公文写作的目的是为传递并发布一定的社会生活信息，针对的是社会化的内容，往往具有内容、格式、程序上的规定性。而程序上的规定性需要服务于公文的社会功能，即公文的作用。公文的作用一般具有以下几个方面的内容。

第一，领导和指导作用。

公文的领导作用体现为：上级机关通过制发公文，传达党的路线方针政策，颁布国家的法律法规，组织开展各种公务活动，责成下级机关严格执行或予以贯彻。公文的指导作用体现为：上级机关通过制发公文，对本行业、本系统的业务工作提出原则性的指导意见，要求下级机关结合本地区、本部门的实际情况，创造性地贯彻执行。

第二，规范和约束作用。

党政机关制定的条例、规定、办法以及根据党的路线、方针和政策制定的法律法规，具有明显的规范和约束作用。

第三，联系和沟通作用。

党政机关、企事业单位、人民团体等组织通过制发公文联系和商洽工作，传递和反馈信息，介绍和交流经验，常用文种如函、报告等。

第四，档案和凭证作用。

公文作为处理公务的专门文书，反映了发文机关的意图，具有法定的效力，是受文机关做出决策、处理问题、开展工作的依据和凭证。常用文种如决定、通知、批复、报告、意见、请示和函等。

4. 公文的分类

(1) 按照行文方向，分为上行文、下行文、平行文三种，这是在日常工作实践中,最常使用的划分方式。

上行文是指按各自垂直的组织系统,下级机关向上级机关的行文。如请示、报告等。

下行文是指按各自垂直的组织系统,上级机关向下级机关的行文。如命令、批复等。

平行文是指平行机关和不相隶属机关单位之间的行文。如函、通知等。

行文方向的依据是党政机关中的行文关系,即发文机关与主送机关之间的组织关系在行文上的体现。首先,党政机关广义上包括党的机关、人大机关、行政机关、政协机关、审判机关、检察机关,也包括各级党政机关派出机构、直属事业单位及工会、共青团、妇联等人民团体。党政机关按照工作内容基本上分为三大类型:一是国家政权机关,包括国家立法机关、行政机关、司法机关等;二是政党、团体和各种社会组织机关;三是企业、事业实体单位所设立的机关。其次,党政机关中,同一垂直系统中存在直接职能往来的上下级机关之间的关系。具体分为下列几种:

第一,同一系统的上下级机关,构成领导与被领导关系。如国务院与各省、自治区、直辖市人民政府,各省、自治区、直辖市人民政府与所属的各市、区(县)人民政府。此类关系通常使用上行文或者下行文。

第二,上级业务主管部门和下级业务主管部门之间具有业务上的指导与被指导关系。如教育部与各省、自治区、直辖市财政厅(局)。此类关系通常使用上行文或者下行文。

第三,同一系统的同级机关之间的关系,属于平行关系。如A省教育厅与B省教育厅。此类关系通常使用平行文。

第四,非同一系统的机关之间,既无领导与被领导关系,又无上下级业务部门的指导且不发生直接职能来往的机关之间的关系,属于不相隶属关系。如市文化旅游局与市综合执法局。此类关系通常使用平行文。

(2)根据行文目的分为知照类公文、部署类公文、报请类公文、批答类公文和奖惩类公文。

知照类公文:知,即通知、告知;照,即照会。知照类公文主要向社会公众发布,用于告知情况、沟通信息、通知事项等,表明发文机关的立场或态度,是作为凭证的一种告谕性公文。

部署类公文:部署类公文主要用于上级机关对下级机关布置工作、安排事务、处理问题而发的具有领导性、指导性、落实性的公文。部署类公文在党政机关公文中所占的比重较大,是机关工作尤其是行政机关工作中接触最多的一类公文,也是党委工作中最重要的公文。

报请类公文:报请类公文属于上行文或平行文,主要是报告情况、请求或询问事项。行文目的是希望上级单位了解自己所做的工作或工作开展的情况;恳请上级对自己的工作予以指示,对自己需要解决的问题给出明确的态度;期盼对方对有关询问事项给出具体的答复和指导。

批答类公文:批答类公文主要是上级机关同意、批准下级机关的请求事项,亦包括平级机关或不相隶属机关之间答复有关询问事项。

奖惩类公文:奖惩类公文主要用来发布奖惩事项。《中华人民共和国国家公务员法》专门对国家公务人员设置奖惩条例,同时,在事业单位、企业单位,也经常要表扬先进、批评错误,以此来要求有关机关单位和人员学习先进,或在工作中吸取教训,防止类似事件的发生,这时经常会使用奖惩类公文。

(3)根据公文的作用分类,列举部分文种如下。

第一,领导指导性公文:命令、决定、决议、批复、意见等。

第二,报请商洽性公文:请示、报告、函、议案等。

第三,公布知照性公文:公告、通告、通知、通报、纪要等。

第四,日常事务性公文:计划、总结、会议记录、大事记、简报等。

第五,规约性公文:章程、条例、规定、办法、细则、制度等。

二、思维与逻辑思维

思维是在表象或概念的基础上进行的认识客观事物、现象或事件的一种行为活动。通常人们所说的"思考""考虑""思索"等词用科学术语概括就是"思维"。钱学森认为人类的思维有三种:形象思维、抽象思维和灵感思维。就形象思维和抽象思维而言,这两种思维既可在显意识状态下进行,也可在潜意识状态下进行,但灵感思维是在潜意识状态下进行的思维。

1. 灵感思维

灵感思维是在形象思维和抽象思维的基础上产生的一种顿悟思维。文学创作者都有这个体会,即在创造形象或思考理论时,有时冥思苦索,就是想不清楚问题,也无法塑造满意的人物形象和情节。但突然灵感一来,"思如潮涌"或"茅塞顿开",就会设计某个艺术人物、艺术情景。这种思维所产生的思想是顿悟的,所以也称"顿悟思维"。钱学森说:"灵感思维实际上是潜思维,是潜在意识的表现。"

导 论

灵感思维是一种突发性的创造活动。公元前9世纪,古希腊诗人荷马在《伊利亚特》开头就向诗神祈求,希望能赐予他神圣的灵感。19世纪文学家果戈理向灵感之神大声求救:"噢,不要离开我吧!同我一起生活在地上,即使每天两个钟头也好……"苏联马卡连柯用十三年的工夫,搜集积累了大量创作材料,却难以下笔。高尔基一席话,却使他顿开茅塞,开始写作《教育诗》。同样的苏联作家康·帕乌斯托夫斯基在其著作《金蔷薇》一书中,对灵感做出这样的描述[①]:

> 灵感来时,正如绚丽的夏日的清晨来临,它驱散静夜的轻雾,向我们吹来清凉的微风。灵感,恰似初恋,人在那个时候预感到神奇的邂逅、难以言说的迷人的眸子、娇笑和半吞半吐的隐情,心灵强烈地跳动着。在这个时候,我们的内心世界像一种魅人的乐器般微妙、精确,对一切,甚至对生活的最隐秘的、最细微的声音都能共鸣。

需要注意的是,灵感思维离不开已经有的经验和知识,这种思维一定是在形象思维和抽象思维的基础上产生的,只不过不是在显意识中进行,而是在潜意识中把自己脑中原有的知识进行超越。所谓"超越",其实是形象思维和抽象思维在潜意识中的综合运用并得到最充分的发挥。

席佩兰是清朝诗人袁枚的女弟子,极有才学,待字闺中时便立誓非诗人不嫁,凡上门求亲者,要经过三考:一是要送上诗稿,二是要面试,三是要联句。同乡文人孙原湘上门提亲,诗稿被选中,面试也顺利,在联句时恰逢窗外积雪消融,席佩兰家门口有一对雪堆成的狮子也正在慢慢融化,席佩兰脱口而出:"雪消狮子瘦。"孙原湘绞尽脑汁也联不上下句,最后只好满面羞愧而回,急出一场病。到了正月十五,母亲扶孙原湘赏月,并和他逗趣说:"今天是元宵佳节,你看月亮多圆呀,月亮里的桂花树长得多茂盛,树下的兔子长得多肥呵!"母亲话刚说完,孙原湘惊喜地狂呼:"有了!有了!那位小姐出的是'雪消狮子瘦',下句不正是'月满兔儿肥'吗?我早出来赏月也就不会受这场苦了。"孙原湘在病好之后,与席佩兰结为夫妇,成为清代著名的诗坛伉俪。孙原湘所取得的这一思维结果没有灵感的诱发和联想是无法完成的,灵感思维的作用是抽象思维和形象思维所不能取代的。

2. 形象思维

形象思维是直观地对客观事物、现象或事件进行思考,它是在感觉、知觉、

[①] 康·帕乌斯托夫斯基:《金蔷薇》,戴骢译,上海译文出版社,2010,第43页。

表象的基础上进行的思维行为活动,这种思维主要是靠右脑进行。形象思维的认识过程是对客观世界的反映和加工的过程,外界的刺激作用于感觉器官,就会在人类的大脑皮质内引起相应的反应,对某物的个别属性的反应,就是感觉,具体的感觉可能是味觉、嗅觉、听觉或视觉等。感觉的信息是具体的、个别的。如果客观事物属性刺激感觉器官,使客观刺激物作为整体反映于大脑中,这就形成知觉。经过感知的客观事物的属性、形状以及客观事件的动态情景在大脑中再现的完整形象,就是表象。人们在表象的基础上通过类比、归纳、分析、综合、联想、想象等方式进行的思维活动,就是形象思维。人类"表征"客观世界的能力,实际上就是形象思维的能力,所以"心理思维"实质上就是形象思维。

形象思维的认识方式是感知、体验,是人脑直接感知客观世界的感性认识,所以也称"感性思维"或"直观思维"。思维过程的联想支点或支柱是具体事物或情景在大脑中的再现。这种思维不是在语言的词语或抽象的概念的基础上进行的,所以也可以说它是"非语言思维"或"非抽象思维"。

毛泽东在1965年7月21日写给陈毅的信中指出:"诗要用形象思维,不能如散文那样直说,所以比、兴两法是不能不用的。赋也可以用,如杜甫之《北征》,可谓'敷陈其事而直言之也',然其中亦有比、兴。'比者,以彼物比此物也''兴者,先言他物以引起所咏之词也'。韩愈以文为诗,有些人说他完全不知诗,则未免太过,如《山石》《衡岳》《八月十五酬张功曹》之类,还是可以的。据此可以知为诗之不易。宋人多数不懂诗是要用形象思维的,一反唐人规律,所以味同嚼蜡。以上随便谈来,都是一些古典。要作今诗,则要用形象思维方法,反映阶级斗争与生产斗争。"①毛泽东肯定了形象思维之于文学创作的重要意义,为文学创作指明了道路。

形象思维有的比较简单,只反映同类事物中的一般的属性,只能作有限的分析、综合;有的在类比、归纳、分析、综合的基础上有一定的有限的联想;有的比较复杂,在接触大量事物的基础上,对表象进行高度的类比、归纳、分析、综合,乃至发挥充分的联想、想象并产生出新的思想。

分析形象思维与逻辑思维的关系,一方面,形象思维早于逻辑思维。无论从人类思维历史的发展过程来看,还是从人类个体的思维发展过程考察,人们总是先进行形象思维,逻辑思维是当人类进化到了较高阶段才能够产生的。另一方面,形象思维与逻辑思维有交互作用,构成复杂的思维运动。逻辑思维是形象思维的基础。只有理性地理解生活,才能通过形象思维创造出生动感人的

---

① 中央文献研究室编辑《毛泽东文集》第8卷,人民出版社,1999,第421—422页。

艺术形象。当然,形象思维在一定条件下也可以反作用于逻辑思维。因此,钱学森认为:"科学工作是源于形象思维,终于逻辑思维。形象思维是源于艺术,所以科学工作是先艺术,后才是科学。相反,艺术工作必须对事物有个科学的认识,然后才是艺术创作。"①

3. 逻辑思维

逻辑思维是在词语和词语所表达的概念的基础上进行分析、综合、判断、推理等的一种思维。逻辑思维,也称抽象思维,在认识过程中它借助于形式逻辑的思维方式以获得合乎逻辑的结论,理性地去揭示事物的本质和内在规律,是人类认识世界的重要手段。逻辑学与思维科学的研究对象虽然都是思维,但是,它们所研究的具体对象和范围是不同的。思维科学的研究对象是全部思维,而逻辑学的研究对象只是逻辑(抽象)思维,因此,逻辑学只是思维科学中的一部分。思维活动主要是靠左脑进行。与直感的形象思维不同,抽象思维是在感性思维的基础上概括地间接地反映客观事物,反映事物之间的内在联系和规律性。人们在进行逻辑思维时,总是利用自己所掌握的语言和相关逻辑来进行思维,所以逻辑思维中词语是不可缺少的,只有词语才能使事物在认识过程中脱离感觉、知觉、表象,上升为抽象的理性概念,概念得通过词语表现,例如在客观世界中存在松树、桃树、柳树、柏树等,而要有"树"这个概念,就得有"树"这个词语。概念反映了客观事物的本质特征,有了概念,才能反映客观事物的内在联系与规律性。概念是逻辑思维的出发点,一个完整的逻辑思维过程实际上是人脑内部的概念联结起来组成判断再进行推理、分析、综合的过程。逻辑思维的认识方式是理性的,所以也称"理性思维"。逻辑思维离不开语言,所以也称"语言思维"。

三、逻辑思维与公文写作的关系

写作是人类重要的实践活动。人类通过文字传递思想,抒发情感,进行信息沟通。写作过程是人的思维过程。写作能力的培养是思维能力的培养。

在漫长的人类历史中,人类一直持续地关注、思考、研究思维。如笛卡尔所说:"我思故我在。"18世纪以前,人们只是在哲学范畴内思考人的思维,时至今日,却更多地从实用的角度来认识思维。思维来自实践,又指导实践。而各项思维能力中,最重要的就是逻辑思维能力,如同写文章,没有逻辑的文章就会凌

---

① 涂元季主编《钱学森书信》第2卷,国防工业出版社,2007,第371—372页。

乱不堪。

"言论的逻辑力量,来自严密的逻辑推理。"公文的权威性,也来自严密的论证。在进行论证的同时,也训练了严密的逻辑推理能力,提高了理性思考的能力,长此以往,必将提高公文的写作水平。毛泽东的文章洋洋洒洒、一气呵成、气势恢宏,对理论的阐释也十分清晰,这都离不开他严密的逻辑论证。他曾说:"写文章要讲逻辑。就是要注意整篇文章、整篇说话的结构,开头、中间、尾巴要有一种关系,要有一种内部的联系、不要互相冲突。"他还说:"形式逻辑是讲思维形式的,讲前后不相矛盾的。"因此,概念要明确,命题要恰当,推理要有逻辑性,论证要有说服力,这是对公文写作的基本要求,要达到这些要求,要掌握以下几个方面的内容。

1. 逻辑形式与语言形式

思维对世界的反映是借助于语言来实现的,语言是表达思想的物质载体,具有符号性、指谓性与交际性的特征。思维的形式结构通过语言的合乎语形规则的构造得到体现。从口语表达到语词的使用,再到语句的构建,产生语法规则,具备逻辑,人类的思维凭借语言的演化,逐步命名、定义,从而表达我们生存的世界。

爱因斯坦认为科学产生的必要条件之一是演绎逻辑。他进一步提出主谓结构的语言是产生演绎逻辑的必要条件,因为逻辑命题也是主谓结构。汉语不同于印欧语的语法原理在于句子结构以话题——说明为主,主谓结构只是其中一个特例。各层语法单位"词—短语—句子"同构。句子成分的主要功能是起对比作用。这些语法原理规定了中国推理方式以同构、对比推理为主。

在西方的语言学中,语言学主要包括语音学、词汇学、语法学三个方面内容;在中国传统语言学中,语言学主要包括文字学、音韵学、训诂学。而在近代的语言学中,语言学还包括语形学、语义学、语用学。这些不同的区分有其共通之处,如语音学与音韵学类似,文字学与语形学类似,训诂学既与语法学类似,又接近于语义学和语用学,此外,宏观上的语言学还涵盖了修辞学。

> 在言辞方面,脱离了真理,就没有,而且也永远不能有真正的艺术。
>
> ——《斐德若篇》①

逻辑与语言之间的联系十分密切,无论是思维的产生,还是思维活动的实现以及思维成果的表达,都离不开语言。

---

① 柏拉图:《柏拉图文艺对话集》,朱光潜译,人民文学出版社,2008,第114页。

从西方哲学史层面看,语言是抽象的,并总是和逻各斯、理性密切相关,亚里士多德的名言"人是逻各斯的动物",就是说人是语言的动物。拉丁字母是语音中心主义的,字母与音素、能指和所指之间建立了相对同一的关系,这种能指和所指距离的缩小被称为"所指间距性的缩小",即德里达的"逻各斯中心主义",强调了语音向思想的贴近、文字向语言的贴近。而汉字读音之间却存在一种言此意彼的疏离感或距离感,其所指间距性的扩大有利于打破符号的"逻各斯中心主义"模式。

马克思说:"语言是思想的直接现实。"斯大林说:"没有语言材料,没有语言的自然物质的赤裸裸的思想,是不存在的。"事实正是如此,人们在运用概念、命题进行推理的思维活动时,是一刻也离不开语言的。思维是人脑的机能,它看不见,听不到,也摸不着。思维必须借助于语言这个物质外壳才具有直接的现实性,也才能成为一门学科的研究对象。我们在日常生活中会说"你不懂我"。可是作为要求被动的主体,有没有真正地把自己的想法用语言阐释出来呢?没有言词、语句、句群也就没有概念、命题和推理。人类思维的高度发展与人类语言的高度发展是分不开的。没有无任何语言表达的赤裸裸的思维,也没有无任何思维内容的语言。

更进一层谈到语言和思维的关系,援引瑞士语言学家费尔迪南·德·索绪尔(1857—1913)的观点:语言是一种充满差异的符号系统。即符号是形式与意义的结合。形式,即能指,与声音相关。意义,即所指,与思维相关。语言和思维的关系是逻辑学、语言学等学科十分关注的问题。一种观点认为,语言只是为独立存在的思维提供表达方式。另一种观点则认为语言决定思维方式。

作为一门学科的逻辑学是通过研究语言的形式结构来实现对思维形式结构的研究,它对思维形式结构的认定必须借助对相关语言形式的分析。而所谓"思维形式",实际上也只是语言形式的进一步抽象,逻辑中所谓的蕴涵式,只是自然语言中条件语句的抽象。

逻辑与语言虽然分属于不同的学科,但是,自亚里士多德以来,这两门学科便紧密地联系在一起。直至19世纪末,以弗雷格《概念文字》为标志的数理逻辑,基于数学的目的对逻辑采用人工符号语言和形式化的处理,让逻辑走上了一条与自然语言相背离的道路,但是逻辑和语言的关系并未中断。20世纪,一批语言学家为了增进人类对自然语言的逻辑理解纷纷进行了有益尝试,例如,弗雷格分析自然语言的模糊性,使语句的逻辑结构明晰。罗素侧重于语言表达式的指称问题研究。卡尔纳普用逻辑来分析科学概念和哲学问题。蒯因通过逻辑分析提出本体论承诺。蒙太格语法将内涵逻辑引入语义学。

语言学为逻辑学提供语言素材，逻辑学为语言学提供分析方法。相互影响之下，产生了两个交叉学科，一是逻辑语言学，它不仅使用现代逻辑的方法去分析语句的表层结构，而且去分析语句的深层结构，甚至在语义学派看来，这种深层结构就是逻辑结构，继而将语言学与逻辑学直接联系，逻辑语言学的主体是语言学。二是语言逻辑学，主要研究自然语言中的推理关系，不仅有蕴涵推理，而且有预设推理、隐涵推理等，语言逻辑学的主体是逻辑。

思维形式是思维在抽象掉具体内容之后所具有的共同结构。对于形式逻辑而言，更多关注的是这种推理的形式是否有效。因为逻辑形式与语言形式之间也是有区别的。逻辑形式是不同的思维内容所具有的共同结构。语言形式是某种语言的具体表达方式。

2. 逻辑思维在公文写作中的体现

朱光潜把文学作品分为"偶成"和"赋得"两种。文学创作需要有思路，思如泉涌当然是好事，古人赋诗，标题常有"偶成"是灵感大发而作。但是没有思路时，在文章中抽丝剥茧，在乱麻中寻找头绪，这种"赋得"式的创作多需要训练。没有基本的"赋得"式训练，只靠灵感大发，创作很难持久。每一篇文章都有相应的内容和形式，形式包括结构形式和语言形式。

首先，结构形式对于写作来说是给文章立骨架，让文章的结构因为精心设计而具有了美感。霍克斯说："事物的真正本质不在于事物本身，而在于我们在各种事物之间构造，然后又在它们之间感觉到的那种关系。"写作也同样遵循这样的规律，不同的要素按照一定的关系结合起来，就产生了一定的结构形式，在这种结构形式的生成过程中，美感孕育其中。

文章结构如同一座建筑，段落、句子是构成这座建筑的部件，要想把这座建筑完成得精美玲珑，就要精心设计段落、句子之间的关系，精密细致地构建每个部件。当这些部件之间在轻重、因果、互补关系上完美结合时，文章就成了一座具有审美性的建筑。

英国小说家斯威夫特说过，"最好的字句在最好的层次"。文章的布局犹如兵家布阵。《孙子兵法》里提到的常山蛇阵，"击其首则尾至，击其尾则首至，击其中则首尾俱至"，好的文章应该是脉络清晰、轻重有别、层次分明的。

其次，关于逻辑与语言表达的重要关系，著名语言学家吕叔湘、朱德熙在《语法修辞讲话》中说："把我们的意思正确地表达出来，第一件事情是要讲逻辑，一般人所说的'这句话不通'，多半不是语法上有毛病，而是逻辑上有问题。"

语言学家王力曾指出:"语法,我们在中学里学得不少,但是,在语言实践中,有时不免写出一些病句来,这是不擅用逻辑思维的缘故。"言论的逻辑力量,来自严密的逻辑推理。写不明白,说不明白,归根到底就是想不明白。毛泽东在《工作方法六十条》中提出了公文的三种性质:准确性、鲜明性、生动性。他针对当时党内公文写作中存在的情况指出,现在许多文件的缺点是:第一,概念不明确;第二,判断不恰当;第三,推理不符合逻辑;第四,不讲究辞章。看这种文件是一场灾难,耗费精力又少有所得。

最后,一篇好的文章构思是一个经过严密思考和推理的过程。《文心雕龙》里面有"事昭而理辨,气盛而辞断"之说。对公文而言,在整个行文的过程中,确定目的要求→确立主旨→谋篇布局→组织段落、句群→文字修整,每个环节都会用到逻辑思维。

写作主体应具备的逻辑思维是舍弃了具体的感性形象,运用概念、命题、推理,分析与综合、归纳与演绎等为基本方法的一种思维形式,这也是评论性、实用性文章写作主要使用的思维形式。

虽然写作是思维的产物,但是和一般的文学创作相比,公文写作是一项综合性更强的思维活动,它对创作者逻辑思维能力的要求要比其他任何方面的要求都高,从而达到以理服人的效果。因此,公文写作能力是写作水平的综合体现。

逻辑思维,尤其是形式逻辑对公文写作的作用如下:

第一,从概念的角度,文体把握是否得当,例如报告和建议的写法不一样,通知和公示的写法不一样。文章涉及的概念有没有争议,例如写作过程中对概念的种差限定越多,漏洞越少,如果所有种差都被毫无遗漏地举出,这个概念就是没有争议的。

第二,材料的选取是否得当。公文写作在机关单位中常被称为"写材料",材料的选择、提炼、分析和观点的把握决定写作的质量。

第三,公文的信息发布或者推理的方法是否可信,章节、段落之间是否有逻辑推演关系。例如公文"一文一事"的要求是对作为"事"的命题的证明。证明的方法有两个,一是直接摆出命题,使用各种逻辑方法加以证明。二是陈述相关材料或者事实,然后让读者根据这些材料和事实得出作者希望给出的命题,更容易被阅读者接受。

此外,演绎和归纳也是公文写作中常见的方法。韩愈《师说》一文正是使用对比论证和演绎推理这两种推理形式证明"古之学者必有师。师者,所以传道授业解惑也"这一观点。

总之,逻辑关注的是真值和推理,关注在什么条件下一个命题是真的,以及在什么条件下一个命题可以从另一个命题中推导出来。这就要求前提真实、形式有效。前提真实是由承担信息采集、组织调研的部门决定的,也与写作者自身的理性判断相关。而形式有效的逻辑必然涉及语义分析,分析判定自然语言的句子中表达了或者包含了什么命题。就逻辑思维与公文写作而言,语义分析是逻辑学的基础性工作之一。在此大社会背景下,借助逻辑学基本原理进行语法分析的必要性就体现出来了。

3. 公文写作需要逻辑思维

公文写作对逻辑思维的要求体现在以下几个方面。

首先,公文写作内容的客观性要求逻辑思维,客观性即客观事物的规律性。公文写作的内容是对客观实际的真实反映。公文内容中的政策、措施、方法、要求等切实符合实际,符合客观规律。毛泽东在《实践论》中谈道:"要完全地反映整个的事物,反映事物的本质,反映事物的内部规律性,就必须经过思考作用,将丰富的感觉材料加以去粗取精、去伪存真、由此及彼、由表及里的改造制作工夫,造成概念和理论的系统,就必须从感性认识跃进到理性认识。"逻辑思维运用于写作中促使撰写者根据已有认识,科学地概括出体现事物发展的趋势和结论。

其次,公文写作目的的实效性要求逻辑思维,逻辑思维要求服从严格的逻辑规则,概念清楚,推理严密。具体表现为:①提出问题清晰准确,反映实情。②考虑问题层次清楚、合乎逻辑。③在语言表达上具有较强的逻辑思维能力,处理具体事务能够分清轻重缓急。公文是党和国家行政管理过程中形成的具有法定效力和规范体式的文书。公文写作是以解决问题、提高效能为归依的,怎么办,如何办,按照什么原则和顺序办都需要交代清楚。如果写作者不严格遵守逻辑规则,写出来的公文就有可能存在歧义,让人理解不清、执行不准确等,不利于厘清整篇公文的内容,进而严重影响到公文的权威性和效力。

最后,公文写作表述的严谨性要求写作具备逻辑思维,逻辑思维有助于公文的形成与表述。公文的表达必须准确严谨、规范得体、简洁明确。公文写作中除了思维清晰、有条理之外,用词规范、准确也是写作者必须掌握的重要技能。公文写作用词不能产生歧义、含混不清,使用的概念要明确,概念的内涵和外延要准确掌握。

四、公文写作的质量要求

在讨论公文写作质量之前,本书特别指出两个观点:

第一,公文不是写出来的,而是做出来的。

"言之无文,行而不远",公文写作是公务人员的必备技能之一。公文写作在本质上是一个运用材料的行政过程,而不是单一的"写字"过程。对于工作范围、工作规律的把握,对于组织意图的准确领会,都是大量的实践和思维活动。没有大量的"做",只为"写"而完成任务,很难完成高质量的公文。

第二,没有最好的公文,只有更好的公文。

俗话说:"文无第一,武无第二。"在金庸先生笔下:"凡是文人,从无一个自以为文章学问天下第一,但学武之士,除了修养特深的高手之外,决计不肯甘居人后。"但是"文无第一"并非只是文人的谦辞,改一字赏千金是特殊历史和社会背景下的产物。事实上,公文写作的评价标准会因评价人的主观差异而有所不同。不同的阅读者对于公文的要求不同,标准自然有异。

为了提高公文写作的质量,一个有效的方式就是大量阅读高水平的文章。好的文章都是从模仿开始的,莫言谈及马尔克斯的著作《百年孤独》时说:"1984年我第一次读到《百年孤独》时非常惊讶,原来小说也可以这样写!"而同为诺贝尔文学奖获得者的马尔克斯读到卡夫卡的《变形记》时说:"小说竟然可以这么写!"对于公文写作者而言,同样需要从高水平的公文中汲取养分。高水平的公文可以来自国家各部委的网站、《人民日报》社论以及作者个人平日收集的优秀范文,可谓"处处留心皆学问"。

公文作为一种实用文体,其根本任务就是保证全面、准确并有效地表达行文意图。这就要求公文的文风平实庄重,这是公文工具性、严肃性和政治性的要求。

(一)准确

准确是公文最基本的要求。所谓准确,准,即尽可能与客观事物一致。确,即确凿无误,内容、事实、数字,乃至细节都要确实可靠、恰切适当,要求社会实践中确有其事,绝不允许虚假公文这种对发文机关的权威与诚信造成伤害的情况出现。在陈述对象时准确概括领导及机关意图,准确反映客观现实,准确表明态度与立场,准确提出解决问题的方案与方法。同时,准确还体现在遵守语法和修辞规则,即公文中的遣词造句必须符合汉语的基本要求,合乎常规,词义明确、结构完整、搭配合理。另外准确还必须符合逻辑要求,运用语言时在概念、命题、推理、论证方面要合理、得体,符合逻辑规律。准确的要求具体表现在以下几个方面。

1. 文种准确

由于公文是管理国家的重要工具,它代表了制发机关的意志,所以公文有国家统一规定的种类、规范化的体式和处理程序,每种公文有特定的适用范围,表达一定的内容,使用规范的格式。在实际工作中,大家应根据具体的行文关系和处理事务,准确地使用文种。

在实际工作中文种使用不准确,有时是与发文机关公文处理水平相关。例如公务员考试结束后,某地针对发布入围者进行面试的信息和拟录取人员信息,使用了不同的文种:《公务员招考调剂职位面试和体检通知》《公务员调剂职位面试公告》《拟录用公务员公示》《录用公务员拟录人员公示公告》。且不讨论题目是否规范,这四个文种中,"公示公告"是同时使用了事务文书和公务文书的文种,而"公示"并非法定公文文种,"公告"则是"适用于向国内外宣布重要事项或者法定事项"。通知是"适用于发布、传达要求下级机关执行和有关单位周知或者执行的事项,批转、转发公文"。因此,结合各要素,本例中"通知"这一文种的使用是正确的。

还有一些文种的混用原因是与写作者自身对文种概念的混淆相关,尤其一些从表达上接近的文种,例如通知、通报与通告容易出现混用。其中,通知适用于发布、传达要求下级机关执行和有关单位周知或者执行的事项,批转、转发公文。通报适用于表彰先进,批评错误,传达重要精神和告知重要情况。通告适用于在一定范围内公布应当遵守或者周知的事项。可见通知的适用范围要比通告广,在所有的公文中,通知的应用范围最为广泛。而且通知一般具有明确的受文对象,通告一般没有明确的主送机关,都是泛指的,大多数都是直接行文或直达行文。

表 0-1 通知、通报、通告的区别

文种	执行要求不同	发文范围不同
通知	需要有关机关遵照或参照执行	具体的告知对象或限定
通报	可以执行也可不执行	普遍告知(告知对象无法限定)
通告	要求有关机关配合执行	普遍告知(告知对象不需要限定)

还有一些文种的混淆,是因为写作者对行文规范的不了解,例如请示与报

告都是上行文,请示是请求上级给予批准或答复,同意或不同意,上级都要给予明确的意见;而报告,只是向上级机关汇报工作,反映情况,答复上级机关的询问,上级可以不予批准或答复。

2. 信息准确

信息准确是指信息的事实性,这是信息最基本、最核心的性质,不符合事实的信息不仅会影响决策的制定,也会影响机关部门的公信力。尤其当下政府信息公开,要求行政机关公开其行政事务,强调行政机关要公开其执法依据、执法程序和执法结果。每一个程序和信息的准确都至关重要。在一些公文语言中,概念表述本身没有错误,但概念与实际的事件、数据之间有矛盾也会降低公文内容的真实性。

公文具有凭证作用,应真实地反映公务活动的情况,负载公务的内容。写作活动中涉及的信息应从实际出发,准确、完整、全面、客观地完成公文写作活动。而作为文献、档案、资料加以保存的公文,涉及的情况、问题、事实、数据,都应是真实准确的。

3. 语言准确

准确是公文语言的生命,它直接关系到公文质量的高低。文书工作中的俗语"一字入公文,九牛拔不出",极其形象地说明了公文语言的准确性特点。这里的准确所指的是除内容要素外,语言表达要符合客观实际,对问题的分析有理有据,符合逻辑,在遣词造句方面也要恰当贴切,符合语法规范,不能有歧义和含混的说法。

在现代汉语中,有大量的词汇意义相同或相近,称为同义词或近义词。其实,即使是同义词,细细分辨起来还是有些微妙的差异,需要反复考虑,仔细辨析它们之间的细微差别,选择最为准确的加以使用。譬如,"优异""优秀""优良",这三个词粗看相近,细看则有程度的区别。

此外,公文在语言的表述上有比较严格的规定,例如:

(1)公文内引用年、月、日,均须具体写明,如2022年,不能写成"二二"年。

(2)陈述机关名称时,第一次应用全称,有时可以使用比较清楚、固定的简称,如"全国人民代表大会"简称"全国人大"。

(3)陈述地名时,应用全称,例如:"上海""广东""重庆"不得写成"沪""粤""渝"。但在两个以上城市或省份并列写在一起的时候使用简称,例如"京津""陕甘宁"等,或者和其他文字结合在一起成为规定性语词的时候使用简称,例如"沪东""皖北"等。

(二)简练

简练就是简要、精练。简练的表达手法,是公文写作的主要表现形式。公文写作以高效迅速地传递信息、处理公务为己任,以反映公务活动为特定的内容,以实效为目的,具有很强的时效性和实用性,语言的简洁就显得尤为重要。文约而事丰,简言以达旨,才能达到提高办事效率、加快执行速度的目的。

关于文字简练、干净的要求自古有之,刘勰主张"文约为美"。杜甫说:"为人性僻耽佳句,语不惊人死不休。"鲁迅先生讲:"写完后至少看两遍,竭力将可有可无的字、句、段删去,毫不可惜。宁可将作小说的材料缩成速写,决不将速写的材料拉成小说。"毛泽东在《反对党八股》中指出:"我看重要的文章不妨看它十多遍,认真加以删改,然后发表。文章是客观事物的反映,而事物是曲折复杂的,必须反复研究,才见反映恰当;在这里粗心大意,就是不懂得做文章的ABC。"只有反复修改,精研细磨,才能使公文在精练中充满文采。

公文的效能决定公文的写作必须要简明扼要,语言精当不繁,基于公文主旨和行文目的的需要,用最少的、最简洁的文字表达最丰富的内容。在实践中,简练可从以下三个方面去锻炼提升:一是坚持语言的简短。在保证准确揭示主旨、对象的前提下言简意赅,删去无关字句,用尽量少的语言与篇幅表达信息,尽量使用短句。二是坚持语言的简明。写作者对公文的语言文字要反复推敲,使其文达旨、句达意。三是坚持语言的简练。写作者有时可考虑使用单音节词和缩略词达到这一要求。如为(为了)、特(特别)、经(经过)、凡(凡是)等,或是将音节较长的词语组合缩略成音节较短的词组,如提请(提出请求)等,或在不影响理解意义的基础上使用"节缩"修辞,如"八荣八耻""三个代表""两学一做""四史学习"等约定俗成的短语。

(三)庄重

庄重就是严肃、郑重,这是由公文的严肃性、法定强制力和行政约束力决定的。庄重性体现在公文的政策性、格式和语言三个方面。

第一,公文的政策性要求公文写作全部活动必须与当前的法律法规、政策方针、思想路线相吻合,这要求写作者必须尊重国家法律、法规、方针、政策。所谓公文姓"公",公文是机关单位在公务活动中形成的书面材料,贯穿于机关单位履行职能、进行公务活动的全过程。公文是机关单位完成公务活动必需的工具,而这个工具本身的效果能否发挥,也与其公务性有关,即公文在机关单位职权范围内活动,并且需要兼顾国家公务活动的性质。因此公文写作必须反映其作为工具的"效率""能力"和"可执行性"。这一点要求写作者在规定的时间范围内完成公文的制发,完成的公文可以满足其关于相关问题的思考和解决的目的,并有能力针对不同文种的写作特点、写作要求及与之相对应的处理方式,正确选择文种,及时有效地完成公文写作任务。

第二,公文的格式亦有其自身的要求,如发文字号的编制、签发人的条件、公文标题、主送机关与抄送机关的区别等。公文格式是最能体现公文的规范性的层面,写作者必须明确格式的程式、要素和要求,准确而严格地遵循公文的格式。格式上的规范性是公文作为工具的基本要求,也是确保公文的权威性和庄重性的条件。这个规范性包括文种规范、语言规范、文风规范等。

第三,公文语言区别于文学语言、政论语言和科技语言的一个显著特征是它的庄重性。公文具有法定的权威性和行政的约束力,具备法规和准绳、凭证和记载作用,代表着国家各级行政机关的意志,特别是最高机关发布的命令,具有强烈的政策性和思想性,具备天然的权威性。反映在语言方面,公文以反映客观事物的本质为目的,其语言必然庄重朴素,明白晓畅,不能夸张、繁芜。

公文有专门的词语句式,它用郑重的词句,体现发文机关的鲜明立场和严肃态度,从而达到公文的权威性和行政约束力的要求。公文语言的庄重体现在:第一,使用规范的书面语,不使用或少使用口语化表达。第二,使用理性的词语,不使用或少使用夸张性词语。第三,汉语中的某些单音词,在公文语体中可当作一个词应用,如令、兹、应、系、是、悉、知、拟、宜、均、概、凡、以、由、予、好、因、且等。

如:"不同地区要根据各自的特点,因地制宜,宜农则农,宜林则林,宜牧则牧,振兴乡村经济。"这句话中"宜"是文言实词,"则"是文言虚词,二者构成固定短语体现持重之美。"值此辞旧迎新之际,谨代表集团公司向社会各界一年来的支持表示感谢。"此句中"值此……之际"的文言句式,使语言紧凑沉稳。

(四)美观

公文的庄重性并不意味着公文是呆板和陈旧的,也不是千篇一律的,而是能够准确、鲜明、生动地表达文章的内容。郭沫若讲:"就语言方面讲,要求字眼总要用得适如其量。这样,表现的概念才会准确,也才能使人感到鲜明。"在实践中,公文撰写形成了一些相应的审美标准,公文的美学要求可以提升公文写作质量,也有助于提高机关部门的服务意识。公文美观性要求具体表现在以下几个方面。

1. 主题美观

公文的工具性要求,是根据实际需要,为了达到某个具体目的而进行的活动。公文要求主题明确,不能旁敲侧击,不能有任何歧义;公文要求态度明确,赞成什么,反对什么,提倡什么,禁止什么,哪些问题需要解决都应明确表明,不能含混不清。只有主题鲜明,才能使收文机关明确作者制发该文的意图,才能便于政策或计划的执行,更好地发挥公文指导工作的作用。

2. 结构美观

公文的结构就是公文内部的组织和构造,它是解决公文言之有序的问题的。确定公文主题,收集材料之后,还不是一篇公文,观点和材料任意堆积并不能产生固定的推演关系,材料和主题之间必须按照内在的脉络,井然有序地进行安排,展现结构的逻辑之美。公文的结构美观,就是考虑公文如何把材料组织成一个有机的整体,以更好地表达主题。

3. 语言美观

好的公文应该是规范性和艺术性的统一,公文的语言在服务于公文价值的同时,可以追求朴素、生动、深刻的语言风格,在平淡中见功力。

朴素,是一种质朴无华的美。古今中外,人们对语言的朴素美可以说是推崇备至。公文语言的朴素美就是指用简洁直白的手段,尽可能少用或不用具有情感色彩的词语,以表现客观事物的真实本色,以达到"平字无奇,常字见险,陈字见新,朴字见色"的效果。

生动,意味着在公文的语言组织中可以适当地使用一些积极的辞格。在中国公文发展史上,古代及近现代的公文运用辞格的频率要大大高于当代。刘启《景帝令二千石修职诏》一文出现了八种辞格。"今岁或不登,民食颇寡,其咎安在?或诈伪为吏,吏以货赂为市,渔夺百姓,侵牟万民。"这一句中出现设问、顶真、对偶三种辞格。孙中山的《上李鸿章书》全文一共用了九十六次对偶。当代社会的快节奏生活要求公文简洁易懂,要求人们提高处理公务的效率,相对地也就忽视了对文采的要求。伴随着社会发展对公文要求的提高,撰写者需要对语言的美学意义有更深刻的认知。例文:

　　大力发展职业教育,加快人力资源开发,是落实科教兴国战略和人才强国战略,推进我国走新型工业化道路、解决"三农"问题、促进就业再就业的重大举措;是全面提高国民素质,把我国巨大人口压力转化为人力资源优势,提升我国综合国力、构建和谐社会的重要途径;是贯彻党的教育方针,遵循教育规律,实现教育事业全面协调可持续发展的必然要求。

——《国务院关于大力发展职业教育的决定》

该段运用排比的修辞手法,增强了语言的表现力量,既明确、简要,也具有朴实的特点。使用修辞是为了使公文的主旨更明确,表意更丰富。

语言的美观还要求针对不同文种使用不同的语言风格,上行文应谦虚恭谨,即使是向上级陈述不同意见,也应注意理直而词温,慎用强制性词汇。平行文相互尊重、平和郑重、友好谦和;下行文则简明严谨,直书不曲,突出语言的权威性和严肃性。例如"规定"要面面俱到、语意周密,"批复"要威严肯定、简明可行,"决定"要说理详明、论证有力,"通报"要事实明确、态度明朗,"请示"要一文一事,"报告"则要求不得夹带请示事项。

因此,公文一方面应使用规范的书面词语,在公文实践中形成一些概念限定、表意明确的规范性词语,如:悉、拟、应、凡、经、希、奉等。其中,用于正文开头表行文目的、缘由和依据的开端词语如:为、为了、关于、由于、依照、遵照、兹因、兹由等;用于承接上下文的承启词如:为此、据此、因此、现报告如下、现批复如下等。下面列举一些特定场合的公文语言。

强调信息的常用字、词:

(1)提示类:特、要、应、得、须、需……

(2)警示类:必须、均须、均应、须即、应即、严加、严防、严禁、严惩、严守、一概、一律、一并、务必、务求、务须、务期、力求……

(3)告诫类:切勿、切忌、切切、毋违、切实执行、不得有误……

(4)命令类:令、下令、着令、特命、奉令、责成、责令……

引出公文撰写根据时的常用字、词:

根据、按照、为了、遵照、收悉、为、特、现通知(报告)、如下……

公文中表达态度的常用字、词:

业经、前经、均经、即经、复经、为此、据此、故此、鉴此、综上所述、总而言之、总之、希、即希、敬希、请、望、敬请、烦请、恳请、希望、是否可行、妥否、当否、是否妥当、是否可以、是否同意、意见如何、蒙、承蒙、着、着令、特命、责成、令其、着即、切切、毋违、切实执行、不得有误、希即遵照、批复、函复、批示、告知、批转、转发、查照办理、遵照办理、参照执行、周知、知照、备案、审阅、应、应当、同意、不同意、准予备案、特此批准、请即试行、按(参)照执行、可行、不可行、着即办理……

公文结尾的常用词语：

特此报告、特此通知、特此函复、特此函告、特予公布、此复……

还有一种是以简要的文字表达具体的要求，再次强调行文目的。如"上述报告，如无不妥，请批转……""上述要求，请予批准、请尽快函复为盼""……为要""……为盼""……是荷""……为荷""妥（当）否，请批示（复）……"等。

另一方面，公文语言应遵守语法和修辞规则。语法就是用语、造句的方式。语法要求公文中句子成分齐全、句子成分和词语搭配得当。公文的修辞要求在符合语言规则和公文特点的前提下，选择能产生最佳表达效果的句型，且以实用为目的，一般不用夸张、比拟、含蓄等积极修辞手法，但可适当地使用引用、比喻、对偶、排比、借代等积极修辞格。

上 篇

逻辑思维与公文之"思"：逻辑基本要素在写作中的运用

　　文字是思维的载体，逻辑是思维的核心。一篇规范的公文必然是一篇合乎逻辑、符合思维规律的文章。这就要求在公文写作中概念使用准确、语句命题运用规范，推理论证充分合理。

第一章

概念与语词的运用

语词、语句、句群、段落、篇章等要素构成公文的语言部分。其中,语词作为最小的语言单位,其准确使用是保证信息交流、政令实施的基础。从逻辑思维的角度看,人类的思维通过概念、判断和推理等形式抽象地反映对象世界。其中,概念是反映事物特有属性的思维形式。清晰准确的概念是进行有效思维的基础,它直接影响公文以词为表意单位的句子结构。与此同时,概念在公文文本中,不仅限于"正确使用词语的意义",它还涉及概念的划分、限制、概括,还有定义及其规则等。

一、概念和语词

概念是反映对象特有属性或本质属性的思维形式。

概念所反映的对象是一切能被思考的事物。客观世界存在着许许多多、形形色色的事物,一旦纳入人们的思考领域,就成了思维的对象。在公共事务领域,政府组织关系、政治行动、企业责任、议题管理、传播沟通和国际事务等都是思维的对象。

事物与其属性是不可分离的,属性是指事物的性质特点以及事物与事物之间的关系。属性都是属于一定事物的属性,事物都是具有某些属性的事物。事物的属性包括本质属性和非本质属性。本质属性就是决定一事物之所以成为该事物并区别于它事物的属性,概念就是要舍去对象的非本质属性,抽象地反映本质属性。

概念是反映客观事物本质属性的思维形式,人们正是运用概念把握某一认识对象的本质属性的。而概念又与语词有密切联系,当思想认识中形成关于某种事物的概念之后,必须借助于一定的术语或语词的语言形式进行表达。因此,概念在表达思想的过程中具有重要地位。概念明确,是公文准确性的必要条件。要使概念明确,就要弄清楚概念的含义和适用范围,即它的内涵和外延。

任何概念都有内涵和外延两个基本逻辑特征,明确一个概念就是要明确概念的内涵和外延。概念的内涵是指反映在概念中的对象的本质属性。概念的外延是指具有概念所反映的特有属性或本质属性的对象。例如概念"通报"的内涵是:"用来表彰先进,批评错误,传达重要指示精神或情况时使用的公务文书。"外延就包括"表彰通报、批评通报、情况通报"等。

在公文中,对于概念的表述通常会同时规定内涵和外延。例如:

> 本办法所称城市桥梁,是指连接或者跨越城市道路,供车辆、行人通行,具备一定技术条件的涉水桥、立体交叉桥、高架桥、高架路、人行天桥、人行地下通道、隧道、涵洞等各类桥涵及其附属设施。
>
> 城市桥梁附属设施是指桥孔、挡土墙、桥栏杆、防撞设施、人行扶梯、电梯、排水设施、桥名牌、限载牌、照明、安全网、隔音设施等设施。
>
> ——《陕西省城市桥梁安全保护办法》,2021 年 1 月 14 日陕西省人民政府令第 228 号公布 自 2021 年 3 月 1 日起施行

例文在界定"城市桥梁"的时候,先陈述内涵,再根据实际情况列举了可能的外延,保证陈述对象毫无遗漏地涵盖在内。

概念内涵决定其使用的外延范围,如公文在信息传递过程中,"印发""发布""批转""转发"几个容易混淆的概念,其内涵和适用范围是有差异的。"印发"仅适用于机关或单位内部行文;"发布"适用于对社会公开;"批转"适用于上级机关对下级机关的情况,被批转的通常是"请示""报告""意见""方案"等文种;而转发则适用于下级机关对上级机关或者平级机关之间的情况。

"阻止"和"打击"都是表达反对的态度,但使用上依然有差异,例如"依法严厉阻止涉疫违法活动"中使用"阻止"一词语气过轻,表达力度不够。在这个语境下把"阻止"换成"打击"要更合适。

"破坏"和"损坏"虽然是近义词,但"破坏"指有意为之,而"损坏"仅指物品坏掉。"这种人为损坏公共设施的行为决不能予以姑息"这句话中用"损坏"就不如"破坏"程度明确。

"考察"指实地观察调查,还指细致深刻地观察。"考查"指用一定的标准来检查衡量(行为、活动)。

"截至"是"截止到(某个时候)",如:报名日期截至本月底,通常置于表示时间的词语之前。"截止"是"(到一定期限)停止",如:报名在昨天已经截止,通常置于表示时间的词语之后。

此外,概念在公文写作中需要规范表达,尤其在一些职务的表达上,应

第一章 概念与语词的运用

注意：

一是职务要写全称，不能省略，如"××省人民政府省长"，不能写为"××省政府省长"，不能写为"省政府省长"，也不能写为"省长"。

二是职务名称要按照宪法和地方组织法规定的法定名称写，不能随意加别的职务名称，如不能将人大常委会副主任职务写为"人大常委会常务副主任"。地方组织法中没有常务副省（市、区、县）长这样的职务名称，不能是"中共××省省委书记""××市市委书记"，应写"中共××省委书记""××市委书记"。

三是如果国家机关正职领导人代职的，应加上"代"的字样，不能省略，如"××市人民政府代市长×××"。国家机关正职领导人代职，应写在职务之前，不能写在职务后面加括号，如"××市人民政府代市长 ×××"，不能写为"××市人民政府市长（代）"等。

同时，任何概念都是内涵和外延的统一。概念的内涵规定了概念的外延，概念的外延也影响着概念的内涵。一个概念的内涵越多，即一个概念所反映的事物的特性越多，那么，这个概念的外延就越少，即这个概念所指的事物的数量就越少；反之，如果一个概念的内涵越少，那么，这个概念的外延就越多。

概念和语词既有联系又有区别。其中二者的联系是非常密切的，概念是语词的思想内容，语词是概念的表达形式。概念的形成和存在必须依赖于语词，若不依赖语词，赤裸裸的概念是不存在的，而他们的区别也是很大的。

第一，概念是思维形式，语词是语言形式，反映客观事物的是概念，语词只是用来表达概念，只是一个符号。

第二，任何概念都必须通过语词来表达，但不是所有语词都表达概念。

第三，同一个概念可以用不同的词语来表达。

第四，同一个语词可以表达不同的概念。

例如，命题"对同一事物，有的人支持，有的人反对，这两种人之间没有共同语言。可见，不存在全民族通用的共同语言"，在这句话中，两次提到"共同语言"。同一个语词可以表达不同的概念，这句话中两个"共同语言"的意思是不一样的，却被错误地当作同一概念来使用了。这种情况就叫作"偷换概念"。

偷换概念使得概念的内涵与外延不对等。在公文写作中，有意识或无意识地将不同概念混淆，都会导致概念界定模糊。以下是几组公文中出现的概念混淆问题。

（1）在某企业信息公开报告中显示："2021年度，本集团召开信息公开工作会议或专题会议63次，举办各类培训25次，接受培训人员2143人次。"

这句话中"本集团"概念不清楚,是集团内部还是包括分公司,信息公开工作会议、专题会议和各类培训之间是全异关系还是交叉关系,会议是一并举行还是独立进行的都不明确。

需要注意的是,概念模糊不同于"模糊性词语"。"模糊性词语"指的是充满不确定性的可延展伸缩的语言。如在公文中经常出现表示时间的"近期""数日""下一阶段",表示程度的"略显""较好""轻微",表示数量的"各部门""个别同志",这些词语的使用具有灵活性、含蓄性、概括性的特点。

(2)本公司未来的发展重点是提高职工福利。

在实际工作中,文件中的规定、措施层出不穷,但是执行效果低下,有时是由于概念的模糊性导致的,例如"未来一段时间内""一定范围内",这些概念使用时需要慎重,例如(2)中"未来"的所指是可盼的抑或是望梅止渴,是值得质疑的。

(3)大力促进和稳定就业。对不裁员、少裁员的企业给予稳定就业岗位补贴,补贴金额不超过企业及职工上年度实际缴纳失业保险费总额的50%。对各类职业院校和技工院校组织当年毕业生在本县就业达到一定比例,并签订1年以上期限劳动合同的,经审核确认,由县级政府按照300元/人的标准给予一次性补贴。

这段话中"少裁员""一定比例"是一个没有确定边界的概念,"少裁员"是1个人还是20个人,标准不明确,这样的政策在执行过程中会令人无所适从。

(4)某单位质检报告中有这样一句话:这批不合格品有近200多件。

这句话同时肯定了两个不相容的命题,"近200件"是少于200件,但"200多件"又是多于200件。

(5)某单位有关端正机关作风的通知中有这样一句话:基层单位反映的意见,主管部门必须在2天之内答复,若3天之内未答复,则视为同意。

这份文件要求2天之内必须答复,又说3天之内未答复则视为同意,自相矛盾,到底要求是几天不清晰。可以改为:"两天之内必须答复,否则视为同意。"

(6)媒体调查全国不同时期的性别比,得出结论,想要男孩子的人越来越多。

在这句话中,性别比和对性别的追求是两个概念,同样存在概念的混淆。

二、概念间关系

概念间关系是写作过程中理清思路的手段,概念的关系仅仅是其概念外延间的关系。根据两个概念的外延有无重合部分或重合部分的多少,概念间的关系可分为全同关系、真包含于关系、真包含关系、交叉关系、全异关系。

1. 全同关系

全同关系是指两个概念的外延完全重合的关系。即用"S""P"分别表达两个概念,如果"S"全部外延都是"P"概念的外延,"P"概念的全部外延都是"S"的外延,则这两个概念之间的关系就是全同关系。具有全同关系的两个概念是从不同方面反映同一类对象的。例如:"北京"和"中华人民共和国的首都"。使用具有全同关系的概念,有助于我们从不同方面加深对对象的认识,并能把概念使用得更确切,语言表达更生动。需要指出的是,具有全同关系的两个概念,尽管外延一样,但是内涵是不同的。例如"北京"反映的是地名的属性,"中华人民共和国的首都"反映的是行政的属性。

2. 真包含于关系

真包含于关系是指一个概念的全部外延与另一个概念的部分外延重合的关系。如"通知"真包含于"公文文体"。所以公文文体的所有规范和要求,同样适用于通知。

3. 真包含关系

真包含关系是指一个概念的部分外延与另一个概念的全部外延重合的关系。"公文文体"真包含"通知"。

真包含关系与真包含于关系统称为属种关系。其中,外延大的概念叫作属概念,外延小的概念叫作种概念。这种属概念和种概念的区分不是绝对的,而是相对的。例如,"公文文体"对于"文体"来说是种概念,但相对于"通知"来说又是"属概念"。

从概念的外延关系来看,概念的属种关系是一个类与它的子类之间的关系;从概念所反映的对象来看,具有属种关系的两个概念所反映的对象是一般与特殊的关系、类与子类的关系。一般与特殊的关系不同于事物整体和部分的关系,因为每一个子类都具有类的属性,每一个特殊也都具有一般的属性,而事物整体的属性却不必然为部分所具有,所以,不能把事物的整体和部分的关系与属种关系相混同。

4. 交叉关系

交叉关系是指一个概念的部分外延与另一个概念的部分外延相重合的关系。例如"人大代表"和"中国共产党党员"。再如"姻亲,指由于婚姻关系结成的亲戚,它与血亲有同有异,只是血亲中的一部分。"这个表述就混淆了概念的关系,"姻亲"与"血亲"是交叉关系,而非包含于的关系。

5. 全异关系

全异关系是指两个概念的外延没有任何一部分重合的关系。例如"诗歌"和"纪要"。

三、限制与概括

如前所述,具有属种关系的两个概念,内涵和外延之间具有反变关系。即:一个概念的外延越大、内涵越小;反之,外延越小、内涵越大。我们看这样三个概念"作品""文学作品""小说",其中"作品"这个概念内涵最少,外延最大。"文学作品"这个概念内涵较少,外延较大,而"小说"这个概念的内涵最多,外延最小。反变关系是研究概念限制和概括的逻辑根据。

在公务文书的拟写中常会遇到这样的情况:有些概念所指不明,其外延比较模糊或者过于笼统。如果将这种概念照搬到公务文书中,将会影响文书的准确性、鲜明性,影响公务文书的现行效用。在这种情况下,要明确地表达思想,就应缩小概念的范围,使笼统的概念具体化、模糊的所指明确化,而限制恰恰具有这方面的功能,因而在明确概念时为人们所常用。

概念的限制是通过增加概念内涵以缩小概念的外延,由一个外延较大的概念过渡到一个外延较小的概念。例如:"函"限制为"复函"。概念的限制作用是:有助于人们对事物的认识从一般过渡到特殊,从而使认识越来越具体。具体方法:一是在被限制的概念前面直接加上一个或几个限定词。二是在被限制的概念之后通过一定的强调词,使概念的外延缩小从而达到明确概念的目的。例如:"我们的领导干部,尤其是党的领导干部要不断提高自身素质和能力。"该例就是在被限制的概念之后,通过"尤其"一词的强调,由"领导干部"这一外延较大的属概念过渡到"党的领导干部"这一外延较小的种概念的。

概念的概括是通过减少概念的内涵以扩大概念的外延,由一个外延较小的概念过渡到一个外延较大的概念,是在思维中把从某些具有若干相同属性的事物中抽取出来的本质属性,扩大到具有这些相同事物属性的一切事物,从而形成关于这类事物的普遍概念。例如:"通报"概括为"公文文体"。公文写作的基本能力就是对材料的总结概括,从大量的事实材料中概括出能够反映工作规律和社会生活本质的认识。譬如说一个部门针对疫情防控做了许多工作,撰写工作总结时,需要通过概括提取关键词,抓住内在性质,才能组织材料,完成写作。概念的概括作用是有助于人们对事物的认识从特殊过渡到一般,把认识提高到应有的高度。

在对概念进行限制或概括时,需要注意:

第一,概括或限制得到的概念与原概念之间必须具有属种关系。由于概括是要得到一个概念的属概念,限制则是要得到其种概念,如果所得到的概念与原概念之间不具有属种关系,那么一定是错误的概括或限制。

第二,单独概念不能再限制,单独概念是一个单独的个体,不存在一个比它指称范围还小的概念,因此不能够对它进行限制。例如《国务院办公厅关于对真抓实干成效明显地方加大激励支持力度的通知》,这份通知作为一个单独概念,没有比它更小的种概念,不能进行限制。

第三,哲学范畴是不能概括的概念。哲学范畴如"属性""存在"等,它指称的是最普遍的东西,一般来说,没有比它们指称范围还要广的概念。

四、下定义

在具体的写作中,无论是对方针、政策、法律、法令的贯彻执行,还是对规章制度的起草、制定,其中一个最基本的写作要求就是对核心概念或可能产生歧义、理解性偏差的概念加以明确。否则,就可能失去公文的指导意义。

下定义是明确概念内涵的逻辑方法。例如下面两个例子:

(1)党政机关公文是党政机关实施领导、履行职能、处理公务的具有特定效力和规范体式的文书,是传达贯彻党和国家方针政策,公布法规和规章,指导、布置和商洽工作,请示和答复问题,报告、通报和交流情况等的重要工具。

(2)公文处理工作是指公文拟制、办理、管理等一系列相互关联、衔接有序的工作。

——《2012年党政机关公文处理条例》

一个完整的定义是由三部分组成的,即被定义项、定义项和定义联项。

被定义项是其内涵有待明确的概念。如(1)中的"党政机关公文"和(2)中的"公文处理工作"。被定义项既可以是关于事物本身的概念,也可以是反映事物的性质和关系的概念。

定义项是用来明确被定义项内涵的概念,如(1)中的"党政机关实施领导、履行职能、处理公务的具有特定效力和规范体式的文书,是传达贯彻党和国家方针政策,公布法规和规章,指导、布置和商洽工作,请示和答复问题,报告、通报和交流情况等的重要工具"和(2)中的"公文拟制、办理、管理等一系列相互关联、衔接有序的工作"。定义项既可以是表达事物、性质、关系的词语或符号,也可以是一个语句。

定义联项是联结被定义项和定义项的语词。在一般情形下,其左方是被定义项,右方是定义项,但有时为了突出被定义项的特点,也会把定义项放在前面,而把被定义项放在后面。定义联项通常由"是""就是""即""称为""是指"等语词来表达。

定义的作用体现在方方面面,例如在理论研究过程中,每个理论都是用语言来描述的,它必定有自己的理论概念,通过对理论概念的定义揭示该理论所研究对象的本质属性,从而确定理论的研究范围,奠定理论研究的基础。再比如在日常认识活动中,人们不可能认识所有对象,而往往是通过定义所描述的概念来明确其所指。例如:

(1)凡行政关系在我市的享受政府特殊津贴的专家(含离退休和离退休后出国定居的),可享受每人每月600元的医疗补助和每年一次的高层次人才休假体检。

——《××市关于公布享受政府特殊津贴人员名单的通知》

(2)本办法所称依法行政考核,是指上级人民政府对下一级人民政府以及本级人民政府对所属部门依法行政工作情况进行考查、评价的一种监督制度。

——《××市依法行政考核办法》

定义是对以往认识成果的总结,又是对新知识行为的规范。定义通常分为两大类,即真实定义和语词定义。真实定义直接揭示概念所反映对象的特有属性,即概念的内涵。语词定义则是通过揭示表达概念的语词的含义来间接明确概念的内涵。因此,从这个角度而言,定义只能解释事物的某方面特征,不可能解释全部、丰富的内容,因此,概念总是不完全的。

(1)真实定义,这是明确概念所反映对象的特有属性的定义。基本的真实定义方法是属加种差定义,即定义项由被定义项的邻近属概念和种差构成,可用公式表示为:

被定义项＝种差＋邻近属概念

属加种差定义方法的具体步骤为：

第一，找到被定义项邻近的属概念。

第二，找到种差，即可以将被定义项所反映的对象与包含在同一属中其他种事物区别开来的特有属性或本质规定。

第三，用种差限制邻近属概念以构成定义项。

第四，用适当的定义联项将被定义项和定义项联结，形成一个完整的定义。

如给"公务员"下定义时，首先要找到其邻近属概念"工作人员"；其次找到其与同属于"工作人员"的区别——种差，即"依法履行公职、纳入国家行政编制、由国家财政负担工资福利"；然后用"种差＋邻近属概念"构成定义项，即"依法履行公职、纳入国家行政编制、由国家财政负担工资福利的工作人员"；最后，用适当的定义联项将被定义项和定义项联结，形成对"公务员"的完整定义，即"公务员是指依法履行公职、纳入国家行政编制、由国家财政负担工资福利的工作人员"。

(2)语词定义是明确语词确切含义的定义。语词定义法是对某个语词所表达的含义进行说明或规定的定义。

说明的语词定义是对某个语词已有的、并得到社会承认的意义做出解释、说明的定义，词典中对词的解释基本上是说明的语词定义。例如：

①"乌托邦"原为古希腊语。"乌"是没有，"托邦"是地方，"乌托邦"指没有的地方，也就是一种空想、虚构。

②"偏方"就是民间流传不见于古典医学著作中的药方。

这两个例子里面，定义只是对被定义项做出简单明了的说明，没有也不需要解释它们的内涵。

规定的语词定义是人们通过约定对某个原有的或新出现的词赋予特定意义的定义。因为在汉语中运用多义词、简缩词以及不断产生的新词表达概念，词语含义往往比较模糊、易于产生歧义，于是人们便通过"规定"的方式在具体的文书中给这些语词指派或规定一个确切的含义，这样就会使模糊的语词变得明确、具体。例如：

①"两学一做"是指学党章党规、学系列讲话，做合格党员。

②"四史教育"是指学习中共党史、新中国史、改革开放史和社会主义发展史。

③"三会一课"中，"三会"指定期召开支部党员大会、支部委员会

和党小组会,"一课"指按时上好党课。"三会一课"是党组织生活的基本形式,是加强党员日常教育管理监督的主要途径。

在这三个例子里面,定义只是对被定义项"两学一做""四史教育""三会一课"进行明确的规定,也只是从语词到语词,没有解释它们的内涵。

给概念下一个正确的定义,不仅需要掌握概念所反映对象的相关知识,以及下定义的一般方法,而且必须遵守下定义的有关规则。下定义须遵守的规则主要有以下几点。

第一,定义概念的外延和被定义概念的外延必须完全相等。

正确的定义项,解释被定义项概念所反映的本质属性,所以,定义项和被定义项所表示的对象必须完全相同,如果定义违反这条规则,就会出现"定义过宽"或"定义过窄"的逻辑错误。所谓定义过宽,是指定义项的外延大于被定义项的外延,即把本来并不属于被定义项所反映的对象纳入了定义项之中,而定义过窄则是指定义项的外延小于被定义项的外延,即把本应属于被定义项所反映的对象排除在定义项的外延之外。

例如,把"平反"定义为"对处理错误的案件进行纠正"。这里,定义项"对处理错误的案件进行纠正"的外延大于被定义项"平反"的外延,因为,处理错误的案件包括重罪轻判、轻罪重判和无罪而判,而对后两种案件进行纠正才可以叫作平反,而对于第一种进行纠正,不能叫作平反,可见这个定义犯了"定义过宽"的逻辑错误。

再如,把"商品"定义为"用货币进行交换的劳动产品"。这里,定义项"用货币进行交换的劳动产品"的外延小于被定义项"商品"的外延,因为,不通过货币而直接进行交换的劳动产品也是商品。可见这个定义犯了"定义过窄"的逻辑错误。

第二,定义项中不得直接或间接地包含被定义项。

定义项中不得直接或间接地包含被定义项,是因为被定义项本身是有待明确的概念,如果定义项中直接或间接包含了被定义项,也就意味着包含了本身尚不明确的概念,从而达不到通过定义明确概念的目的。

违反定义的这一规则会犯两种逻辑错误:如果定义项与被定义项只是在语言形式上有所不同,从而在定义项中直接包含被定义项,就犯了"同语反复"的逻辑错误;如果定义项中间接地包含了被定义项,就犯了"循环定义"的逻辑错误。

如"本法适用于农村居民,即具有农村户口的农民"。在这个定义中"具有农村户口的农民"与"农村居民"属同一概念,定义项直接包含了被定义项,犯了"同语反复"的错误。"××市政府电子公文与信息交换系统,是运行在电子政务内网上,供各级单位进行电子公文与信息交换的系统"。这个例句中,定义项直接包含被定义项,"电子公文与信息交换系统"出现了两次,也属于同语反复错误。

再如,把"生命"定义为"生命是有机体的新陈代谢"就犯了"循环定义"的错误,因为定义项中包含了"有机体"这个概念,而"有机体"这一概念又需用生命来说明,从而也就意味着上述定义对"生命"并未给予确切的说明。

第三,定义应当用肯定的语句形式和正概念。

定义的这一规则要求定义项一般不能包含负概念,或定义不能是否定命题,而应当用肯定命题来表达。这是因为给概念下定义的目的在于揭示概念的内涵,即揭示被定义项所反映的对象具有何种特有属性或本质属性。而负概念只能说明被定义项不具有何种属性,否定命题只能说明被定义项不是什么,并不能说明被定义项具有什么属性或是什么,从而达不到定义的目的。如"务农人口,是指不从事非农业活动,具有本村户口的固定居民"。在这一定义中,"不从事非农业活动"易产生歧义,应直接表述为"从事农业活动"。

值得注意的是,定义的这一规则是就一般情况而言的。在一些特殊情况下,对于某些事物来说,缺乏某种属性正是它的特有属性,或被定义项本身就是负概念,在下定义的时候,就可以用否定的语句形式或负概念,例如:"非营利性组织,是一类不以市场化的营利目的作为自己宗旨的组织","无业人员是指没有从事任何有劳动报酬的社会劳动的人员"。

第四,定义必须明确,不可以用比喻代替定义。

定义的这一规则要求定义项应当清楚确切,不能使用晦涩含混或者包含比喻的语词。如果定义项使用的语言含混不清,不能明确表达概念内涵和外延的词语,造成表意模糊不确定,会导致"定义含混"的逻辑错误;如果定义中运用了比喻,就犯了"以比喻代定义"的逻辑错误。

例如定义"写公文就像是一个播种的过程,善于管理天地,才有好收成",则出现比喻代定义的问题。再如命题"22岁以下的应届毕业生可享受免费入场"中,在我国,高中、本科、研究生三类学生中都有应届毕业生,定义并未说明是哪类应届毕业生,对应届毕业生的概念并未加以限制,这属于对象概念表述不清晰的问题。

五、划分

概念的使用,不仅需要明确其内涵,而且需要明确其外延,即明确概念所反映的对象是什么,包含哪些分子(或子类),其范围有多大。由于不同类型概念外延的大小不同,因而其明确方法也不同,单独概念可以通过指出其外延包含的单一对象的方法来明确。对于普遍概念,尤其是当其外延相当多,以至于难以列举或没有必要列举时,就可以运用划分的方法对这类概念的外延予以明确。

所谓划分,是以对象的一定属性为标准,将一个属概念分成若干个种概念,以达到明确其外延的逻辑方法。例如下面这个划分:

根据发文目的的不同,可以把概念"通知"划分为"发布性通知""批转、转发性通知""贯彻、周知性通知""指示规定性通知"和"任免聘用通知"等类。

在这个例子中,划分由三部分构成:划分的母项、划分的子项以及划分的根据。

划分的母项是指被划分的概念。如例子中的"通知"。

划分的子项是指划分后得到的概念,即代表小类的概念。如上例中的"发布性通知""批转、转发性通知""贯彻、周知性通知""指示规定性通知"和"任免聘用通知"等概念。

划分的根据是指把母项划分为子项所依据的标准,如上例划分的根据就是"发文目的的不同"。

划分的这三个构成部分缺一不可。没有母项划分就没有对象,不可能进行划分;没有子项划分就没有结果,等于没有划分;没有根据划分就没有标准,无法进行划分。

运用划分法可以揭示一个概念反映了哪些事物,包含了哪些对象,适用于多大的范围,使人一目了然。因此,在写作过程中人们常用划分的方法从外延的角度来明确一些重要的概念。例如:"行政处分分为警告、记过、记大过、降级、降职、撤职、开除留用察看、开除。"(《国家行政机关工作人员贪污贿赂行政处分暂行规定》)该规定以"处分的轻重程度"为标准,将"行政处分"这一属概念分成了"警告""记过""记大过""降级""降职""撤职""开除留用察看""开除"这样八个具体的种概念。由于此规定运用了划分法对概念进行明确,使阅读者一目了然。

再如，按照不同标准，可以将公文分为以下几类。

从公文的来源划分：对外文件、收来文件、内部文件。

从公文的行文关系上划分：上行文、平行文、下行文。

从公文的秘密程度和阅读范围划分：秘密文件、普通文件、公开文件。

从公文的制发机关的性质和公文作用划分：法规文件、行政文件、党的文件。

从公文内容的性质和特点划分：指挥性公文、规范性公文、报请性公文、知照性公文、记录性公文。

从文件的缓急程度上划分：特急件、急件。

从文件的使用范围划分：通用文件、专用文件、技术文件。

从文件的发送目的划分：主送件、抄送件和批转件、转发件。

在公文写作中，首先要求作者对所要涉及的问题按照性质进行分类，形成比较明确的认识，然后根据分类组织材料、确定表达，并将全部内容涵盖在内，才能正确认识思维对象。例如写作个人的述职报告，执笔人需要对全部工作进行分类，划分为"思想政治表现""廉洁自律情况""承担工作""完成任务情况"几个方面来完成构思。

下文山东省2022年《政府工作报告》(节选)中针对重点工作"基础设施"内容运用了划分法。它将"基础设施"分为"综合立体交通""现代物流""能源保障""市政公用设施""现代水""新型基础设施""农村基础设施"七种类型，用"网"字进行统一概括，完成写作。

  二是全面展开基础设施"七网"行动。着眼山东长远发展、造福人民群众，推进一批支撑性重大项目、重大工程。

  综合立体交通网方面，加快推进京沪高铁辅助通道天津至潍坊段、雄商、济滨、济郑等项目，建成黄台联络线、济莱高铁；加快13条在建高速公路项目建设，开工东阿至阳谷、牟平至莱州等项目，建成济南至高青、沾化至临淄等项目，高速公路通车里程突破7800公里；加快济南机场二期、烟台机场二期、临沂机场扩建、枣庄机场建设，完成济宁机场迁建，确保交通基础设施投资2700亿元以上。

  现代物流网方面，突出抓好济南、青岛、日照等5个国家物流枢纽，2个国家骨干冷链物流基地以及30个左右多式联运示范工程。推动县域商业体系建设纳入全省乡村振兴战略，加强农产品供应链体系建设。加快临沂国际陆港智慧物流园建设，支持济宁发展内河航运，推进中韩整车运输试运行,畅通国际陆海联运大通道。

能源保障网方面,加快建设山东半岛千万千瓦级海上风电基地、中国海上风电国际母港,开工渤中、半岛南500万千瓦海上风电项目。推进胶东半岛千万千瓦级核电基地建设,开工海阳核电二期,投运高温气冷堆示范工程,打造"国和"先进三代核能基地。加快鲁北风光储一体化、整县光伏规模化开发、天然气环网等重大工程。支持日照打造综合能源协同保障基地。新能源和可再生能源发电装机达到6700万千瓦以上,有效扩大外电入鲁规模。

市政公用设施网方面,突出抓好"两清零一提标",整县制推进黑臭水体清零,完成30个县(市、区)建成区雨污合流管网改造清零,30%城市污水处理厂完成提标改造,再生水利用率提高2个百分点。完成城市老化燃气管道更新450公里。

现代水网方面,围绕打造"一轴三环、七纵九横、两湖多库"现代水网,加快推进烟台老岚、济南太平、青岛官路、临沂双堠、滨州鲁北等水库和重点平原洼地治理工程,推进南四湖退圩还湖和水资源利用北调、东平湖老湖区分区运用及洪水南排工程,加快京杭运河山东段升级改造,基本完成小清河复航主体工程,确保水利投资500亿元以上。

新型基础设施网方面,实施5G和固定网络"双千兆"工程,累计建成并开通5G基站16万个。开展数据中心提质增量行动,加快建设国家级互联网骨干直联点,推动国际通信出入口局落户山东。

农村基础设施网方面,推动"四好农村路"、数字乡村建设,新改建农村公路1万公里,县乡道三级及以上占比达到54%,农村家庭基本具备百兆以上接入能力。

要对一个概念做出正确的划分,除了掌握划分对象的相关知识以及逻辑上的划分方法外,还必须掌握以下划分的规则。

1. 划分所得各子项的外延之和必须全同于母项的外延

子项用来明确母项外延的,如果子项之和大于母项,说明子项中包含有不是母项外延的内容。如果子项之和小于母项,说明漏掉了外延内容。违反划分的这一规则将导致"划分不全"或"多出子项"的逻辑错误。如果子项的外延之和小于母项的外延,即将本应属于母项的子项遗漏,就是"划分不全";如果子项的外延之和大于母项的外延,即将本不属于母项的对象当作子项,就是"多出子项"。

在某单位的工作总结中有这样一段话:"借鉴国际先进理念,实现企业和谐发展,遵循安全第一、环保优先、执行有力、科学发展的原则,加强生产、检修全过程污染控制,形成科学有效的安全管理体系,严肃安全生产问责制和事故责任追究制,严格员工安全生产档案打分,强化红黄牌预警,重点关注边边角角、隐蔽作业、地下作业、偏远作业的安全管理,对安全环保管理混乱、业绩较差的单位,追究领导责任。"

公文中的标题必须与公文内容保持同一性,这段话的小标题是"借鉴国际先进理念,实现企业和谐发展",展开内容中却并没有提到借鉴了什么样的国际理念,而只是提到具体的安全管理措施,总大于分,犯遗漏内容错误。

2.每次划分的标准必须同一

划分的规则就是要求每一次划分的标准只能是同一个,不允许对一部分子项的划分采用一个标准,而对另一部分子项的划分又采用其他标准,如果划分时使用多个根据,划分出来的子项一定会犯子项相容的错误。违反划分的这一规则将导致"多标准划分"的逻辑错误。

例如,某市卫生扶贫方案写道:

推进贫困地区基本公共卫生服务均等化,逐步提高人均基本公共卫生服务经费补助水平,以老年人、孕产妇、儿童、残疾人和慢性病、严重精神障碍患者等为重点,推动基层医疗卫生机构优先为贫困人口提供基本医疗、公共卫生和健康管理等签约服务。

"老年人、孕产妇、儿童、残疾人和慢性病、严重精神障碍患者"是根据不同标准划分出来的概念,以年龄为标准和以身体健康状况为标准划分出来的两个标准的概念混用在一起,导致概念混杂,语义不明。

3.划分的各子项外项之间必须互不相容

划分将母项的外延分为若干个小类,以明确概念的外延。子项则指称并表达这些小类。只有当子项相互间不相容时,母项外延中的每个分子归属于哪一类才是确定的,才能达到明确母项外延的目的。划分的这一规则要求划分后所得的各子项外延之间必须是不相容的全异关系。

相反,如果子项是相容的,母项外延中的分子就可能同时归属若干个类,导致其归属不确定,就不能通过子项来明确母项的外延。只有遵守划分的这一规则,才能保证把属于母项的每一个对象划分到一个子项中去,而且也只能划分到一个子项中去。反之,如果子项不是互不相容的,就使得一些对象既属于这一子项,又属于那一子项,从而导致混乱。

某县发布的《关于对县处级领导干部配偶、子女及直系亲属的提拔实行备案制度的通知》中写道：

> 当前,我县绝大多数单位和领导干部能够认真贯彻执行文件精神,总体上是好的。但在领导干部的配偶、子女及亲属的提拔方面,还存在不少问题:有的领导干部在其配偶、子女、亲属的提拔上相互攀比;有的领导干部对其配偶、子女及亲属的提拔要求不严,不看德行、不重实绩、不按程序;有的领导干部甚至要挟组织提拔其配偶、子女及亲属等。

这篇公文,从内容到题目,概念"配偶""子女""直系亲属"的外延上有一定的重合,"配偶"和"子女"均真包含于"亲属"。此处的逻辑问题是将相容的属种关系的概念当作不相容关系的概念列,属于子项相容的问题。

再如,一篇关于工作计划的提纲:

2022年区域非遗旅游发展重点任务

（一）确定跨省区非遗旅游协作发展机制

（二）推动非遗旅游助力贫困地区脱贫工作

（三）推动非遗旅游与民族文化融合发展

（四）推动非遗旅游与乡村振兴融合发展

（五）联合开发具有全国影响力的非遗旅游线路

从写作原则上来说,各个小标题之间所反映的内容应该并列不相容,但其中"（二）推动非遗旅游助力贫困地区脱贫工作"与"（四）推动非遗旅游与乡村振兴融合发展"的内容却出现交叉关系。这两项在实际工作开展中是同步进行的,工作内容有许多重合之处,属于不恰当的划分。

第二章

命题和语句的表达

公文语言表达要求具备逻辑思维,并能正确运用语句恰当地进行命题,而语言的准确性依赖思维的理性。这就要求在处理文字时,要具备运用客观、准确、简洁、规范的语言进行表述的能力及数据图表构架的能力。

一、命题和语句的关系

命题是逻辑学的一个基本要素,是表达事物情况的思维形式,所谓"事物情况"包括事物的性质和事物之间的关系。语句是一组表示事物情况的符号或笔画,是命题的物质载体,两者有着密切的联系。命题作为一种思维形式,必须通过语句对事物进行陈述,包括对思维对象的性质、关系等进行肯定或否定的思维形式。

命题和语句之间是内容和形式的关系。一方面,任何命题都是通过语句来表达的,没有语句,也就没有命题。但是,同一语句可以表达不同的命题。例如"咬死猎人的狗",这个语句即可以表达咬死猎人的那只狗,也可以表达把猎人的狗咬死了。另一方面,命题则是语句的内容。但是同一命题可以用不同的语句来表达。例如,"我们要对集体负责"和"难道我们不是要对集体负责?"这是两个不同的语句,前者是陈述句,后者是反问句,但它们表达的意思是相同的,即表达同一个命题,只不过在感情色彩和语言风格上有所不同,这也说明可以根据不同写作要求、写作环境使用不同的语句来表达同一个命题。

公文以语句作为组成要素,公文的句与句之间,段落与段落之间,语段与语段之间都存在着逻辑关系,它是连接公文内部篇章结构的有效手段。在不同情况下,对语句的使用有不同的要求。

(一)公文的语句需要直截了当

毛泽东同志在《关于建立报告制度》中提出:"综合报告内容要扼要,文字要简练,要指出问题或争论之所在。"这个要求同样适用于其他公文文体的写作。公文的语句应该凝练而有力地表述事物,言简意赅,文字上不拖泥带水,不绕圈子。这就要求写作者能抓重点,谈问题开门见山。

(二)语句需注意命题和判断的区别

表达观点时一般无须展开论证,论证推理的过程应隐含在公文写作之前的"决策"过程中。公文的议论,多以判断句的形式出现,即只"判断"不"论证"或少"论证"。

常见的表达形式:

1. 陈述

陈述就是对写作对象的发展变化过程进行客观反映的一种表达方式,是用来说明问题、反映情况、交流思想的方法。除政策性、指示性公文外,通知、通报、报告、请示、会议纪要、调查报告、简报、讲话稿等公文一般都以陈述为主。

2. 论证

论证是指阐述观点后,对其加以证明,是行文单位表明观点和态度的方式。公文中的论证为了给受文者提供理解公文精神的理论依据,写作时多使用简单的结论性、论断性的语言。

3. 说明

说明就是用简明扼要的文字,对对象的特征、原理、规律、作用等进行阐释的一种表达方式。公文的说明范围主要限于政策、法规、规范和社会管理方面的事物,以治理国家和管理社会为主要目的,说明比较抽象、概括和简要。

(三)不同场合使用不同的语句

1. 主谓句与非主谓句

主谓句由主谓词组构成,非主谓句由主谓词组以外的其他词组或单词构成。公文对语句的要求具有高度准确、十分严谨的特点,因此主谓句的使用频率非常高,非主谓句的运用则受到一定限制,主要是使用一些不带主语或不必交代主语的句子。由于行政公文具有定向表述的特点,一些意愿禁止、希望等的发出者和情况问题的发现者是不言自明的。如:

严禁将武器、凶器、弹药和易爆、易燃、剧毒、放射性物品以及其他危害飞行安全的危险品带上飞机或夹在行李、货物中托运。

2. 主动句和被动句

主动句和被动句是从语态的角度来讨论的。主动句是指该句主语是谓语所表示的动作行为的发出者的句子,句子的主语是动作、行为的发生者。被动句则是指该句主语是谓语所表示的动作行为的承受者的句子,句子的主语为动作、行为的接受者。主动句的目的在于强调动作行为的发出者,强调施事;被动句的目的是强调动作的承受者,是受事。如果要强调动作或行为的发生者就采用主动句,反之则采用被动句。在公文写作中,这两种句子都存在。

> 我们将坚定不移走和平发展道路,坚定不移维护地区和平、稳定与发展,愿与各国团结协作,促进世界繁荣稳定。

这句话以主动句的形式强调了我国政府在和平发展道路上的强烈主观意愿,将国家和政府的决心和态度表现得坚定有力。

> 拒绝或者阻碍环境保护部门监督检查,或者在被监督检查时弄虚作假的,由县级以上人民政府环境保护主管部门或者其他依照法规行使监督管理权的部门责令改正,处一万元以上十万元以下的罚款。

这句话用被动句的形式强调了破坏环境保护部门监督检查的人或在接受检查时有作假行为的人可以被行政处罚,这里强调的是无论当事人是否主观意愿,政策都必须执行的强制性效力。

3. 长句和短句

句子有长有短。所谓长句,是指词语多,结构复杂,形体较长的句子;所谓短句,是指词语少,结构简单,形体短小的句子。句式的长短不同,修辞效果也各不相同。

余秋雨的散文《绑匪的纸条》记载了这样一个故事:

20世纪末,湖北省发生一起绑票杀人案,最后破案的契机来自绑匪写的纸条:"过桥,顺墙根,向右,见一亭,亭边一倒凳,其下有信。"19个字、6个标点符号的纸条,让刑侦专家在翻阅案卷时把侦查范围划定在受过高等教育的人中间。

余秋雨评价为:

> 请看这十九个字,罪犯为了把藏信的地点说清楚,不用东西南北、几步几米的一般定位法,而是用动词来一路指引,这在修辞上显然是极聪明的选择。四个指引词,"过、顺、向、见",准确而不重复,简直难于删改。特别是那个"见"字,用在此处,连一般精通文字的写作人也不容易办到。多数会写成"有",但只有用"见",才能保持住被指引者的主观视角。更有趣的是,这个句子读起来既有节奏又有音韵,在两

个"二三"结构的重复后接一个"五四"结构,每个结构末尾都押韵,十分顺口。罪犯当然不会在这里故意卖弄文采,只能是长期读古文、写旧体诗的习惯的自然流露。如果他自己发觉了这种流露,一定会掩盖的,但他没有发觉,可见已成了一种表述本能。时至今日,能有这般表述本能的人已经不多,因此侦查的范围可缩得很小。

长期从事文字工作的人都会有这样的体会,越短的文章越难写,越短的句子越考验写作者的文字功底。公文写作的主要目的是发布信息、沟通工作。准确直白地将信息传递最为重要,因此不需要故弄玄虚、卖弄文采,"炫技"的做法是不可取的。

《庄子·外篇·骈拇》中写道:"长者不为有余,短者不为不足。是故凫胫虽短,续之则忧,鹤胫虽长,断之则悲。"清代焦循在《文说》中写道:"行千里者以千里为至;行一里者以一里为至。"长短句的使用通常根据写作的思想主题、文体要素确定。

短句用于表达强烈感情,以及需要人们认真执行时使用。公文中表示命令、希望和要求的文字常用短句。例如:

①各地市要统一思想,高度重视,落实责任,切实做好疫情防控的有关工作。

②我们的事业是正义的,正义的事业是任何敌人也攻不破的。我们正在前进,我们正在做我们前人没有做过的,极其光荣伟大的事业。我们的目的一定要达到,我们的目的一定能够达到。

长句的作用是信息容量大,其表达效果主要体现在表意的严密、精确、细致,常用于报告、政论文和研究报告的写作。尤其在阐发道理,说明事物性质,陈述较复杂的事物时用长句。长句既使表达更严密精确,又可以突出行政公文的严肃性、权威性。例如:

我们为了革命,得罪了一切敌人——全世界帝国主义,全国大小军阀,各地买办阶级、土豪劣绅、安福系、研究系、联治派、国家主义派等一切反动政派。

——毛泽东《〈政治周刊〉发刊词》

这句话的宾语由复杂的同位词组"一切敌人""全世界……一切反动政派"构成,是因宾语成分复杂而构成的长句。

长句写作的缺点是结构较复杂,词语比较多,写作者可能难以驾驭,读者也可能会有阅读理解费力的体验。如非必要,尽量使用短句进行写作,或者通过断句增强长句的节奏感。如：

> 我们要用马克思主义的积极精神,克服消极的自由主义。一个共产党员,应该是襟怀坦白,忠实,积极,以革命利益为第一生命,以个人利益服从革命利益;无论何时何地,坚持正确的原则,同一切不正确的思想和行为作不疲倦的斗争,用以巩固党的集体生活,巩固党和群众的联系;关心党和群众比关心个人为重,关心他人比关心自己为重。这样才算得一个共产党员。
>
> ——毛泽东《反对自由主义》

这段话中第1、3句是短句,第2句是长句,但是长句中有停顿,这种长句短句间杂的句式,虽然较长,但是阅读时并不吃力,是值得借鉴的。

写作中常使用的长句变短句的方法有以下三种。

第一,紧缩法。

它通过提取长句的主干,组成一个单句,然后将原句的复杂定语按照不同内容组成一至几个单句,并添加适当主语。这种方法适用于较复杂的定语长句。如：

> 地方法院今天推翻了那条严禁警方执行市政府关于不允许在学校附近修建任何等级的剧场的指示的禁令。

这个句子的信息应该是:①某市政府发布了一条关于不允许在学校附近修建任何等级剧场的指示;②警方却接到了严禁执行市政府这一指示的禁令;③今天地方法院推翻该条禁令。

通过紧缩法可改为短句：

> 某市政府发出了关于不允许在学校附近修建任何等级剧场的指示,但警方却接到了严禁执行市政府这一指示的禁令,今天地方法院又推翻了这一禁令。

第二,分散重复法。

当主语中心语是并列短语时,可将其拆开,使之分别与谓语组合,重复谓语,成并列复句;当谓语中心语是并列短语时,将其拆开,重复主语和宾语使之变成复句;当宾语是并列短语时,重复使用谓语;状语是多项或多层状语时,就重复较为简单的谓语中心语、宾语中心语,形成几个小分句,每个小分句使用一项状语,将长句化短。如长句：

> 这出戏一开始,就给观众展现了草原上欣欣向荣的大好风光和牧民群众为开辟草原牧场、架设桥梁而战斗的动人场面。

通过分散重复法可改为短句：

　　这出戏一开始就给观众展现了草原上的欣欣向荣的大好风光，展现了牧民群众为开辟草原牧场、架设桥梁而战斗的动人场面。

第三，复指法。

复指法是把长句附加成分变成并列成分，然后用一个代词去取代它。如长句：

　　无产阶级必将战胜资产阶级和一切剥削阶级，社会主义必将战胜资本主义，共产主义一定能够在全世界实现的历史发展的总趋势是谁也改变不了的。

通过复指法改为短句，即：

　　无产阶级必将战胜资产阶级和一切剥削阶级，社会主义必将战胜资本主义，共产主义一定能够在全世界实现，这种历史发展的总趋势是谁也改变不了的。

二、性质命题的运用

　　性质命题是公文写作中最常用的一种语句形式。

　　性质命题就是直接陈述对象具有或不具有某种性质的简单命题，由于其对事物性质的描述是"直接陈述"，又称直言命题。如：

　　①公文是法定机关或其他社会组织在公务活动中，具有法律效力和规范的文体。

　　②电子公文是指各地区、各部门通过由国务院办公厅统一配置的电子公文传输系统处理后形成的具有规范格式的公文的电子数据。

性质命题由主项、谓项、联词和量项四部分构成。

主项是表示被陈述对象的词项。如①中的"公文"，②中的"电子公文"。

谓项是表示被陈述对象具有或不具有的性质的词项。如①中的"法定机关或其他社会组织在公务活动中，具有法律效力和规范的文体"，②中的"各地区、各部门通过由国务院办公厅统一配置的电子公文传输系统处理后形成的具有规范格式的公文的电子数据"。

联项是表示主项和谓项之间的联系的语词。性质命题的联项有两种："是"和"不是"。"是"是肯定联项，"不是"是否定联项。在语言表达中，肯定联项有时可以省略。否定联项则不能省略。

量项是表示主项所指称的对象的数量语词。量项有三种：全称量项、特称量项和单称量项。

在性质命题的逻辑形式中,只有量项和联项的含义是确定的,因此根据量项和联项的不同区分性质命题的逻辑类型。即按质可分为肯定命题和否定命题;按量可分为全称命题、特称命题和单称命题。

1. 全称肯定命题

全称肯定命题是陈述主项所指称的全部对象都具有某种性质的命题。如:

全球治理理论是顺应世界多极化趋势而提出的旨在对全球政治事务进行共同管理的理论。

2. 全称否定命题

全称否定命题是陈述主项所指称的全部对象都不具有某种性质的命题,即断定某类的每一个对象都不具有某种性质的命题。如:

凡未经我办注册或未能通过注册的行政执法证件,自2020年1月1日起一律无效。

3. 特称肯定命题

特称肯定命题是陈述主项所指称的对象至少有一个具有某种性质的命题。如:

督察发现,一些地方人民政府及自然资源主管部门主观故意弄虚作假,一些调查作业队伍不认真,一些监理单位不尽职,一些县级三调办自查不到位,一些市级、省级三调办核查把关不严,督促整改不到位等问题。

4. 特称否定命题

特称否定命题陈述主项所指称的对象至少有一个不具有某种性质的命题。如:

①有的机关工作人员不是公务员。

②有的部门不属于政府机关。

5. 单称肯定命题

当性质命题的主项是单独词项时,其指称的对象是独一无二的,因此它不需要量项来刻画主项的数量。这种主项是单独词项的命题叫单称命题。

单称肯定命题是陈述主项指称的单个对象具有某种性质的命题。如:

①陕西师范大学是教育部直属师范类院校。

②钟南山是公共卫生事件应急体系建设的重要推动者。

6. 单称否定命题

单称否定命题是陈述主项指称的单个对象不具有某种性质的命题。如：

> 这项工程合同不具有法律效应。

写作过程中使用性质命题时，需要注意以下两个方面。

一方面，从命题的联项而言，命题包括肯定命题和否定命题，可视为日常话语中的肯定语句和否定语句，但是否定命题尤其是全称否定命题在公文写作中的使用少于肯定命题，这是因为公文所具有的规范、指导等作用主要是为了告知公众如何实施，肯定的语句更易执行。

另一方面，联项和量项的使用必须准确地表达被断定对象的数量范围，写作中要善于做出正确的限定。现实情况通常复杂多变，简单地表述"是"或"不是"不足以说明事物的实际情况。公文写作者必须做出确切的限定说明究竟是怎样的"是"或"不是"。常用的联项限定有："基本上是（不是）""主要是（不是）""根本上是（不是）""尤其是（不是）""个别的""极少数的""少数的""半数以上的""绝大多数的"等。用这些语词来做限定，就可以使特称命题的量项更加准确，从而有助于正确地制作命题。此外，公文写作常用联项中：

表示肯定的字、词：属、有、为、是、系、纯系、均系、果系、确系……

表示否定的字、词：无、不、未、勿、不属、不是……

联项的使用必须在法定范围内确定，例如某地政府在路边张贴"焚烧秸秆就是犯罪"，这个表述已经超越政府的职权，是否犯罪不属行政机关的职权范围。

量项的准确使用，意味着命题要正确反映对象与性质之间联系的程度，即主项和量项的联系必须是确定的，否则会导致对谓项的不当限定。例如"有些不正之风要坚决纠正。"这句话中"有些"应该改为"所有的"，命题的量项应用全称，而非特称。再如"全市初步完成市容环境卫生部分指标，顺利完成创建国家卫生城市的目标。"这句话中"初步完成部分指标"与"顺利达成目标"的性质命题之间联系不当。再如"发生在 2018 年 10 月 4 日这起针对 ×× 大学网络系统实施破坏的案件，也是我省教育机构网络犯罪的一起典型案例"中"我省教育机构网络犯罪"应改为"针对我省教育机构网络犯罪"。

此外，在公文写作中性质命题的写作，应符合矛盾律的要求，即思维的一致性：在同一思维过程中，两个互相否定的思想不能同真，必有一假。

例如某公司《关于表彰第一车间的决定》中写道：

> 第一车间自今年以来，安全管理面貌有很大改观。虽然不是目前

安全管理最好的单位,但是较去年管理水平有很大提升,值得表彰和学习。

这段话中有一组矛盾,第一车间既然不是做得最好的,为什么还要发文表扬。这实际就是"说甲好,其实甲也不好",立场不明确,不知所云。可以直接表明立场进行修改,改为"单位自今年以来,安全管理面貌进步较快,值得各单位认真学习"。

1948年8月,日本宣布无条件投降以后,蒋介石一方面命令八路军所属部队"原地驻防待命",另一方面又命令国民党军队"加紧作战努力""积极推进""勿稍松懈"。毛泽东发现了这两个命题中包含的逻辑矛盾。

> 我们从重庆广播电台收到中央社两个消息,一个是你给我们的命令,一个是你给各战区将士的命令。在你给我们的命令上说:"所有该集团军所属部队,应就原地驻防待命。"此外,还有不许向敌人收缴枪械一类的话。你给各战区将士的命令,据中央社重庆十一日电是这样说的:"最高统帅部今日电令各战区将士加紧作战努力,一切依照既定军事计划与命令积极推进,勿稍松懈。"我们认为这两个命令是互相矛盾的。
>
> ——《毛泽东选集》第四卷第1141页

蒋介石不让八路军接受日本投降,企图独吞抗战胜利果实的想法也就由此被看出来了。

再如,某公司颁布的条例中,写道:"本次会议要求全体公司员工必须无条件参加,但确实有事的同志可以请假。"这句话中"无条件参加"和"但可以请假"是一组矛盾的命题,制度制定的不严密,会导致具体工作中的漏洞出现。

三、复合命题的运用

结构相对简单的性质命题远不能满足公文写作的要求,在公文写作中还大量地运用复合命题完成语段。

复合命题,指的是包含其他命题的命题,它的变项仍是命题,它是若干个简单命题通过一定的逻辑联结词组合而成的命题形式。

①如果公文主送机关较多,那么应按其性质,级别和有关规定或惯例依次排列。

②对违反操作规程或者安全管理规定作业的生产经营单位及其主要负责人进行依法处理。

虽然复合命题是由命题构造而成的,但并不是任意命题组合在一起就可构成复合命题。在上面的命题中,①是通过联结词"如果……那么……"连接两个命题得到,②则是通过联结词"或者"的作用得到的。如果仅仅把两个命题摆在一起而没有联结词,"公文主送机关较多"和"按其性质,级别和有关规定或惯例依次排列"仍然只是两个命题。因此,支命题必须通过联结词的组合作用才能构成复合命题。联结词是复合命题的逻辑常项,因为联结词有确定的逻辑含义,有什么样的联结词决定了一个复合命题有什么样的逻辑形式。

从逻辑结构上分析,复合命题有两个基本构成要素:支命题和联结词。根据支命题之间的关系,复合命题分为联言命题、选言命题、假言命题和负命题。

1. 联言命题

联言命题是断定若干事物情况同时存在的命题。联言命题由联结词"并且"等和支命题构成。联言命题的支命题称为联言支,一个联言命题的联言支至少有两个。在自然语言中,联言命题的逻辑联结词还可以用"既是……又是……""……又……""不但……而且……""虽然……但是……""……也……""……而……"等表示,有时还可以省略联结词。需要注意的是,联言命题是陈述若干事物同时存在的命题,因此,一个联言命题的真假,归根结底取决于它的各个联言支是否同时都是真的,也就是说,只有在各个联言支都为真的情况下,联言命题才为真。如果联言支有一个为假,那么,联言命题就一定是假的。

这在公文中是最常用的一种复合命题,但它在实际运用中可以表达并列、连贯、递进、转折等不同的关系,如:

(1)表并列,句子通常使用"同时""有的""既是……也是"这样的联结词,表示前后句子之间呈现的是并列关系,如:

①我们就区委办保持共产党员先进性教育活动进行再部署,同时也针对办公室存在的问题和不足,提一些要求。

②北京等省、直辖市,前两年已在农村开展了教育活动,有的叫社会主义思想教育,有的叫党的基本路线教育,也有的叫基本路线、基本国情、基本政策教育。

③今天我院召开审判、执行、诉讼服务质效工作推进会,这次会议既是通报,也是分析,更是警醒,目的是全面提升各项指标。

(2)表递进,句子通常使用"不但(不仅)……而且(并且)……""还(也、又、更)……""甚至"等联结词表示递进,如:

①环评质量出问题,省厅不仅通报14家环评单位,而且通报环

保局。

　　②当前,特别要加强建设的前期工作,规划各地、市、县必须要深入调查研究,深入系统地掌握各种基础资料,摸清家底,并以自治区的规划为指导,认真编制好各地开发规划。

　　③我们还认识到,各级政府工作中存在不少缺点和不足,有些政府工作人员甚至贪污腐败。

　　④未列编工作业务开支,在处理工作时十分被动,甚至无法进行。

(3)表转折,句子通常使用"尽管……""但是……""而不是"等联结词表示转折,如:

　　①起草气象规范性文件,应当根据规范的具体内容确定名称,可以使用"办法""规定""规程""规则"等名称,但是不得称"法"或者"条例"。

　　②把完成税收工作任务当作党支部和党员干部的基本职责要求,做到了围绕税收抓党建,抓好党建促税收,而不是就党建论党建,党建与税收工作相互脱节。

　　③我市能取得这样的好成绩,与市委、市政府的正确领导、高度重视、大力支持是分不开的。但是我市安全生产经费不足的问题仍然比较突出。

联言命题的句式包括以下三种:

(1)主项复合构成的联言命题,即由两个或两个以上并列的主项和一个相同的谓项所构成的联言命题。如:

　　国家和地方人民政府要统筹疫情防控和经济社会发展,精准有序推进企业复工复产。

(2)谓项复合构成的联言命题,即由两个或两个以上并列的谓项和一个相同的主项所构成的联言命题。如:

　　推动高质量发展是当前和今后一个时期确定发展思路、制定经济政策、实施宏观调控的根本要求。

(3)主谓项都复合构成的联言命题,即由两个或两个以上并列的主项与谓项所构成的联言命题。如:

　　河南省洛阳市老集煤厂工人赵春娥、航天工业部陕西骊山微电子公司工程师罗健夫、中国科学院长春光学精密机械研究所副研究员蒋筑英,是党和人民的好儿女,是工人阶级的杰出代表。他们在自己的工作岗位上,为我国社会主义现代化建设做出了卓越的贡献,是全体职工学习的榜样。

2. 选言命题

选言命题由联结词"或者"或"要么"和支命题构成。选言命题的支命题称为选言支。选言支可以有两个,也可以有两个以上。在自然语言中,选言命题的逻辑联结词,还可以用"……可能……也可能……""或许……或许……"等。一般认为有两种选言命题,即相容的选言命题和不相容的选言命题。

选言推理是前提中有一个是选言命题,并且根据选言命题的逻辑性质进行推演的推理。换言之,选言推理就是根据析取词或选言命题的逻辑性质进行的复合命题推理。它主要有两种有效的推理形式。鉴于相容选言命题和不相容选言命题的逻辑性质不同,它们构成的选言推理也有所不同。

(1)相容选言命题及其推理。相容的选言命题是指其支命题可以同时为真的选言命题。相容选言联结词表达的含义是:各支命题描述的现象情况至少有一种是存在的。因此,一个相容选言命题是真的,当且仅当它的支命题至少有一个真。如果选言命题的每一个支命题都是假的,则意味没有那个支命题所描述的情况存在,即并非至少有一个支命题所描述的情况是存在的,因此该选言命题就是假的。

例如命题"某甲或者是诗人,或者是作家。"就是相容选言命题,因为每个命题的选言支都可以同时为真。某甲可能即是诗人又是作家。再如:"在对外交往中,严禁公开示意或暗示对方赠与礼品,或以托对方代购物品为名变相敲诈勒索。"反映的也是相容的事物情况。

《惩戒信息泄露 击破利益链条》一文,针对某市4万孕产妇信息遭泄密一事发表了议论,批评政府信息监管不严。文章开头首先援引新闻报道说明了论题,之后在进行批评论述之前,进一步向读者点明批评对象,调准矛头:

"某市孕产妇信息库的主办方应是政府卫生行政主管部门,作为共享机构的计生部门,也是政府机构无疑。各家医院虽然是独立的信息采集点,但并无信息集成之便,如此全面、详尽的资料利用,非有统摄全局的政府信息平台不可。政府公共机构的泄密行为,涉及机构对公众信息未有妥善保管而有渎职失职之嫌,纪检监察机构应及时介入调查,给公众一个明确的说法。"

文章在此处运用了相容选言推理,其逻辑结构如下:

全市孕妇信息泄密,或者问题出在医院,或者问题出在政府计生部门。

不会出自医院(缺乏全市信息集成能力)。

所以,出自政府计生部门。

文章充分利用既有事实,构建了这个相容选言推理的大前提:医院泄密、政府计生部门泄密是孕妇信息大规模泄露的仅有的两个可能原因,且可以同真,即多渠道发生泄漏。然后文章加以分析,排除了医院泄露信息在此次事件中的可能性。由相容选言推理"不能同假"的逻辑特性推出结论,将矛头直指政府计生部门,进一步明确了责任方,为文章树立了批评标靶,推理方法运用简单而有效。

(2)不相容选言命题及其推理。不相容的选言命题是指其支命题不可以同时为真的选言命题。例如命题"要么在沉默中爆发,要么在沉默中灭亡"就是不相容选言命题,因为每个命题的选言支不可以同时为真。沉默中不可能既爆发又灭亡。

不相容选言联结词表达的含义是:各支命题描述的现象情况有且只有一种是存在的。因此,一个不相容选言命题是真的,当且仅当它的支命题有且只有一个真。如果一个不相容选言命题的每个支命题都真,或每个支命题都假,则该命题是假的。

下面这段话就是根据不相容选言命题推理完成的语段写作:

人事争议发生后,当事人可以协商解决;不愿协商或者协商不成的,可以向主管部门申请调解,其中军队聘用单位与文职人员的人事争议,可以向聘用单位的上一级单位申请调解;不愿调解或调解不成的,可以向人事争议仲裁委员会申请仲裁。当事人也可以直接向人事争议仲裁委员会申请仲裁。当事人对仲裁裁决不服的,可以向人民法院提起诉讼。

——《中组部、人力资源社会保障部、总政治部关于修改人事争议处理规定的通知》人社部发〔2011〕88号

在使用选言命题完成语句时,需要注意两个问题:

第一,选言支穷尽。所谓选言支穷尽与否就是指选言命题是否反映了事物的全部可能情况。如果一个选言命题的选言支是穷尽的,就能保证至少有一个选言支是真的,反之,如果一个选言命题的选言支不是穷尽的,那么就不能保证至少有一个选言支为真,这样的选言命题就可能假。例如,某侦查人员根据某甲或某乙到过作案现场,就得出这样的结论:"某甲是凶手或者某乙是凶手"。但经查,某甲和某乙都不是凶手。这说明某侦查员所作的选言命题并没有穷尽

所有的选言支,因而是一个假命题。

第二,注意逻辑联结词的使用规范,相容选言命题常用的联结词有:"或者……或者……""……或……""可能……可能……""也许……也许……""……和……至少一个""至多……""除非……否则……"等。不相容选言命题常用的联结词有:"要么……要么……""不是……就是……"等。但在实际应用中对于支命题的情况必须做出清楚的限制,例如某市医院公告牌中写道:

"计划内妊娠 16 周以上的妇女,若有下列情形,可以终止妊娠。(一)胎儿患严重遗传性疾病的;(二)胎儿有严重缺陷的;(三)患严重疾病,继续妊娠可能危及孕妇生命安全或者严重危害孕妇健康的。"这段话中的"下列情形"是有歧义的,陈列的三种情况之间是联言命题还是选言命题,如果是选言命题,是相容的还是不相容的?因此应改为"若有下列情形之一"。

再如,某企业发布会议通知,其中一句写道:"要求全体在岗人员必须无条件参加,有事的同志可以请假。"这句话中包含了两个互相矛盾的命题,即"全体在岗人员必须无条件参加"和"有事的同志可以请假(不参加)"之间是不相容的关系。

3. 假言命题

假言命题是指联结词是假言联结词的复合命题。假言联结词表达的是一个支命题所描述的事件是另一个支命题所描述事件存在的条件。

假言命题由两个支命题构成。其中表示条件的支命题叫作假言命题的前件;表示依赖条件而成立的命题叫作假言命题的后件。例如:

①如果天下雨,那么地上湿。

②只有有电,电灯才亮。

①和②都是假言命题。其中,"天下雨"和"有电"是假言命题的前件,"电灯亮"和"地上湿"是假言命题的后件。

前件和后件的条件联系有三种:一是充分条件联系。二是必要条件联系。三是充分必要条件联系。因此,假言命题也有三种,即充分条件假言命题、必要条件假言命题和充分必要条件假言命题。

(1)充分条件假言命题及其推理。充分条件假言命题是指联结词是充分条件联结词的命题。它是反映某事物情况是另一事物情况充分条件的命题。

充分条件联结词描述的是两个事件之间的充分条件联系。事件 p 与事件 q 之间有充分条件联系,如果有 p 必有 q,而没有 p 有无 q 不确定。例如,命题"如果天上下雨,那么地上湿",在这里,事件是"天下雨"与"地上湿"。一旦天下雨,就一定会地上湿;但是地上湿,却不一定天下雨。因此事件"天下雨"与"地上湿"之间有充分条件联系,"如果天上下雨,那么地上湿"就是一个真的充分条件假言命题。

在自然语言中,充分条件假言命题还可以用以下这些关联词来表达:"只要……就……""倘若……则……""一旦……就……""假使……那么……""当……使……"等。

再参照一篇报道分析充分条件假言推理的肯定前件式。在某报刊载的《公交降价,并非降得越多越好》一文中,文章后半部分论证指出,一线城市公交的企业化程度较高,存在员工个体压力大、公交企业运营压力大的问题,继而得出结论"公交价格不可随意压低"。在文章论证的过程中,省略了一个已经众所周知的前提,即"如果一个行业企业化程度高,则其定价不可随意用行政之手压低"。补足这个前提之后,我们就可以清晰地看到文章此部分的逻辑推理形式,是充分条件假言推理的肯定前件式:

如果一个行业企业化程度高,则其定价不可随意用行政之手压低。

  因为一线城市公交行业企业化程度较高。

  所以,不可随意压低价格。

在这个推理中,大前提(p→q)是基础的经济学理论,也是中国改革开放40多年来已经用实践证明了的共同经验,所以文中并没有再论述,而是直接用作前提;小前提(p)是此次一线城市公交定价争论中人们认识不清,或者说重视不足的一点,是文章想要着力说明的问题,也是完成这个逻辑推理过程所需要论述的重点。

再如:

  张三明知贩卖珍稀保护动物国法不容,但心想既然冒险就得多赚点,还搭上一只原来收购的穿山甲,也想一次成交。

这句话通过"既然""就"构成了一个充分条件假言推理的肯定前件式。

  中国绝大多数人口是工人和农民,所以中华人民共和国应当代表工人和农民的利益。

这句话同样通过充分条件构建了一种推理的模式:

如果多数人口是工人和农民,那么国家应该代表工人和农民的利益。

  中国广大人口是工人和农民。

  所以,中国应当代表工人和农民的利益。

（2）必要条件假言命题及其推理。必要条件假言命题又称必要条件假言判断，是种特殊的假言命题。它反映某事物情况是另一事物情况必要条件的命题。

必要条件假言命题描述的是两个事件之间的必要条件联系。事件p与事件q之间有必要条件联系，如果没有p就没有q，而有p时有无q不确定。例如，命题"只有有电，电灯才亮"，在这里事件"有电"与"灯亮"，一旦没有电，灯一定不亮；而灯不亮，有没有电则不一定。因此事件"有电"与"灯亮"之间有必要条件联系，"只有有电，电灯才亮"就是一个真的必要条件命题。

在写作环节中，必要条件分为直接表达和间接表达两种。直接表达如：

①中国的社会必须经过这个革命，才能进一步发展到社会主义的社会去。（毛泽东《中国革命和中国共产党》）

②退一步才能进两步。（邓小平《解放思想，实事求是，团结一致向前看》）

这两个命题分别直接表达了"中国的社会必须经过这个革命"是"中国社会进一步发展到社会主义社会"的必要条件，"退一步"是"进两步"的必要条件。

间接表达如：

①所有的机关工作人员都可以参加这一次的竞聘，除非没有通过资格考试。

②若要人不知，除非己莫为。

第①个命题间接表达了"只有通过资格考试，才能参加这一次竞聘"。第②个命题是"如果想要人不知，那么就得己莫为"，虽然用的是充分条件的逻辑联结词，但是从语义关系上看，"人不知"是果，"己莫为"是因，没有前件就没有后件，间接表达的则是必要条件假言命题。

针对假言命题，同样需要注意逻辑联结词的正确使用：

①只有完成各项社会经济指标，才能取得一定发展。（《某市关于全力以赴完成年度工作考核目标的通知》）

在这句话中，从前后件关系上看，城市经济社会"取得发展"才能"完成各项社会经济指标"，本例将两者的因果关系倒置了，因而出现了逻辑错误。

②某明星酒驾被抓后，说："我又不贪污腐化，能犯什么大错误。"

这句话的言下之意是：只有贪污腐化，才会犯大错误。事实上，"贪污腐化"和"犯大错误"之间是充分条件。

4. 负命题

负命题就是陈述某个命题不成立的命题,也就是否定某个命题的命题。例如:

①并非天在下雨但地却是干的。

②所有的法律都是善法,这是假的。

③并非一切金属都是固体。

④并非有的金属不是导体。

负命题由支命题和联结词"并非"构成。在公文写作中,负命题的联结词还可以表达为"没有""不""这是假的""这是错误的"等。被否定的命题称为支命题,它可以是简单命题,也可以是复合命题。

在汉语写作中,出现在句子前面构成负命题的否定词语主要有"并不是""并非""不是"等,例如:

①并不是所有认得若干个汉字的人都善于读书。

②并不是任何人都能做这个党的党员。

③不是所有年满十八岁的人都可参加选举。

用"不是"开头的句子,往往后面紧跟着"而是……",或者紧跟在"是"后面构成,从整体来看,这是一种联言命题,但其中一个支命题却是个负命题。前负后正,或前正后负,互相对立,也互相补充,互相制约。例如:

①不是人们的意识决定人们的社会存在,而是人们的社会存在决定人们的意识。

②是你对不起组织的培养,不是组织对不起你。

分析负命题的语言形式,要注意它与简单命题中的否定命题的区别。一般说来,否定词出现在句子前面的是负命题,否定词出现在句中(主语后面)的,是否定命题。下面是一个否定命题的例子:

①形式主义者并不是为了准确地、生动地表达所要表达的内容而讲究形式的人。

②在旧时代苦难的日子里,劳动人民自然不是都能欢乐地过年。

这里的否定词虽然出现在主项"劳动人民"后面,但它是用来否定"都"的。否定词在这类句子里一般是重读的,但在这里,"都"字读起来更要加重一些。因为这种情形下,主项一定是普遍概念,而重音的转移就是为了强调对主项概念的周延性的否定。

此外,在本章第一部分提到,陈述句和反问句都可以表达命题,反问句表达

命题是逻辑学界所公认的,在写作和口语交际中,反问句中有许多是表达负命题的。例如:

①难道中国人民不应该庆贺这一个"不服从"吗?

②为什么一定要当"官"或取得其他高级职位才算是活得有"价值"呢?

反问句中的"难道""为什么"等是表示反问的词语,其逻辑意义相当于"并非""并不是",而语气更为强烈,有时还会带有明显的反驳性质。

四、模态命题的运用

模态命题,有广义和狭义之分,广义是指一切包含有模态词的命题,狭义主要是指其中包含有"必然"和"可能"这类模态词的命题,换言之,模态命题是反映事物可能性或必然性的命题。

"模态"一词译自英文的"modal",而"modal"又来自"modes of truth"(真的方式)中的"modes"一词。它有"形式的、情态的,语气的或模式的"等含义。从字面上看,模态词是一些表示情态、语气等的特殊语词。例如:

①社会必然不断进步。

②明天不下雨是可能的。

在上面两个命题中出现的"必然"和"可能"就是模态词。①表示社会进步具有必然性。②表示明天下雨有可能性。

1. 可能命题

可能命题是反映事物情况可能性的命题。如:

我省疫情尚处于发现初期,管控人员生活轨迹复杂,重点人群仍在排查之中,后期阳性病例可能还会继续出现,疫情波及范围仍有可能出现新的变化。

"可能"通常可以用这样一些语词来表达:"或许、也许、大概"等。

可能性命题常见的句式有:

(1)可能+的+名词。单个名词前的"的"可有可无,名词短语前多用"的"。

(2)是+可能+的。

(3)可能+动词/形容词。

(4)可能+助动词(限于"会、要、得"等)。

2. 必然命题

反映事物情况必然存在的命题是必然命题。如:

①比特币的价格起伏越大,投机性越强,其发展趋势必然更难以被大众所接受。

②所有在历史产生的东西最终必然死亡,封建主义制度是历史上产生的东西,所以,封建主义制度最终必然死亡。

"必然"通常可以用这样一些语词来表达:

一定、肯定、必、必然、必定、势必、必将、准、一准、难免、不免、当然、终将、绝对、无疑、自然、毫无疑问、有把握、理所当然、百分之百、不可避免、不能不……

在使用模态命题时,需要注意的是:

第一,"必然"类模态词既可以用于表示客观的规律和结果中,又可以用于不好的、消极、不利的结果中,也可以用于好的、积极的、有利的结果中,如:

①社会在不断发展变化,必然使各代人有截然不同的社会经历。

②人人都不遵守交通规则,势必会导致交通混乱。

③有了集团的支持,我们公司的项目执行必将顺利。

因此,在公文的具体写作中,必须善于根据客观事物的模态,形成和运用正确的模态命题。

1889年苏伊士运河通航,埃塞俄比亚成为英、法、意等帝国主义国家眼中的一块"肥肉"。其中意大利乘埃塞俄比亚请求外援之机,双方协商签订了一个《乌查里条约》。条约是典型的外交公文。条约的第十七条规定:"埃塞俄比亚万里之王陛下在其与其他列强或政府所发生的一切交涉中,可以借助于意大利国王陛下的政府。"但条约还有一个意大利文本,在意大利文本中,这个"可以"被换成了"必须"。条约生效后,意大利得意扬扬地宣布,说埃塞俄比亚归它"保护",成了它的"保护国"。结果,一个民族的自尊心就被这一个"必须"给抹杀了。埃塞俄比亚人民怒火万丈,第二年,他们就在国王孟尼立克的率领下向意大利宣战。这在世界历史上,叫作"一词之差,引起一场战争"。最后,埃塞俄比亚人民经过长达7年之久的抗战,终于赢得了胜利,使得意大利被迫无条件地承认埃塞俄比亚的独立,放弃了侵占埃塞俄比亚的领土,并且向埃塞俄比亚赔款1000万里拉。

第二,区分主观模态和客观模态。公文写作使用模态命题是用以如实反映事物本身确实存在的可能性和必然性。例如"社会必然不断进步""明天可能下雨"这两个模态命题,分别反映了客观事物确实存在的必然性和可能性,是客观事物在其发展过程中必定遵循的规律或者可能显现出来的趋向,是一种事物的模态，又较客观的模态。但有时写作者对事物是否确实存在某种情况，一时还不确定，可以用可能命题来表示自己对事物情况反映的不确定性的判断。例如："罪犯可能会潜逃。""张某可能是公务员。"就是一种认识的模态，只表示人认识的确定程度，又称为主观的模态。

五、规范命题的运用

规范命题亦称"道义命题""规范模态命题"，含有"必须""应该""允许""禁止"这类规范词的命题。即在一定情况下，给规范的承受者（包括人和组织结构）如何行动提出某种命令或规定的命题。规范命题可以是简单命题，也可以是复合命题。而 norm（规范）这个英文词据说来源于罗马一种丈量土地的工具的名称，后来经演化，具有人的行动准则的意义。中文的规范，所谓"无规矩不以成方圆"，在词源学上有大体相同的意义。

规范命题无处不在，例如社会生活语境中"人的自由只有在遵守规范的条件下才是有意义的"。规范命题是在一定的情况下，给行动提出某种命令或规定的命题。而命令或规定一般只是上级对下级实施的，所以这一类命题通常只出现在下行文中。

根据规范命题对人们行为约束的强度或性质不同，可以将规范命题分为三种：

（1）"允许"型规范命题，逻辑上一般表达为"允许 p"，它表明承受者有做出或不做出某种行为的权利，即一旦规范假定的情况出现，按照规范要求的行为去做，是许可的。"允许"型规范命题的模态词，通常用"允许""可以""可""准予""有权""有……的权利"等一类语词表示。

就社会规范而言，规定"可以做""有权做"的事，如没有特别限制的条件，可理解或解释为"可以不做"；同样，规定"可以不做"的，如果没有特别的限制条件，也理解或解释为"可以做"。

（2）"必须"型规范命题，逻辑上一般表达为"必须 p"，也就是包含有"必须""应当""有义务""有责任"一类模态词的命题。它表明对承受者给出的相关行为规定是被命令履行的，即一旦规范假定的情况出现，不履行相关的行为规定是禁止的。

（3）"禁止"型规范命题，逻辑上一般表达为"禁止 p"，它所做的规定是人们必须遵守的，要是谁做了法律禁止做的事，均属违法行为，严重的将受到法律的制裁。例如，《中华人民共和国电力法》第 44 条第 3 款："禁止供电企业在收取电费时,代收其他费用。"《中华人民共和国宪法》第 15 条第 3 款:"国家依法禁止任何组织或者个人扰乱社会经济秩序。"表达禁止型规范模态命题的规范模态词有"禁止""不允许""不得""不能""不准"等。如:

①股东大会不得对通知和公告中未列明的事项做出决议。

②严禁疫情防控责任不落实,推诿扯皮、敷衍塞责、消极应付、玩忽职守,不担当不作为,搞形式主义、官僚主义。

例①的"不得"和例②的"严禁"都明确表示了某种规定或命令,这是规范命题共同的特点。其他常用于规范命题中具有标志作用的词有"必须""应当""有义务""不准""准予"等。

规范命题在写作中会体现出行文者的态度和情感色彩。下面这段话中,如果将"不能"改为模态词"禁止",政策的推行强度就体现出来了:

学校必须建立健全门卫制度,建立校外人员入校登记或者验证制度,未经同意的校外人员和机动车不能入内。经同意入校的车辆限速限道行驶,并在指定地点停放。不能将非教学用易燃易爆物品、有毒物品、动物、管制器具和其他可能危及学校安全的物品带入校园。

第三章

公文写作中的推理思维

写作行为通常分为感知、运思、行文三个阶段。其中,"运思"环节,就是运用写作者的思维,进行构思谋划的过程。在具体工作和文稿写作中,通常分为"实践调查—提出问题—分析问题—设计方案—实施方案—检验评估—完善方案"几个环节,其中,每一个环节都需要有推理思维进行设计和统筹。本章着重介绍几种常用的思维方式。无论使用何种推理方式"运思",在组织材料并开始写作时,必须秉持严谨、清晰的思维方式。

推理分为演绎推理和非演绎推理。其中,演绎推理是一般到个别的推理,党中央、国务院在把政策、法规逐级落实到各级部门的时候,经常需用到演绎法。在公文写作过程中,经常根据上级机关确立的政策,制定本单位的某项决策。这种根据一般性的科学原理、定律或其他普遍性的认识,去推导、证明某个特殊判断的真实性的逻辑方法就是演绎法。非演绎推理是演绎推理以外所有推理形式的统称。本章主要介绍几种常用的非演绎推理的形式。

一、溯因推理

溯因推理,又称回溯推理。有广义和狭义两种理解:广义的溯因推理是根据事物发展过程所造成的结果,推断形成结果的一系列原因的逻辑思维过程;而狭义的概念则是指从结果出发,运用一般规律性知识,推测出该结果发生的原因的推理。简而言之,溯因推理的思维方法就是一种"由果及因"的方法,即从事物的结果倒回到事物的原因。

溯因推理是揭示已知事实相关性范围的逻辑方法。溯因推理只有在确定掌握这个现象产生的结果的各个因果联系,以及原因与结果之间是充分条件关系的情况下才能运用充分条件假言溯因推理作出推断。同一个结果,却可能由不同的原因造成,即一果多因。其逻辑结构是由一个充分条件假言判断为前提,而另一个前提则肯定充分条件假言判断的后件,从而结论或然性地肯定充分条件假言判断的前件。

溯因推理作为一种独立的推理类型,区别于其他推理形式的特点在于思维的逆向性。其推理形式的主要特征,就在于它由一个或一组已知的事实为推理的逻辑起点,进而依据常识或相关背景知识等寻找导致该事实的原因、条件。一般溯因推理有两个前提:一是必须要有已经产生的某种结果。即进行溯因推理的逻辑起点是要有客观现实存在的事实,而不是真假不定或者虚假的事物作为前提,这是运用溯因推理的首要原则。二是必须要有经过实践经验的总结得出来的知识作为理论基础,在进行因果分析的时候,没有正确的理论,只凭想象去建立事物间联系,不可能推导出真实的结论。

借助溯因推理进行思维的锻炼和写作的推进。例如,阿瑟·柯南道尔曾借笔下的人物福尔摩斯说:"只有少数的人,如果你把结果告诉他们,他们就会通过内在的意识推断出所以产生这种结果的各个步骤是什么,这就是在我说到'溯因推理'或者'分析方法'时我所指的那种能力。"阿瑟·柯南道尔还举例说明:"一个逻辑学家不需要看到或者听说过大西洋或尼加拉瀑布,他能从一滴水推测出它有可能存在。所以整个生活就是一条巨大的链条,只要见到其中的一环,整个链条的情况就可以推想出来了。"

毛泽东在《论持久战》中提出"持久必胜"的假设,就是一个光辉的预见性假设的范例。在《论持久战》一文中,毛泽东同志在痛快淋漓地驳斥了"亡国论""速胜论"的基础上,以事实材料和科学原理为依据,经过复杂的创新性思维过程,提出了"持久必胜"假设,并预言整个抗战将依次经历"战略防御""战略相持""战略反攻"三个阶段,这一推论被抗日战争的伟大胜利所证实。

由于溯因推理是在一个已知规则下,从一个观察信息推导出某种情形成立的过程,它的结论是根据观察结果和规则分析后得出的一种可能性假设情形,这种推理具有或然性。例如,2018年第3季度,某市的房租租金暴涨,有人推断是一些长租公寓运营商哄抢房源、恶性竞争的结果。根据这个溯因推理的因果关系,该市住建委先后约谈部分住房租赁企业负责人,明确"三不得""三严查",同时大力增加租赁房源供给,并启动近万套房源分配工作。而有人认为这个政策是不可行的,因为继续追溯"长租公寓运营商哄抢房源、恶性竞争"的现象,发现其原因在于"住房租赁市场、金融市场制度法规不健全",于是,进一步提出"落实'只住不炒'的市场定位""完善保护租客的法律法规"和"政府要提供足够的公租房市场,来解决中低收入群体的居住需求"三条建议。在这个实操过程中,人们根据现象推断原因,根据原因提出解决策略。很显然,由于追溯的原因不同,解决问题的方案也就大相径庭。

二、类比推理

类比推理也称类推、类比,我国古代《汉书》曾用过"类推"这个词,即"夫明暗之徵,上乱飞鸟,下动渊鱼,各以类推"。这里的"类推"就是由一个事物而推出其他相类事物。

1. 类比推理的特征

类比推理是依据两个(或两类)对象之间存在着某些类似或相似的属性,并且已知其中一个(或一类)对象还有某种属性,从而推出另一个(或一类)对象具有某一相应的属性的推理。

与其他思维方法相比,类比推理的方向是由个别到个别,属于平行式思维的方法。与其他推理相比,类比推理属平行式的推理。正如亚里士多德在《前分析篇》中指出:"类推所表示的不是部分对整体的关系,也不是整体对部分的关系。"

类比推理有以下两个特征:

第一,类比推理的推理方向是由特殊到特殊。类比推理不同于演绎推理和归纳推理,演绎推理通常是由一般到特殊的推理,归纳推理则是由特殊到一般的推理。类比推理通常是在两个(或两类)对象之间进行的,在推理方向上表现为从特殊到特殊的过渡。

第二,类比推理结论具有或然性。因为类比推理是把某个(或某类)对象所具有的属性推广到与之相似的另一个(或一类)对象上去,以对象之间已知的相同和相似之点为根据,因此结论的范围超出了前提的范围,所以,类比推理的前提并不蕴涵结论,从前提的真实,不能必然推出结论的真实,它的结论不是可靠的,是带有或然性的。

这一推理形式反映在写作中,如毛泽东在《论联合政府》一文中,将批评与自我批评和打扫房间、洗脸进行类比来阐释其重要意义:

有无认真的自我批评,也是我们和其他政党互相区别的显著的标志之一。我们曾经说过,房子是应该经常打扫的,不打扫就会积满了灰尘;脸是应该经常洗的,不洗也就会灰尘满面。我们同志的思想,我们党的工作,也会沾染灰尘的,也应该打扫和洗涤。"流水不腐,户枢不蠹",是说它们在不停的运动中抵抗了微生物或其他生物的侵蚀。对于我们,经常地检讨工作,在检讨中推广民主作风,不惧怕批评和自我批评,实行"知无不言,言无不尽""言者无罪,闻者足戒""有则改之,无则加勉"这些中国人民的有益的格言,正是抵抗各种政治灰尘和政治微生物侵蚀我们同志的思想和我们党的肌体的唯一有效的方法。

再如邓小平在1979年《高级干部要带头发扬党的优良传统》讲话中,论证"干部选拔应该年轻化"这一论点时,也用到了类比推理的方法。

> 选拔接班人要越快越好,现在我们工作中真正的骨干大都是四十岁左右的人,三十岁左右的骨干还很少,我们应该把这层骨干大胆地提拔起来。在座的同志过去负重要责任的时候年龄都不大,当团长、当师长的,有的当军长的,也只是二十几岁,难道现在的年轻人比那个时候的年轻人蠢?不是。是因为被我们这些人盖住了,是论资排辈的习惯势力使得这些年轻人起不来。好多同志在他们没有到领导岗位以前好像不行,其实把他们一提起来,帮助他们一下,很快就行了嘛。

2. 提高类比推理的可靠性

在利用类比推理"运思"时,需要注意类比推理作为一种或然性推理所具有的局限性。类比推理结论超出了推理前提所断定的范围,同时,类比推理的根据是两个对象之间的相似性,而被人们忽略了的差异性往往决定了类比推理的结果是不成立的。如果不注意类比推理的局限性,就可能会犯"机械类比"或"庸俗类比"的逻辑错误。为了避免在运用类比推理时犯逻辑错误,只有尽可能地提高结论的可靠性,才能更大限度地发挥类比推理的作用。

第一,《墨经》说:"异类不比,说在量。""木与夜孰长?智与粟孰多?爵、亲、行、价四者孰贵?"因为衡量标准不一,不同类的东西不能在同一角度上相比。异类相比,可能导致机械类比的错误。尽可能多地确认类比对象的相同或相似属性,相同属性越多,结论的可靠性就越大。因为类比对象之间相同属性或相似属性越多,它们的类别就越接近。这样,类比的属性就有较大的可能为两个类比对象所共有。例如:

> 新加坡的自由汇率改革成功了,我国的自由汇率改革一定可行。

事实上,两国的国情不同,金融市场、监管体制、经济环境等都不相同,因此不能进行简单类比。

第二,力求从两个或两类事物本质属性进行类比。前提中确认的相同本质属性的东西越多,结论的可靠性就越大。因为对象的本质属性制约着其他属性,前提中确认的相同或相似的属性愈是本质的,这些属性与推出属性之间的联系就愈密切相关。

例如丘吉尔在演讲时使用到的一个类比推理的例子："如果一个孩子得到一个新玩具，他会很想玩它；因此，如果一个国家得到一件新武器，这个国家会很想使用它。"用小孩子类比国家，小孩子玩玩具是一个温和的活动，不需要什么理由来辩护。国家使用武器侵害他国，则通常是一个深思熟虑后的最终决定。二者不存在类比关系。

第三，注意比喻和类比的区别。比喻是一种常用的修辞手法，用跟甲事物有相似之点的乙事物来描写或说明甲事物，是修辞学的辞格之一。类比是一种推理的方法，将两个本质上不同的事物就其某一共同特质进行对比和推理，得出结论。在思维过程中两者有着千丝万缕的联系。

如亚里士多德在其《诗学》中提出："隐喻是用一个陌生的名词替换，或者以属代种，或者以种代属，或者以种代种，或者通过类推，即比较。"亚里士多德认为"隐喻"作为一种具体的思考和表达方式是通过"类推"实现的。公文写作过程中，二者融合在一起使用，也是可以的。

3. 类比推理在公文写作中的应用

公文写作构思中的类比思维，就是由此及彼，把具有某种相似点的不同领域、不同事物勾连起来，便于理解，提出观点。类比推理可以作为一种特殊的语言表达方式，可以更好地传达人类的思想。通过直接或间接的方式传达观点和主张，并使得所传达的内容更具体、形象、生动、易理解。例如电影《阿甘正传》中的台词："生活就像一盒巧克力，你永远不知道你将得到什么。"将生活比作一盒巧克力，两者之间的相似性在于：生活和巧克力盒一样有很多选择和随之而来的惊喜。《战国策·楚策》有言："见兔而顾犬，未为晚也；亡羊而补牢，未为迟也。"庄辛为鼓励楚王励精图治、重整旗鼓，将楚国当前的情形与"见兔而顾犬""亡羊而补牢"相类比，劝告楚王出了问题，想办法补救，还不算太晚。

尤其类似讲话稿的写作，类比推理强调了类比对象之间的语义相似性，往往带有感情色彩，从受文者熟悉的事物展开类比，会使听者建立与目标事物的情感联系，从而更好地说服听者接受说者想要表达的观点。

加拿大的魁北克省1995年10月30日举行全民公决来决定加拿大魁北克省是否应该成为一个独立的国家，或者仍是加拿大的一部分。魁北克省的法语人口占加拿大法语人口的多数。选民可以选择投赞成票，即魁北克省成为一个新国家，或投反对票，而后继续住在加拿大。政治活动分为"赞成"和"反对"两方。最终，"反对"方以微弱的优势（51％）获胜。在竞选中，社会上出现了许多关于这场公投的类比，例如：

(1) 魁北克省的主权之路就像一场曲棍球比赛,公投是第三阶段的结束。

论证公投对于魁北克省的主权之路的重要性。

(2) 魁北克省的独立就像一场大手术。重要的是,医生通知了病人以及医生是公正的。公投就是一种通知民众的方式。不同的是,在这种情况下,医生并不公正,他们真的很想做这场手术。

论证民众在这场公投中的角色十分被动,政客的目的是想要赢得胜利,而民众则并没有这种想法。

(3) 这就像父母离婚,也许你不喜欢的父母一方得到了监护权。

论证想指出民众在这场公投中的角色十分被动,一部分人的"监护权"不由自己决定。

三、归纳推理

哲学家皮尔斯曾经用三段论的形式,分"规则""情形""结果"三个方面,对演绎、溯因和归纳三种推理进行了区分和比较。

演绎推理:

规则:这个袋子里所有的豆子都是白色的。

情形:这些豆子来自这个袋子。

结果:这些豆子是白色的。

溯因推理:

规则:这个袋子所有的豆子都是白色的。

结果:这些豆子是白色的。

情形:这些豆子来自这个袋子。

归纳推理:

情形:这些豆子来自这个袋子。

结果:这些豆子是白色的。

规则:这个袋子里所有的豆子都是白色的。

可见,演绎推理是根据规则,从情形推出结论的过程,前提真,结论一定为真;归纳推理是从情形和结果,产生规则的过程,前提真而结论未必真。

归纳推理是以已知的个别性命题为前提,推出一般性命题的结论的推理。传统逻辑根据前提所考察对象范围的不同,把归纳推理分为完全归纳推理和不完全归纳推理。完全归纳推理考察了某类事物的全部对象,属于必然性推理的范围,不完全归纳推理则仅仅考察了某类事物的部分对象,属于或然性推理的范围。

归纳推理不仅是推理的方法,也是我们后文探讨的论证方法的一种。例如:

> 盖文王拘而演《周易》;仲尼厄而作《春秋》;屈原放逐,乃赋《离骚》;左丘失明,厥有《国语》;孙子膑脚,《兵法》修列;不韦迁蜀,世传《吕览》;韩非囚秦,《说难》《孤愤》;《诗》三百篇,大底圣贤发愤之所为作也。此人皆意有所郁结,不得通其道,故述往事、思来者。乃如左丘无目,孙子断足,终不可用,退而论书策,以舒其愤,思垂空文以自见。

司马迁《报任安书》中的这段经典论述就是从诸多现象中归纳出一般原理,其优点在于用很多真实的例子去吸引注意力,事实胜于雄辩。

1. 完全归纳推理

完全归纳推理是根据某类的每一个对象具有(或不具有)某种属性,推出一个关于某类的一般性知识的结论。从前提和结论之间的联系程度看,完全归纳推理的特点是在前提中考察了一类事物的全部对象,结论没有超出前提所断定的知识范围。因此,其前提和结论之间的联系是必然的。完全归纳推理既是一种发现的方法,同时又是一种论证的方法。

完全归纳推理在前提中考察的是某类的全部对象,结论的知识范围没有超出前提的知识范围,因此,前提与结论的联系是必然的。应用完全归纳推理要获得正确的结论,必须遵循以下两点。

第一,前提中的每一个经验命题必须是真实可靠的。如果前提中有不真实的命题,那么就不能得出真实的一般性结论。

第二,完全归纳推理必须毫无遗漏地考察到一类事物中的全部对象,否则得出的结论就不是必然的了。

例如《国务院关于表彰国家科委等单位长年深入基层开展扶贫工作的通报》(国发〔1990〕40号)一文中陈述:

> 到目前为止,十个单位已累计派出七百零三名机关干部蹲点扶贫,其中司局级干部七十七名,处级干部一百八十四名。多数工作团(组)的负责人在当地政府挂职,直接参与当地的扶贫开发工作。经过国家机关扶贫工作团和当地广大干部群众的共同努力,这些单位所联系帮助的贫困地区经济、社会面貌发生了可喜的变化。国家科委重点帮助联系的大别山区,商业部、民政部联系的沂蒙山区、江西井冈山

区,群众的温饱问题已基本解决,提前实现了国务院提出的"七五"期间解决大多数贫困地区人民温饱问题的战略目标。农业部联系的武陵山区,林业部联系的九万大山地区,地矿部联系的赣南山区,国家教委、化工部联系的太行山区,中国科协联系的吕梁山区,群众的生产、生活条件都有明显改善。国家民委、建设部、物资部、能源部、铁道部、交通部、机电部、航空航天部、冶金部、轻工部、纺织部、水利部、经贸部、广播影视部、卫生部、国家旅游局、人民银行、工商银行、建设银行、保险总公司、中国社会科学院、中建总公司、有色金属总公司、核工业总公司、石化总公司、船舶总公司、烟草总公司等二十七个单位也相继确定了各自的扶贫联系点,不定期派干部到贫困地区,为贫困户做好事、办实事。国家计委、财政部、审计署、农业银行和中央统战部、各民主党派中央、全国工商联、全国总工会、共青团中央、全国妇联、驻地人民解放军都做了大量工作,为贫困地区解决了许多困难和问题。这些部门艰苦细致、卓有成效的扶贫工作,受到了贫困地区广大干部、群众的热烈欢迎,得到了社会各界的高度赞扬。国务院特予通报表彰。

这段话历数国家科委等10个单位组成扶贫团(组)定点联系帮助贫困地区,使贫困地区经济、社会面貌发生了可喜变化;国家民委等27个单位相继确定扶贫联系点,不定期地派干部为贫困户做好事、办实事;国家计委等其他中直机关都做了大量工作,为贫困地区解决了许多困难和问题。最后总结:"这些部门艰苦细致、卓有成效的扶贫工作,受到了贫困地区广大干部、群众的热烈欢迎,得到了社会各界的高度赞扬。国务院特予通报表彰。"这种完全归纳推理在前提中考察的是某类的全部对象,结论的知识范围没有超出前提的知识范围,因此,前提与结论的联系是必然的。

完全归纳推理最大的局限性是考察的对象有限时可以使用,考察的对象众多甚至无限的时候就难以使用。因此,在公文写作中,较少用到完全归纳推理。

2. 不完全归纳推理

完全归纳推理只有在研究对象确定而且数目有限时才可以采用,因而它的适用范围就受到了限制。当人们所要认识的事物包含的对象数量极大,或者数量无限时,就很难或根本无法使用完全归纳推理,这就需要运用不完全归纳推理。

不完全归纳推理是根据某类事物的部分对象具有(或不具有)某种属性,从而得出一般性的结论。如:

中国的经济技术开发区和高新技术产业开发区虽属两种不同类型的开发区,但是它们两者既然作为开发区就必然具有某些共同特性。

数学家华罗庚对不完全归纳推理的或然性做过通俗而形象的说明:"从一个袋子里摸出来的第一个是红玻璃球,第二个是红玻璃球,甚至第三个、第四个、第五个都是红玻璃球的时候,我们立刻会出现一种猜想:'是不是这个袋子里的东西全部都是红玻璃球?'但是,当我们有一次摸出一个白玻璃球的时候,这个猜想失败了。这时我们会出现另一种猜想:'是不是袋子里的东西都是玻璃球?'但是,当我们有一次摸出来的是一个木球的时候,这个猜想又失败了。那时,我们又会出现第三个猜想:'是不是袋子里的东西都是球?'这个猜想对不对,还必须加以检验,要把袋子里的东西全部摸出来,才能见分晓。"

要提高不完全归纳推理结论的可靠性,应当注意的问题是:

第一,被考察的事物对象数量要尽可能多,范围要尽可能大。考察的对象越多,考察的范围涉及各种各样的环境条件,漏掉相反情况的可能性就越小,结论的可靠程度也就越高。反之,如果考察的对象很少,范围不大,漏掉相反情况的可能性就越大,结论的可靠性就越低,就难免会犯"轻率概括"或"以偏概全"的逻辑错误。

第二,注意考察有无反面事例。进行不完全归纳推理时,只要出现一个反例,就不能得出结论。如果在一些可能出现相反情况的场合,注意了反例并且真的没有发现反例,那么就说明结论的可靠性较高。人们看到,在海底深处有一种能释放生物电的鱼类,当它受到致命的威胁时,就会本能地放出强大的电流将对方击退或者驱散,以求死里逃生;刺猬遇到敌害时,立即变成一个浑身带刺的球。上述动物都是水生动物和陆生动物的典型,所以,一切动物都具有自卫的本领。对于典型事例的考察分析,事例虽少,却反映了事物的本质,它是在进行科学分析的基础上得出的结论,因而用它来提出科学假设比较可靠,但如果在推理的过程中出现了反例,那么结论的可靠性则降低。

第三,被考察对象与某属性存在因果联系的确定越多,则结论的可靠性就越高。例如,当我们观察到铜受热之后体积膨胀,铝受热后体积膨胀,通过分析,认识到这些金属受热之后体积膨胀的原因在于:它们受热之后,分子之间的凝聚力减弱,相应地分子间的距离就会增大,从而导致体积膨胀。在上述观察及分析之后得出结论:所有金属受热后体积都会膨胀。这样的结论就比仅靠观察更多的金属受热情况而得出的结论可靠性要高得多。在这种情况下,前提的数量不具有重要作用。恩格斯说得好：十万部蒸汽机并不比一部蒸汽机能更多地证明热能转化为机械运动。

对公文写作而言，归纳法的作用体现在两个方面：一是根据材料相关标准进行分类总结，例如事实类、数据类、政策类等素材，利用归纳推理的方法，将具有同一特征的材料进行梳理、概括。二是通过对于部分现象的归纳，得出一般性的认知。例如《关于国务院第七次大督查发现部分地方和单位落实保市场主体政策打折扣搞变通典型问题的通报》一文，正文部分分三部分陈述：第一部分将督查的范围和基本情况进行概述；第二部分将督查结果进行归纳，得出了五条结论；第三部分提出三条要求表明态度。

关于国务院第七次大督查发现部分地方和单位落实保市场主体政策打折扣搞变通典型问题的通报

2020年10月，按照国务院第七次大督查的统一部署，14个国务院督查组分赴14个省（区、市）和新疆生产建设兵团开展实地督查。从督查情况看，今年以来，各地认真贯彻落实国家实施的减税降费、减租降息等助企纾困政策，为保住市场主体、稳住经济基本盘提供了重要支撑。但督查组核查发现，部分地方和单位仍存在落实保市场主体政策打折扣、搞变通，推进工作虚落实、假落实等问题，影响了政策红利的充分释放。按照2020年11月11日国务院常务会议部署要求，现将有关典型问题通报如下。

一、执行减免国有房屋租金政策不彻底

2020年5月，国家发展改革委等8部门印发《关于应对新冠肺炎疫情进一步帮扶服务业小微企业和个体工商户缓解房屋租金压力的指导意见》明确，对承租国有房屋（包括国有企业和政府部门、高校、研究院所等行政事业单位房屋）用于经营、出现困难的服务业小微企业和个体工商户，免除上半年3个月房屋租金。但督查发现，一些地方和单位在执行房租减免政策过程中打折扣、搞变通、降标准。北京、湖南等地落实国家减免3个月房租的政策未完全到位。北京市于2月和4月先后出台文件，明确对承租京内及区属国有企业房产从事生产经营活动的中小微企业，免除3个月租金；对承租用于办公用房的，按50%减免3个月租金。但在实际执行中，主要按照房屋租赁协议注明的房屋使用用途（经营和办公）进行区分落实，部分承租国有商务楼宇且实际用于经营的教育培训、住宿等服务业小微企业和个体工商户，因原租赁协议注明"办公"用途,未能完全享受到3个月租金全免的纾困政策红利。湖南省国资委监管的31家省属国有企业向3647户商户出租房产,普遍减免房租一个半月到两个月,应免未免租金共计3885万元;广州铁路集团下属的长沙铁路房地产开发有限公司等5家国有企业共向974户商户出租房屋,普遍未严格执行免除3个月房租的规定,应免未免租金共计597万元。河北省个别承租国有房屋的"二房东"截留房租减免政策红利。河北省城乡建设学校已免收沿街商铺包租方平山县玉进土石方工程施工队3个月房租,但施工队作为"二房东"将此政策红利截留,擅自规定仅预交今年下半年房租的商户可免收半个月到一个月房租,其他商户均不能减免房租。河南省部分国有企业采取顺延租期方式落实国家减免政策。河南日报社下属的国有企业瑞奇房地产公司仅以口头方式向符合条件的承租方表示可顺延两个月租期,实际上并未落实免除3个月房屋租金政策。广东、青海等地部分国有企业"找借口"不执行或打折执行房租减免政策。广东省珠海市永福通房地产开发有限公司疫情期间以"退租""锁门"等方式催讨租金,对提出减租要求的小微企业百般推脱,甚至以口头威胁等方式阻挠租户联合维权;惠州市政府驻广州办事处要求下属单位管辖的物业按照免一个月减半个月的方式减免租金。青海省要求对中小企业减免半年房租,但青海物产物资配送有限责任公司以企业经营困难、"上面没有通知"为由拒绝减免房屋租金。

二、转供电环节截留降低电价政策红利

2018年至2020年,国家先后实施一般工商业电价降低10%、再降低10%和工商业电价降低5%政策。但督查组在多地发现,商业综合体、产业园区、写字楼等转供电环节未将降电价政策红利全面传导至终端用户。北京、河北、青海等地部分转供电主体收取电价明显高于从电网企业的购电均价。北京金泰物业管理有限公司、中远酒店物业管理有限公司北京第一分公司未落实国家降低电价政策,一直以1.35元/千瓦时的标准向其转供电用户收取电费,相比从电网企业购电均价0.8元/千瓦时,加价幅度达68.8%。河北省石家庄市易铺商业管理服务有限公司、平山县玉进土石方工程施工队、邢台市金安物业服务有限公司一直分别按1.3元/千瓦时、1.13元/千瓦时、0.86元/千瓦时向其转供电用户收取电费,均明显高于从电网企业的购电均价0.5444元/千瓦时。青海省西宁市青藏高原农副产品集散中心从电网企业购电均价为0.48元/千瓦时,其转供电价格为1.2元/千瓦时;西宁市建宁钢材市场物业对商户按照2元/千瓦时的价格收取电费,远高于从电网公司购电均价。黑龙江、湖南、广东等地部分转供电主体收费标准远超当地目录电价。齐齐哈尔市居然之家家居市场有限公司自2018年以来一直按照0.75元/千瓦时的标准向商户收取电费,既未降价也未退费;齐齐哈尔新玛特购物广场以0.7165元/千瓦时的标准向商户收取电费的同时,又以0.7835元/千瓦时的标准向商户收取"设备管理费",实际向商户收取的电费高达1.5元/千瓦时;哈尔滨致中现代物业服务有限公司国弘分公司自2019年3月起对135户商户按1.2元/千瓦时的价格收取电费。上述企业的转供电收费标准远超黑龙江省目录电价。湖南省明确转供电主体对一般工商业终端用户执行的电价不得超过最高限价,即2019年7月至2020年1月为0.8503元/千瓦时,2020年2月至12月转供电主体要将降低工商业电价5%的优惠政策及时足额传导至终端用户。但红星冷链(湖南)股份有限公司仍按1元/千瓦时收取商户电费,2020年1月至9月违规加价收取电费65.16万元;中航物业管理有限公司长沙分公司在电网企业自2020年2月起按95%收取电费后,未降低转供电价格,仍按原价格收取终端用户电费。广东省珠海港龙纺织有限公司分别向其转供电终端用户珠海神火能源有限公司、珠海鼎信环保科技有限公司按1.4元/千瓦时和1.25元/千瓦时标准收取电费,均高于珠海市0.675元/千瓦时的目录电价标准。上海、江苏、河南等地部分转供电主体近3年来普遍未落实降低电价政策。上海电信公司用电机房中转供电站点占31.1%,涉及2655个转供电主体,其中近3年来均未落实降低电价政策红利的占91%;上海铁塔公司用电基站中转供电站点占52%,涉及8107个转供电主体,其中近3年来均未落实降低电价政策的占83%。江苏省南京市鼓楼区金桥灯饰城物业管理公司2018年、2019年未向其转供电用户降低电价,截至2020年10月20日仍未退回多收电费;徐州市泰隆商业街物业公司自2018年以来转供电加价幅度一直在30%—50%之间。河南省郑州市白沙亿佰佳超市自2018年以来一直按照0.85元/千瓦时的价格向其租户收取电费,从未降价。浙江、新疆等地部分转供电主体在加价基础上又额外收取损耗费和服务费。杭州市余杭区的创客空间今年2月份电价为0.93元/千瓦时，加价幅度达41%，且在电价中已包括公摊能耗、变压器和线损相关费用的情况下，又按照每月0.78元/平方米的标准收取能耗费。新疆维吾尔自治区阜康市甘河子镇碧琳城综合体出售给终端商户的电价为0.48元/千瓦时，但同时还加收0.48元/千瓦时的损耗和服务费。陕西省部分地方电价经多次转供大幅度提升。今年1月至9月国家电网公司向西安曲江国际会展投资控股有限公司直供电均价为0.6395元/千瓦时，经过两次转供后，曲江创客大街终端用户支付电价为1.6元/千瓦时，加价幅度超过150%；国家电网公司向西安奥达房地产开发有限公司直供电价为0.6246元/千瓦时，经过两次转供后，西安白马世纪广场终端用户支付电价为1.5元/千瓦时，加价幅度超过140%。

三、清欠工作进度缓慢、虚报瞒报、边清边欠

按照清理拖欠民营企业中小企业账款的工作要求，2020年底前无分歧欠款应清尽清，存在分歧的也要通过调解、协商、司法等途径加快解决，决不允许增加新的拖欠。但督查发现，一些地方和单位仍存在拖延还款时间、虚报还款金额、瞒报漏报拖欠账款、边清边欠等问题。湖南省一些部门、单位将无分歧欠款改为有分歧欠款，部分医院占压医药流通企业大量资金且付款期限过长。湖南省工业和信息化厅报告截至今年9月底全省提前完成无分歧欠款年内"清零"目标，但督查发现湖南省一些部门、单位以"超出概算没有调整、资金困难、正在审计"等为由，累计将2.21亿元无分歧欠款认定或调整为有分歧欠款，规避还款责任。截至2020年10月，怀化市第一人民医院应付账款余额3.47亿元，郴州市第一人民医院应付账款余额6.5亿元，均占压医药流通企业大量资金。陕西省部分单位瞒报漏报拖欠民营企业中小企业账款、违规新增欠款、虚报偿还金额。西安市统一建设管理办公室瞒报漏报拖欠36家民营企业账款1.97亿元，陕西警官职业学院瞒报漏报拖欠21家民营企业工程款3046.4万元，韩城市原城市管理工作局（现城市住房和城乡建设局）、商洛市商州区分别瞒报漏报拖欠浙江人文园林公司工程款1亿元、4836.84万元。上述账款均未纳入清欠台账。延安市延川县有关部门截至去年底上报完成清欠民营企业中小企业账款12.03亿元，实际仅偿还6.95亿元，虚报偿还金额5.08

亿元；陕西煤业化工集团下属陕西省煤炭进出口有限公司虚报清偿金额131.1万元。青海省部分单位将无分歧欠款改为有分歧欠款，虚报偿还金额、违规新增欠款，部分医疗机构长期拖欠医药流通企业账款。青海省国资委将青海省西海煤炭开发有限责任公司所欠"无分歧账款"调整为"有分歧账款"，导致青海省西海煤炭开发有限责任公司未及时偿还欠款22312.97万元。西宁特殊钢集团有限责任公司、青海盐湖工业股份有限公司、海东工业园区分别虚报还款金额3211.52万元、17062.82万元、966.74万元。青海盐湖镁业有限公司今年新增拖欠77家民营企业账款3858万元。2019年青海省医药流通企业回款期平均为239天，个别甚至超过5年；西宁市第三人民医院拖欠37家民营企业1523.74万元，其他公立医院也存在不同程度的拖欠账款情况。新疆维吾尔自治区伊宁县有关政府部门拖欠民营企业账款，乌鲁木齐市政府违约拖欠煤矿企业关闭补偿款。江苏星月测绘科技有限公司承接的伊宁县农村土地承包经营权确权登记颁证项目自2019年1月23日验收通过以来，伊宁县农业农村局一直未按合同约定支付200余万元账款。根据《乌鲁木齐市2017年淘汰退出30万吨/年以下小煤矿工作方案》以及乌鲁木齐县政府与得力邦煤业有限公司签订的煤矿关闭协议，乌鲁木齐市政府应于2019年底前将2700万元补偿款拨付至乌鲁木齐县政府，由乌鲁木齐县政府支付给得力邦煤业有限公司，用于解决职工安置、人员遣散等问题。但截至今年10月14日，乌鲁木齐市政府仍未拨付补偿款。

四、乱处罚乱收费有所抬头

国家三令五申要坚决查处各种乱收费、乱罚款、搞变相涨价等加重企业负担的行为。要进一步规范行业协会商会、中介服务机构等收费，坚决整治涉企乱收费。但督查发现，在一些地方和单位涉企乱处罚、乱收费现象依然存在，加重了企业负担。河北、福建、河南等地部分交通运输管理部门违规组织货车驾驶员培训或指定货运企业到指定机构检测，并捆绑收费。河北省唐山市交通运输局强制要求当地"两客一危一货"驾驶员每年完成固定学时的应急培训课程，并以此作为从业资格证诚信考核的必要条件。2019年8月至2020年10月共培训99123人次，收费1486.85万元。福建省福州市交通运输局印发《关于推动"福州市道路运输企业安全培训管理服务平台"应用工作的通知》，要求道路运输企业安装指定公司开发的"安途帮"App。驾驶员需通过该平台远程接受安全培训，每月缴费30元，目前已培训企业驾驶员3.6万人。河南省许昌市建安区道路运输管理局强制要求本辖区内的货车在指定的宏宇机动车检测站办理车辆性能综合检测。宏宇机动车检测站利用垄断地位，在检测费之外每车捆绑收取60元的维修费和外检费，增加了货运企业和货车司机负担。浙江、新疆等地一些公安交管部门增设货车注册登记审批条件、将二手车上牌落户与安装GPS设备挂钩并违规收费。浙江省嘉兴市一些公安交管部门将货车接入"车主惠"等第三方监控平台作为注册登记的前置条件，每辆车需缴纳2800元设备费，以后每年还要缴纳700多元的服务费，且部分交管部门要求办事企业提供24项材料，远超《机动车登记规定》要求提供的材料数量。新疆维吾尔自治区额敏县车管所将安装GPS设备与二手车上牌落户挂钩，强制要求新购二手车落户车主到指定的两家代工点安装GPS设备，每台违规收取281元。江苏省连云港市赣榆区私营个体经济协会"搭车"发展会员，会费支出结构不合理。《国务院办公厅关于进一步规范行业协会商会收费的通知》规定，"未与行政机关脱钩的行业协会商会不得开展与业务主管单位所负责行政审批相关的中介服务"。督查发现，连云港市赣榆区私营个体经济协会未与市场监管局脱钩，协会会长由市场监管局副局长兼任。该协会利用租赁市场监管局办公场所的便利开展代办营业执照等中介业务，并借机发展会员、收取会费，且会费支出结构不合理。2018年至2019年，该协会共收取会费952万元，其中会员活动费支出仅占2.2%，其余大部分用于支付员工工资和房屋租金，且向市场监管局支付的房租价格明显高于市场水平，存在变相利益输送。浙江省杭州市部分区县违规向工程车协会委托审批事项，相关协会借机变相强制吸纳会员并收取会费。《国务院办公厅关于进一步规范行业协会商会收费的通知》规定，行政机关委托行业协会商会开展相关工作，将行业协会商会服务事项作为行政行为前置条件，应实施清单管理并向社会公开；除法律法规另有规定外，行业协会商会不得强制或变相强制市场主体入会并收取会费。督查发现，杭州市萧山区、杭州高新区（滨江）交管部门将工程车协会验车手续作为工程车通行证审批业务的前置条件，却未在办事指南中公开列出；萧山区工程运输车协会、高新区（滨江）工程车自律协会在办理验车手续时,变相强制物流企业入会,并收取会费。个别金融机构借提供融资之机违规向企业收费。2012年《中国银监会关于整治银行业金融机构不规范经营的通知》规定,"银行业金融机构不得借发放贷款或以其他方式提供融资之机,要求客户接受不合理中间业务或其他金融服务而收取费用""银行业金融机构要遵循利费分离原则,严格区分收息和收费业务,不得将利息分解为费用收取,严禁变相提高利率"。2019年1月,北京银行长沙分行通过渤海信托向岳阳某公司提供融资10亿元,与融资人签订《财务顾问协议》,约定收取1230万元财务顾问费;通过该行与渤海信托、渤海信托与融资人分别签订补充协议的方式,约定分3年向融资人补充收取贷款利息(即额外保管费)合计3300万元。

五、个别地方中央财政直达资金支出缓慢、使用不规范

新增1万亿元财政赤字和1万亿元抗疫特别国债直达市县基层,是做好"六稳"工作、落实"六保"任务的重要举措。督查发现,湖南省涟源市、陕西省西咸新区部分中央财政直达资金支出缓慢。湖南省涟源市分配给该市人民医院新院等项目的7000万元抗疫特别国债资金,因项目未开工一直闲置在财政部门等单位。陕西省西咸新区秦汉新城人居环境提升改造项目(农村污水处理)一期工程项目整体进度已完成投资的90%,按照合同约定应完成付款8947.39万元,秦汉新城已收到相关抗疫特别国债资金4031.4万元,但截至今年10月14日还未拨付到项目建设单位。上海市青浦区、青海省西宁市有的中央财政直达资金使用不规范。上海市青浦区财政局违反《国务院关于加强固定资产投资项目资本金管理的通知》关于对未设立独立法人的投资项目,项目单位应设立专门账户,对拨入的资金和投资项目的资产、负债进行独立核算的规定,将原计划用于上海民办兰生复旦学校青浦分校、库克医疗定制楼宇项目的抗疫特别国债资金,用于增加承建公司或其子公司的注册资本金,涉及金额7.5亿元。青海省西宁市财政局违反抗疫特别国债资金管理有关规定,将用于西宁市第一污水处理厂升级改造工程等6个项目的3.17亿元抗疫特别国债,直接打捆拨付给西宁市的地方政府融资平台西宁市湟水投资管理有限公司。

各地区、各部门要引以为戒、举一反三,对照通报所列问题自查自纠。有关地方和单位要对督查发现的问题列出清单,限期整改,整改

情况于2020年12月31日前集中报国办督查室。国办督查室将持续跟踪督办，对敷衍了事、虚假应付、整改不到位的予以曝光追责。遭遇类似政策不落实的企业和群众，可继续通过国务院"互联网＋督查"平台向国办督查室反映。

国务院办公厅督查室
2020年11月23日

四、求因果联系的逻辑方法

原因和结果是揭示客观世界中普遍联系着的事物具有先后相继、彼此制约的一对范畴。所谓"物有本末，事有始终"，辩证的因果规律决定了客观世界中任何现象和事物之间都有必然的因果性。它是对自然界和社会领域中普遍存在的一种必然联系的哲学概括和反映。原因是指引起一定现象的现象，结果是指由于原因的作用而引起的现象。

休谟说："一切关于事实的推理，看来都是建立在因果关系上面的。只要依照这种关系来推理，我们便能超出我们的记忆和感觉的证据以外。"凭借因果推理，人们追溯过去、预测未来。因果推理包括两个方向：一是从结果到原因，由观察到的一些现象，追溯导致它发生的原因，从而对现象进行解释；二是从原因到结果，从现有的事物状态，预测可能出现的结果。

因果联系是一种普遍的、客观的联系，是世界万物之间普遍联系的一个方面。科学研究的一个重要任务就是要把握事物之间的因果联系，以便掌握事物发生、发展的规律。而任何一种现象的出现都必然存在其产生的原因，同时又存在其产生的结果。无因之果或无果之因是根本不存在的。

原始社会，人类对因果关系的认定，往往带有偏差。例如，给孩子吃了有毒的红色果子，孩子死掉。这两个现象之间是可以有因果关系的。但是吃了敌人的心脏，战士就会变得强大。这两个现象之间的因果关系却是没有根据的，后一种现象之间的主观因果，就被视为"物神崇拜"。

因果关系中，一般表达前提的关联词语有："就在于……""是由于……""根据……""基于……""鉴于……"等。表达结论的有："总之……""由此可见……""这些都说明……"等。凡是表达前提与结论关系的语词，都表达推理关系。例如：

（1）正是因为有过这种经历，所以功夫题材影片中融入了很强的民族意识。

(2)人们在职业上的不同,在思想意识和道德品质方面的不同,是由于社会分工的不同、社会生活和所受教育的不同以及个人努力的不同而产生的。

(3)因此该方案基本符合实际情况,这是它之所以能得到广泛应用的原因。

(4)由此可见,只有实践才是检验真理的唯一标准。

(5)科学研究的区分,就是根据科学对象所具有的特殊的矛盾性。因此,对于某一现象领域所特有的某一种矛盾的研究,就构成某一门科学的对象。

(6)实现中国梦的过程中,我们之所以把物质文明建设和精神文明建设作为一个统一目标,就是因为人的道德水平体现了精神文明的性质和方向,对经济建设的发展速度和方向产生了不可低估的影响。

因果联系具有以下几个特点,这些特点是探求因果联系逻辑方法的客观标准。

首先,原因和结果是前后相继的,原因先于结果,结果后于原因。这是因果联系在时间上的特征表现,也是最直观、最具体的特征表现。所以我们在寻找某一现象的原因时,一定要在先于它的现象中去寻找,寻找某一现象的结果时,一定要在后于它的现象中去寻找。因果联系虽然在时间上先后相继,但并非时间上先后相继的现象都有因果联系。例如白昼和黑夜,在时间上虽是先后相继的,但它们之间并不具有因果联系,它们都是由于地球自转和绕太阳公转所引起的结果。因此,在探求因果联系时,如果只是根据两个现象在时间上是先后相继的,就做出它们之间具有因果联系的结论,就会犯"以先后为因果"的逻辑错误。再如,19世纪有一位英国改革家说,每一个勤劳的农夫,都至少拥有两头牛。那些没有牛的,通常是好吃懒做的人。因此,他的改革方式便是国家给每一个没牛的农夫两头牛,这样整个国家就没有好吃懒做的人了。这位改革家也是明显犯了一个"以先后为因果"的逻辑错误。

其次,因果联系是确定的。因果联系的确定性从质的方面说,就是在同样的条件下,同样的原因会产生同样的结果。例如,在通常的大气压下,水的温度降到零度以下就会结冰。而且把纯水加热至摄氏一百度,它就必然会产生气化的结果。例如:

我市正处于跨越赶超、加快发展的关键阶段,因此,今后一个时期,经济社会发展对环境容量的需求和依赖程度将进一步加大。

这句话中的"因此"前后的命题不存在确定的因果关系。

第三,因果联系是复杂多样的。有一因一果、多因一果、合因一果、一因多果和多因多果等情形。例如,日光、二氧化碳和水是使植物能进行光合作用的原因,而这三者也是植物能进行光合作用不可缺少的条件,这种原因叫作复合原因。忽视原因的多样性,在实践上会导致有害的后果。例如,一块地里的农作物生长不好的原因,可以是水分不足,也可以是肥料太少,也可以是病虫害等。如果我们忽略了原因的多样性,只注意一种原因,比如,只注意施肥料,那就必然会导致减产的后果。因此,探求因果联系是个复杂的认识过程。

由于因果联系是人们认识客观事物的一个重要方面。而其因果联系的认识是一个很复杂的过程,那么究竟如何把握这种联系呢?近代英国逻辑学家穆勒提出了五种探求因果联系的方法,这五种方法是一些比较简单的,但又具有一般性的方法。这五种方法是:求同法、求异法、求同求异并用法、共变法、剩余法。

1. 求同法

求同法又称契合法。它的内容是如果在被研究的那类现象出现的几个场合中,其他有关情况都不相同,只有一个情况是相同的,那就得出结论:这个唯一相同的情况与被研究的那类现象之间有因果联系。

《中华护理学辞典》定义求同法时,使用了这样的方法:"指异中求同,求同除异,即在错综复杂的不同情况下,排除不相干的因素,找出共同的因素,确定与被考察现象的因果联系。例如,通过考察被研究的肺病人,在各个工种的环境里发现有一种情况相同,那就是吸烟。这样吸烟与肺癌之间就有可能有因果联系。"

19世纪,人们还不知道为什么某些人的甲状腺会肿大,后来人们对甲状腺肿大盛行的地区进行调查和比较时发现,这些地区的人口、气候、风俗等状况各不相同,然而有一个共同情况,即土壤和水流中缺碘,居民的食物和水中也缺碘,由此得出结论:缺碘是引起甲状腺肿大的原因。

求同法可表示如下。

场合	有关情况	被研究现象
(1)	A、B、C	a
(2)	A、D、E	a
(3)	A、G、F	a
……	……	……

所以,A 与 a 之间有因果联系

求同法的特点是"异中求同",即在各种不同的情况中寻求唯一相同的情况。由于事物的相关因素往往是复杂的,很可能表面相同的而实非相同,或表面相异而实非相异。而且,求同法没有考察所有场合,也没有考察各个场合中所有的情况,所以,求同法得出的结论是或然的。

要提高求同法结论的可靠性,就要注意以下两点:

第一,各场合是否还有其他的共同情况。人们在运用求同法时,往往忽略了不同情况中隐藏着另一个共同情况,而这个比较隐蔽的共同情况又恰好是被研究现象的真正原因。

第二,要尽量增加可比较的场合。进行比较的场合越多,结论的可靠程度就越高,如果比较的机会少了,往往可能有一个不相干的现象恰好是它们共有的,人们便会产生误解。随着观察场合的增多,各场合共有一个不相关现象的可能性便会随之减少。

2. 求异法

求异法,又称差异法。它的内容是:比较被研究现象出现和不出现的两种场合,若其他情况完全相同,只有一个情况不同,而唯一不同的这个情况,在被研究现象出现的场合中是存在的,在被研究现象不出现的场合是不存在的。于是得出结论:这两个场合中唯一不同的情况与被研究现象之间有因果联系。

例如,心理学家关于条件反射的实验就是把一群生活条件相同、饲养方法相同的同种狗分成两组,对其中一组狗做手术,切除它们的大脑皮质,另一组则不施行这种手术。心理学家发现,做了手术的那一组狗失去了条件反射,另一组未做手术的狗有条件反射。于是得出了这样的结论:狗的大脑皮质的功能是狗有条件反射的原因。

求异法可表示如下。

场合	有关情况	被研究现象
(1)	A、B、C	a
(2)	一、B、C	一

所以,A 与 a 之间有因果联系

求异法的特点是"同中求异",它要求被研究现象出现的场合与不出现的场合中,只有一种情况不同,其余的情况完全相同。这一般只有在人工控制的条件下才能做到,因此,求异法的运用一般是以实验为基础的。从而求异法的结论要比求同法可靠得多。但是,求异法也不能保证考察所有的情况,结论仍然是或然的。

运用求异法时应注意以下两点：

第一，两个场合是否还有其他差异情况。求异法要求，在被研究现象出现的场合和被研究现象不出现的场合中只有一个差异情况存在，其他情况必须完全相同。如果其他情况中还存在着另一个差异情况，那么很可能它就是被研究现象的真正原因。例如，在对生物的研究中，医务人员注意到，同样的医疗措施得出不同的医疗效果，这往往与治疗的时间有关。糖尿病人在早晨4时对胰岛素最敏感；人得传染病最可能死亡的时间与细菌最敏感的时间是一致的，约在早晨5时左右。由此，他们认识到，在进行医学研究时，对试验组和对照组除了采取某种医疗措施或使用某种药物外，还必须注意时间的相同，不要因时间的不同而使其他情况不相同，从而导致错误的结论。所以，在使用求异法时应注意到有可能在表面上其他情况不同，实际上还隐藏着另一个差异情况的情形，严格遵守"其他情况完全相同"的要求。

第二，两个场合唯一不同的情况，是被研究现象的整个原因，还是被研究现象的部分原因。如果被研究现象的原因是复合的，而且各部门原因的单独作用是不同的，那么，当总原因的一部分情况消失时，被研究现象也就不会出现。例如，农作物高产的原因是复合的：天气条件，适当的管理，良种等都是农作物高产的原因。其中，良好的天气条件仅仅是农作物高产的部分原因，并不是总原因。如果把天气条件看成唯一的原因，那就会得出错误的结论。因此，只有找出被研究现象的原因，才能真正把握这些现象与被研究现象之间的因果联系。

一个求异法的经典案例：

在19世纪及其之前，人们并不知道要随时洗手这件事情，因为关于微生物科学的研究微乎其微。19世纪40年代，在奥地利维也纳总医院担任助理医师的森梅威斯观察发现，维也纳总医院产妇死于产褥热的比例是10%，而在维也纳第二医院，这一比例要低得多。更让他无法理解的是，总医院接生的是正规科班出身的医学院学生，而第二医院则是土得不能再土的产婆。

森梅威斯仔细对比了两者的工作流程发现，医学院的学生往往是解剖完尸体就直接去接生！于是他要求这些学生用次氯酸钙溶液洗手——这并非是森梅威斯发现洗手可以除菌，而是他认为这样可以去除"尸毒"和异味。

就是这一项简单的工作让奥地利总医院产褥热的死亡比例持续下降，从1847年4月的18.3%降到了6月的2.2%，七月的1.2%，八月的1.9%，并在后面有两个月降到了零。

效果显而易见,但当时欧洲医学界的主流并不认可森梅威斯的理论,这些来自社会上层的医生认为,"手术前洗手"表示承认自己的手不洁,这是对他们绅士身份的侮辱。由于被医学界驳斥为异类,甚至不被自己的妻子理解,不断为自己的理论四处宣传的森梅威斯医生,最终被关进了疯人院,最后被看守活活打死。

在此之后的一百年里,新的致病学理论不断出现,越来越多的研究者发现了致病的细菌原因,也承认了森梅威斯的观点,于是1965年被联合国宣布为森梅威斯年。

3. 求同求异并用法

求同求异并用法,又称契合差异并用法。它的内容是如果在被研究现象出现的几个场合中,都有某一情况出现,而在被研究现象不出现的几个场合中,都没有这个情况出现,那就得出结论:这个情况与被研究的那类现象之间有因果联系。

例如,研究者发现有些鸟能远航万里而不迷失方向。人们对此原因曾做过不少的猜测,但都没有得到证实。近年来,科学工作者发现每当天晴能见到太阳时,这些鸟都能确定其飞行的正确方向;反之,每当天阴见不到太阳时,它们就迷失方向。由此,科学工作者做出结论说,有些鸟能远航万里而不迷失方向的原因是利用太阳来定向的。

求同求异并用法可以表示如下。

场合		有关情况	被研究现象
正面	(1)	A、B、C	a
	(2)	A、D、E	a
	(3)	A、F、C	a
	……	……	……
反面	(1)	—、B、G	—
	(2)	—、D、N	—
	(3)	—、F、G	—
	……	……	……

所以,A 与 a 之间有因果联系

求同求异并用法的特点是:"两次求同,一次求异"。运用这种方法实际上经过三个步骤:第一步,比较被研究现象 a 出现的正面场合,运用求同法得知,凡有 A 情况就有现象 a 出现。第二步,比较被研究现象 a 不出现的反面场合,运用求同法得知,凡无 A 情况就无现象 a 出现。第三步,比较正反两组场合,根据有 A 就有 a,无 A 就无 a,运用求异法即可得知 A 与 a 有因果联系。由于求同求异并用法在考察有关情况时,可能忽视本是相关的情形,故而其结论也是或然的。

为了提高求同求异并用法结论的可靠程度,运用求同求异并用法时应注意以下问题。

第一,尽量在每组场合中考察更多的场合。因为考察得场合越多,就越能排除凑巧的偶然情形,就不大容易把一个不相干的因素,与被研究现象联系起来。

第二,选择被研究现象不出现的反面场合时,应尽量与被研究现象出现的正面场合的其他情况相似。因为被研究现象不出现的场合是很多的,它们对于探求被研究现象的因果联系并不都是有意义的。反面场合组的情况与正面场合组的情况相似,结论的可靠程度就越高。

4. 共变法

共变法的内容是如果在被研究现象发生变化的几个场合中,其他有关情况都不变化,唯有一个情况相应地变化,那就得出结论:这个相应变化的情况与被研究现象之间有因果联系。

例如,在其他情况不变的条件下,气温上升了,温度计里的水银柱也就上升了;温度下降了,温度计里的水银柱也就下降了。我们由此可以得出结论说:温度的升降是温度计里的水银柱升降的原因。

共变法可以表示如下。

场合	有关情况	被研究现象
(1)	A、B、C	a 1
(2)	A_2、B、C	a 2
(3)	A_3、B、C	a 3

所以,A 与 a 有因果联系

共变法是以因果联系的量的确定性作为客观根据的,在特定的条件下,原因的一定量的作用只能引起完全确定的结果。当原因的作用扩大或缩小时,表现于结果的效应也必然扩大或缩小,原因和结果在量上是共变的。

共变法的特点是"同中求变",即在其他有关情况都保持不变的条件下,寻求唯一与被研究现象发生相应变化的情况。如果许多情况都在变化,就很难确定哪个情况与被研究现象有因果联系。显然在自然条件下,要做到这一点是很困难的。所以,共变法通常是在人工控制的条件下运用的,因而其结论的可靠程度也较高。但在最终的原因未得到证实之前,它的结论仍具有或然性。

运用共变法时应注意以下两点。

第一,与被研究现象发生共变的现象必须是唯一的,否则,结论便不可靠。例如,在研究温度变化与气体体积变化之间的关系时,必须以压力不变为前提。如果除了温度在变化,压力也在变化,所得的结论就会出差错。

第二,两个现象间的共变关系有一定的限度,超过这个限度,就会失掉原来的共变关系,例如,农作物的密植在一定限度内可以增产;但如果超过这个限度就会适得其反。

5. 剩余法

剩余法的内容是如果已知某一复合现象与另一复合现象之间有因果联系,又知前一现象中某一部分与后一现象中某一部分有因果联系,那就得出结论:前一现象的剩余部分和后一现象剩余部分之间有因果联系。

例如"镭"的发现就是剩余法的使用:居里夫人和她的丈夫为弄清一批沥青铀矿样品中是否含有值得加以提炼的铀,就对其中的含铀量进行测定。但他们发现,有几块样品的放射性甚至比纯铀的放射性还要大。这就说明这些沥青铀矿石中一定含有别的放射性元素。同时,这些未知的放射性元素只能是非常小量的,因为用普通的化学分析方法不能把它们检测出来。这就是说,它们一定具有很强的放射性。居里夫人在很原始的条件下以极大的毅力从几吨沥青铀矿石中寻找这些微量的新元素。1898年7月,他们终于分离出极少量的黑色粉末,这些黑色粉末的放射性比同等数量的铀强400倍。

剩余法可以表示如下:

复合情况 A、B、C、D 与被研究的复合现象 a、b、c、d 有因果联系

$$\begin{array}{c} B\text{与}b\text{有因果联系} \\ C\text{与}c\text{有因果联系} \\ \underline{D\text{与}d\text{有因果联系}} \\ \text{所以,}A\text{与}a\text{有因果联系} \end{array}$$

剩余法的特点是"余中求因",即已知两个复合现象之间有因果联系后,把其中已确定了有因果联系的部分除去,再从剩余的结果中分析原因。由于剩余法不能保证将各种因果联系都研究穷尽,可能还有其他因素未被研究,因而其结论也具有或然性。

运用剩余法时应注意以下两点:

第一,必须确知被研究的复合现象中的一部分现象(b、c、d)是由复合现象中的某些情况(B、C、D)引起的,并且剩余部分(a)不可能是这些情况(B、C、D)引起的。否则,结论就不可靠。

第二,复合现象的剩余部分(A)不一定是一个单一的情况,还有可能是个复合情况,在这种情况下,人们就必须进一步研究、探求剩余部分的全部原因。

五、厘清逻辑推理结构

写作时,有时会出现文章中每句话都是逻辑清晰的,但是通篇读起来却不知所云,其原因可能是作者没有考虑语句间的逻辑关系,想到哪里写到哪里,或者是不考虑问题的语境,直接分析结果。还有一种情况是,作者自己思维清晰但太跳跃,省略的部分没有阐释出来,读者跟不上。因此,在阅读文章时,有一些帮助厘清结构的方式可以使用。

一是注意小标题,小标题将文章内容、层次分门别类让人一目了然。

二是根据段落标序号,心中有数,不论是一件事情分步骤,还是综合性工作的层次,都容易表述,容易执行。

三是注意段落主题句。培养思维能力的一个方法就是将一个自然段的内容进行抽象提炼,概括成一句话放在自然段的首位置,迅速就知道这一自然段主要讲得是什么。

四是懂得将段落中的信息命题化,写文章的必备条件是信息的获取,也是我们在写作中需要传递出的内容,例如论说类文章的信息就是观点或者主张。

例如:

(1)如果要高效的工作,请不要忽视人际沟通。

(2)安排工作顺序的依据是工作内容的重要性,而非紧迫性。请不要花大量时间在那些无意义的事情上。

第(1)句话是一个假言命题,第(2)句话是一个直言命题。对于公文写作它们可以作为信息或主张存在。

五是注意逻辑联结词,如"首先""因此""所以""总而言之""我们认为"等用在文章中,等于是给内容、层次贴标签,一读便知内容含义以及段落之间的关系。下面列举一些逻辑联结词。

表示理由的联结词:

因为、如果、由于、根据、原因、理由、鉴于……

表示结论的联结词:

因此、由此、结论、从而、由此可得、由此可见、证明、那么……

表示语句之间关系的逻辑联结词：

表示推进时，因此、所以、归根结底……

表示原因时，由于、因为、理由……

表示转折时，但是、可是、尽管如此、然而……

表示强化时，事实上、进一步而言、确实……

表示并列时，换言之、就是说、即……

中 篇

逻辑思维与公文之"论"：主旨、结构与材料

公文和谐统一的审美效应，首先来自思想，而公文运思是有一定规则可循的。通常公文由主旨、材料、结构三个要素组成。主旨是公文的"灵魂"，要明确无误；结构是公文的"骨架"，是谋篇布局的手段；材料是公文的"血肉"，要能集中反映主旨。本书中篇将结合这三个要素展开讨论。

第四章

公文主旨的写作

王夫之在《姜斋诗话》里说:"无论诗歌与长行文字,俱以意为主。意犹帅也。无帅之兵,谓之乌合。"没有立意,材料再丰富也只是"乌合之众"。陆机谓之:"理扶质以立干,文垂条而结繁。"文意犹如树的主干,是本体,只有主干立起来,文辞才能如大树般枝繁叶茂。好的文章立意必然是能够"立片言而居要,乃一篇之警策"。

与公文写作而言,高质量的公文首先必须是主旨明确的,主旨是公文的中心思想和灵魂,是公文立场和态度的集中体现,也是写作中的关键环节。刘勰在《文心雕龙》中写:"文之思也,其神远矣。故寂然凝虑,思接千载,悄焉动容,视通万里;吟咏之间,吐纳珠玉之声,眉睫之前,卷舒风云之色:其思理之致乎?故思理为妙,神与物游。神居胸臆,而志气统其关键;物沿耳目,而辞令管其枢机。枢机方通,则物无隐貌;关键将塞,则神有遁心。是以陶钧文思,贵在虚静,疏瀹五藏,澡雪精神。积学以储宝,酌理以富才,研阅以穷照,驯致以怿辞;然后使元解之宰,寻声律而定墨;独照之匠,窥意象而运斤;此盖驭文之首术,谋篇之大端。"写作之思维要求站高看远,所谓"思接千载""视通万里"应如是。而确立主旨要求逻辑思维,写作者必须通过运用分析、概括和归纳等逻辑思维能力才能提炼出深刻的思想观点,确立符合实际的主旨,真正做到思接千载,视通万里。

一、公文主旨的确立原则

宋仁宗景祐四年(1037年),翰林学士丁度等奉诏修订《礼部韵略》并详定《附韵条制》,立"不考式"("不考"即"但一事不考,余皆不考"。就是一旦举子违犯了"不考式"中的任何一项规定,其余皆被这"一票"否决,不能再进入考试程序。)"不考式"中有"不识题"一项,即做文章如果不能准确识题,"立意"则不可能佳。若"不识题","立意"则达不到。做文章的第一要务就是审题、立意。弄清要写什么,"立意"的"意"是全文的纲领和统帅,陆机《文赋》所谓"意司契而为匠"。杜牧有:"凡为文以意为主,以气为辅,以词采章句为兵卫"的论述。

中国古代文论历来有重视立意的传统,庄子有言:"语之所贵者意也。"立意是一篇作品所确立的文意。它包括全文的思想内容,作者的构思设想和写作意图及动机等,其概念的内涵要比主题宽泛得多。立意产生在写作之前。文章的立意是文章的灵魂。文章的好坏、意境的高低、深度的有无往往由文章的立意所决定。虽然说文章的立意并非决定因素,但是立意不高的文章通常品质值得质疑。清代文学家沈谦说:"以立意为宗,不能以文为本。"其认为写文章应该坚持立意作为根本,而不是对华丽辞藻的追求。没有严谨的逻辑、恰当的立意,即便洋洋洒洒上千言,辞藻堆砌,也是空洞无味的。

好的立意,一方面要求从固定思维向发散性思维转化,明代李东阳说:"头一件立意清新,自然措辞就不俗",好的文章的立意要求新、求变,不能千篇一律,毫无变化。要有意识地从多角度、多层面去思考问题,能够由此及彼、举一反三,弄明白事物之间的内在联系。从而在具体写作过程中,能够针对一个问题或事物,从不同的角度和层面得到不同的、能够让人信服的结论来。另一方面,要求从肤浅性思维向深邃性思维转化。好的文章,其立意往往是深邃的,是能够反映事物本质和生活真实的,是能够引起共情、发人深省。因此要经常多提几个为什么,思考一事物之所以为该事物而非其他事物的原因,思考的依据是什么,得到的结论的论据是否可靠,分析论点之间的联系是必然的还是偶然的。

所谓"文以意为主""意在笔先"确定公文的主旨和立意的工作是在动笔之前。主旨又称主题、题旨、立意,指通过公文的语言表达的主要意义、目的或中心思想。通俗而言,"主旨"是回答一篇文章要"做什么"的问题。公文无论篇幅长短,阅读者都应能从中提炼出机关部门的发文目的和意图。公文的主旨是文稿的灵魂,决定公文质量高低、价值大小、作用强弱。主旨可以是写作的目的,还可以是要阐明的思想。公文写作的主旨就是确定公文的意图,包括文章思路、核心观点、中心思想的过程。在公文写作中,主旨应置于最显要、最突出、最重要的位置。

因此,公文的主旨要体现下面几个原则。

1. 主旨集中

主旨是一篇文章的中心思想,是文章的主导,是文章谋篇布局的重要指导思想。刘熙载在《艺概·经义概》中提出:"立意要纯,一而贯摄。"主旨必须集中,体现单一性。就是说,要以单一论点统率全篇,从头至尾都要围绕一个问题进行分析和阐述。这样立意,主题集中,绝不存在跑题、离题的忧虑。如果一篇公文之中,真正能够做到处处扣紧中心,"句句字字受命于主脑",文意自然鲜明集中。

瞿秋白"关于如何做好北伐战争宣传报道工作"的文稿开篇三句话:"宣传关键是一个'要'字,鲁智深三拳打死镇关西,拳拳打在要害上。"直白生动的语言直接点名"要"这一中心主旨。

主旨集中,体现作者认识客观事物的准确性和针对性。对于公文写作,主旨集中,坚持"一文一旨"的原则是指公文的主旨应当单一,一篇公文中只有一个中心思想或基本观点;不能也不要出现两个以上的中心。具体实操中,主题要单一,一篇公文只能确立一个主题。写作要扣紧主题,选择和安排材料,如果纠缠枝节问题,罗列过多的信息,都会削弱主题本身。公文主旨的唯一性还意味着全文所有内容都必须紧紧围绕主旨来展开,要服从于主旨、服务于主旨。一段论述、一篇文章只能有一个主题、一个中心论点。总论点下可以有分论点,但绝不可以有两个并列的主题和中心论点。

2. 主旨正确

主旨正确,是指公文的主旨必须符合党的路线、方针和政策,符合国家的法律、法规,符合公务活动的实际情况,经得起实践的检验,以便使公文的基本观点合理合法,公文中提出的方法、措施行之有效。要使公文主旨正确,必须站在正确的政治立场上,符合党的路线、方针、政策和国家法律、法规及上级机关的指示,完整、准确地体现发文机关的意图,并符合现行公文条例规范,从社会发展的全局来思考和判断问题。"固宜正义以绳理",以正确的理论为准绳,使主旨合乎规范。

公文是在一定的现实条件约定下,根据实际目的使用规范的文体范式而进行的写作思维活动。这个活动的过程不同于文学创作这种相对独立有主动性的活动,公文写作通常奉命而为、代人捉刀,主要目的不是体现个人意志,而是组织信息的传播,公文写作代表的是行政机关而非作者个人,因此需要站在行政机关的立场上运思,这就要求在社会共同的意志基础上进行思维。

刘勰在《文心雕龙·史传》中所言:"是以主旨选言,宜依经以树则,劝诫与夺,必附圣以居宗;然后诠评昭整,苛滥不作矣。"这句话对今日的写作仍有借鉴意义,文章主旨立意,必须有正确的价值观为先导。写作者要围绕主旨来确定公文中总的观点和各个层次的分观点。

3. 主旨鲜明

主旨鲜明,是指公文的主旨应当突出、深刻和新颖。朱光潜在《谈文学》中说:"每篇文章必有一个主旨,你须把着重点完全摆在这主旨上,在这上面鞭辟入里,烘染尽致,使你所写的事理情态成一个世界,突出于其他一切世界之上,像浮雕突出于石面一样。"

公文主旨应能够抓住问题的实质;提出的措施、方法符合事物的发展规律;立场态度鲜明,提倡什么,反对什么,直接陈述。文学作品中的表达方式是不同的,这也是为什么好的作家不一定是一个好的"笔杆子"的原因。

二、公文主旨确立的依据

在中国历史上,前人对公文主旨写作有太多的论述,如刘勰所谓:"凡大体文章,类多枝派,整派者依源,理枝者循干。是以附辞会义,务总纲领。驱万途于同归,贞百虑于一致;使众理虽繁,而无倒置之乖;群言虽多,而无棼丝之乱。"刘熙载则有:"一线到底,万变不离其宗"的论述。王夫之在《姜斋诗话》中说:"无论诗歌与长行文字,俱以意为主,意犹帅也,无帅之兵,谓之乌合。"在以往学者看来,没有主旨立意,材料再丰富也只是一群"乌合之众"。主旨是本体,犹如树的主干,只有主干竖立,文辞才能像枝叶那样茂密。没有主旨在先,再好的文辞、再好的技巧,也只能是文字的堆砌。公文写作的立意不同于文学创作,需要更多地从党和国家的政策方针出发、从工作实际出发。其确立依据应满足以下几个要求。

1. 国家的法律法规、方针和路线政策

公文在社会管理过程中提供正确而深刻的思想来发挥其领导与指导等工具性作用。公文本身就是国家法律法规、政策方针公布的工具,所有公文的主旨都必须符合法律法规与政策,同时注意在确立主旨时法律法规和政策的统一。

政策是国家或政党为实现一定历史时期的路线而制定的行动准则。理论是系统化的科学知识,是关于客观事物的本质及其规律性的相对正确的认识,是经过逻辑论证和实践检验并由一系列概念、判断和推理表达出来的知识体系。政策理论性材料广泛见于报纸杂志、经典理论书籍、党的路线、上级的指示要求、一些重要的会议决议、国家或政党的条例命令、规章制度、领导讲话等。政策理论性材料能为公文表达提供指导思想、理论依据,能够开拓人们的视野,

提高人们的认识境界,增强贯彻执行的自觉性,使公文在表达上能形成高屋建瓴的气势,提升文章的思想高度。

例如,下文是以国家的法律法规、方针路线政策作为主旨确立的依据。

国务院关于修改和废止部分行政法规的决定

为深化"证照分离"改革,进一步推进"放管服"改革,激发市场主体发展活力,维护国家法制统一、尊严和权威,国务院对"证照分离"改革涉及的行政法规,以及与民法典规定和原则不一致的行政法规进行了清理。同时,做好与《信访工作条例》出台的衔接。为此,国务院决定:

一、对 14 部行政法规的部分条款予以修改。

二、对 6 部行政法规予以废止。

本决定自 2022 年 5 月 1 日起施行。

2.领导部门的意图

公文写作是一种被动型的书写,通常是受领导部门的安排进行写作,评价人也是领导部门,领导的意图是确立主旨的根本性依据。写作者准确、全面理解领导者的意图是公文质量的保证。这里的领导不仅包括个人也包括领导机关,它往往是评价公文质量的第一人,因此公文撰写不能仅仅站在写作者的立场思考问题,而要站在领导部门的立场和高度进行写作立意。常用的方法有以下三种。

(1)查阅领导的讲话、批示。领导的讲话和批示,是领导真实意图的体现,公文撰写者需要注意领导的工作思路、思考方式。

(2)根据领导日常发言总结讲话风格,尤其一些重要公文起草前的工作会议等。领导对工作的思想、主要观点需要认真做好记录、总结。

(3)总结领导部门的思维模式,领导部门的思想在一定时期内具有稳定性和一贯性。在完成写作任务时,需要从领导平时一贯的思想去考虑。

例如,下文是以领导部门意图作为主旨确立的依据。

各市、县、区人民政府,省人民政府各工作部门、各直属机构:

2021 年,全省各地以习近平生态文明思想为指导,坚持以人民为中心的发展思想,按照省委省政府工作部署,扎实开展园林城市(县城)创建工作,加快补齐城市短板,提升城市功能,增强城市活力,综合治理能力进一步提高,城乡生态环境质量持续改善。

按照《陕西省园林城市系列标准》《陕西省园林城市系列申报评审

管理办法》，经考评，决定命名彬州市为"省级生态园林城市"，白水县、米脂县为"省级生态园林县城"，吴堡县为"省级园林县城"。

希望被命名的市县珍惜荣誉，再接再厉，努力创建国家级园林城市(县城)。全省各地要深入学习贯彻党的十九大和十九届历次全会精神，践行习近平生态文明思想，全面贯彻习近平总书记来陕考察重要讲话重要指示精神，深入推进园林城市创建，全面实施城市更新行动，统筹城乡规划建设管理，推动城乡建设绿色发展，建设人与自然和谐共生的美丽城市，为奋力谱写陕西高质量发展新篇章作出新的更大贡献。

陕西省人民政府
2022 年 1 月 27 日

3. 本机关工作的需要

公文写作在本质上是一个"运思"的写作过程，而不是单一的"码字"过程。这就要求执笔者对工作范围、工作规律、组织意图能准确把握和领会。公文是机关单位处理公务活动的工具。公文的制发是根据该机关工作的实际需要而进行，一般是在工作中出现了相关问题、面临新的任务、安排下一步工作时都需要通过公文进行信息传播，主旨确立，从实际出发，明确"为何而做"和"要做什么"。

但重要的是，部门之间对有关问题未经协商一致，不得各自向下行文。正确的做法应该是：主办单位的主要负责人主动与有关单位协商，所有的相关单位都要按照党和国家的有关政策、法规，从实际和大局出发，耐心诚恳地协商，直到取得一致意见后再行文。如多次协商仍无法消除分歧，而问题又急需解决，主办单位可以列明各方面的理由和根据，提出建设性意见，并与有关单位会签后报请有关上级机关协调定夺，然后再行文处理。

例如，下文是以机关工作需要作为主旨确立的依据。

陕西省人民政府关于陕西省"十四五"期间
年森林采伐限额备案的报告

国务院：

根据《中华人民共和国森林法》规定，按照国家林草局关于编制"十四五"期间年森林采伐限额的工作部署和要求，根据消耗量低于生长量和森林分类经营管理的原则，我省组织制定了《陕西省"十四五"期间年森林采伐限额编制报告》，征得国家林草局同意。据此，省政府印发了《关于下达"十四五"期间年森林采伐限额的通知》(陕政函〔2021〕10号),现将文件报上,请予备案。

特此报告。

陕西省人民政府
2021年2月7日

4. 写作者手中的材料

材料使用直接关系到主旨的表达和文件的社会效力。材料是主旨形成的物质基础和必要条件,对材料的分析、加工、提炼是确立主旨的前提,这里的材料包括书面材料和实践材料。整理材料最常用的逻辑方法是"分析和综合",分析的方法就是辩证的方法,分析是把认识对象分解为各个部分,由认识各部分进而认识事物的本质。综合是在分析的基础上,把认识对象的各部分连接成一个整体,从整体上把握事物的本质和规律。分析要全面系统,分析工作、评估总结不能只讲成绩不讲问题,谈经验不谈教训,只看现状,不追溯历史,有些文件对事务的原因说明流于表面。而综合能力,一方面需要正确的逻辑思维能力,尤其是形式逻辑的基本推演能力。另一方面,需要善于抽象概括出主旨的能力。

例如,下文便是以掌握的书面材料和实践材料作为主旨确立的依据。

新时代支持革命老区振兴发展若干措施

为深入贯彻习近平总书记关于革命老区振兴发展的重要论述,认真落实《国务院关于新时代支持革命老区振兴发展的意见》(国发〔2021〕3号),支持革命老区巩固拓展脱贫攻坚成果,推动实现高质量发展,到2025年,革命老区地区生产总值和居民人均可支配收入增速基本达到全省平均水平,老区内生发展动力显著提升,红色文化影响力明显增强,生态环境质量持续改善;到2035年,革命老区与全国同步基本实现社会主义现代化,逐步实现共同富裕,现结合我省实际,制定如下措施。

(以下略)

三、公文主旨的表达

公文主旨的表达,是写作者将主旨文字化的过程。从公文的表达上,主旨是通过公文的标题、语句结构实现的。一般来说,主旨在公文中大多以标题或开篇的主旨句形式呈现。

1. 公文标题

公文的标题是公文主旨最直接的表达，应做到能准确地概括公文的主要内容，反映公文的本质内涵。把公文主旨精神与公文标题合为一体，是公文程式的显著特色。完整的公文标题写法是由"发文机关＋事由＋文种"构成，并由"关于"联结发文机关和事由；助词"的"联结事由和文种，即"发文机关"关于"事由"的"文种"。

例如：

《××省人民政府关于××绕城高速公路设置科技新区收费站等有关问题的批复》

《××省人民政府关于命名2021年度省级（生态）园林城市（县城）的通报》

公文的标题作为"眉目"最能体现行文主旨、行文关系和行文单位制作公文的水平。由介词"关于"构成一个介宾短语组成的"事由"，用来反映公文主要内容和行文主旨。题目中，关于"事由"的表述最为重要。

首先，表述事由的短语主要有三种结构类型：动宾短语、偏正短语、主谓短语。其中动宾短语最多见，偏正短语次之，主谓短语较少使用。这是因为动宾短语更易于表达观点和主旨，更适于表述事由，因此，概括事由应尽可能多地使用动宾短语。例如《××省政府关于疫情防控工作的通知》，其事由"疫情防控工作"是偏正短语，只表达公文的内容范围，而《××省政府关于加强疫情防控工作的通知》，其事由"加强疫情防控工作"是动宾短语，不仅表明公文的内容范围，还表达了明确的观点和主旨。二者相比较，后者概括的事由更具体、更清晰。

其次，公文题目事由应准确，例如《××市人民政府关于贯彻××省政府××文件的通知》，其正文内容只涉及转发省政府文件，并无关于贯彻执行的具体意见。要表现主旨，"贯彻"应改为"转发"。

最后，公文题目中"事由"不能省略。例如《通告》《办公室通知》《××市人民政府决定》是一种省略事由的标题，但是读者阅读标题，不能快速领会功能公文的主旨。再如《×××航运管理所航行通告》《市财政局关于转发财政部通知的通知》同样没有起到达意的作用，收文单位看到标题，无法一目了然地通晓公文主旨。

2. 公文的主旨句

主旨句，是公文中明白、准确地表达，又可以高度地概括并表述文章思想或态度的句子。

公文要准确地传递信息,需要语言直白明了,直陈公文的思想和态度。从受文者的角度看,人类的阅读习惯是自前而后按照顺序进行阅读的,如果读者阅读文章之初,就能通过文字了解主旨,就会产生主观上的重视。因此,公文主旨句通常放在文首,开门见山地陈述主题,尤其在规范类公文中,如在规章制度、条例细则中,主旨句通常出现在第一条,显示制定该规章的目的或思想倾向。如《党政机关公文处理工作条例》:"第一条 为了适应中国共产党机关和国家行政机关(以下简称党政机关)工作需要,推进党政机关公文处理工作科学化、制度化、规范化,制定本条例。"开宗明义地指出出台该条例的目的、思想或态度。

公文的主旨句主要有以下三个方式。

(1)交代缘由式。交代缘由式就是在公文的导语部分交代发文目的、缘由、依据、背景和基本情况等,并提出要解决的问题。这种开头方式比较简略,其惯用的表述形式是使用"为了……""为……"等介词结构的目的句,引出公文主旨"发文机关决定做什么"。这种方式在办法、条例、规定、通告等法规性公文中较常使用,在命令、决定、指示、通知等文种中也有使用。

例文:

工商总局关于公布规范性文件清理结果的公告

为深入推进"放管服"改革,确保各项改革措施有效落实,根据《国务院办公厅关于进一步做好"放管服"涉及规章和规范性文件清理工作的通知》(国办发〔2017〕40号)的要求,工商总局对截至2016年底印发的规范性文件再次进行认真清理,对照国务院改革决策和根据国务院改革决策已修改的法律、法规,决定废止26件与"放管服"改革政策不一致的规范性文件。

这一段通过"为""根据""决定"几个概念呈现通篇公文的发文主旨。

此外,总结类公文的重点在于"措施"和"效果",即通过何种措施,达到何种效果,体现在公文开头,可以以背景形势或重要意义开篇,即重点措施和效果是如何产生,基于什么样的政策进行的。基本句式如:"根据/按照……要求/需要""……对……发展的重要意义""针对 …… 的问题"等。以此开篇后自然引入核心措施,结尾处表明效果。基本句式如:"完成了 …… 指标任务""发挥了……作用"。

(2)提出问题式。先叙述、说明有关情况,再从事实入手展开一般性概述,继而提出"问题",特点是将所要解决的某种现实问题置于公文开头的起始位置,先叙述问题是什么,然后有针对性地写清解决问题的方法、措施,即对策。将"问题"置于开头起始位置起到了突出、强调的作用,其意在说明此文是专门针对这个问题而写的,表明了公文的现实针对性。这种写作类型在指示性通知和请示中较多使用。

例文:

由于工作需要,自治区工商联中小微企业工作委员会组成单位和部分委员需要进行调整。

…………

现将调整后的自治区工商联中小微企业工作委员会组成人员通知如下:

(3)表面态度式。表面态度式指开头首先阐明陈述工作事项的重要意义,然后再写如何做好这项工作。这种开头方式的作用是可以提高人们对所述工作事项的思想认识,引起人们的重视,为做好工作奠定思想基础。

例文:

国务院办公厅关于成立第 19 届亚运会和第 4 届亚残运会工作领导小组的通知

各省、自治区、直辖市人民政府,国务院各部委、各直属机构:

为做好第 19 届亚运会和第 4 届亚残运会筹办工作,经国务院同意,成立第 19 届亚运会和第 4 届亚残运会工作领导小组(以下简称领导小组)。现将有关事项通知如下:

一、主要职责

贯彻落实党中央、国务院关于第 19 届亚运会和第 4 届亚残运会筹办工作的重要指示和决策部署,研究制定相关政策和保障措施,统筹协调筹办中的重大问题和事项,完成党中央、国务院交办的其他事项。

二、组成人员

略。

三、其他事项

(一)领导小组下设新闻宣传工作组、外事工作组、安保工作组、疫情防控工作组。领导小组具体事务工作由国务院办公厅牵头负责。领导小组副组长和成员因工作变动需要调整的,由所在单位按程序报领导小组组长批准。

（二）领导小组会议由组长或其委托的第一副组长、副组长召集，根据工作需要定期或不定期召开，参加人员为领导小组成员，必要时可邀请其他有关单位人员参加。

国务院办公厅
2022年4月4日

3. 主旨句表达的常用字词

在公文写作中，主旨句表达的常用字词分为符号性字词和要素类字词两类。

(1) 主旨句符号性字词：

①提示目的类：为、为了、拟……

②提示意图类：应、报、望、要、拟、需、现、请、决定、必须、应当、希望、批准、同意、答复、申请、报告、建议、提出……

(2) 依据要素类的字词：

①提示事实类：目前、随着、近来、以来、经、业经、由于、鉴于、收悉……

②提示道理类：遵照、认为……

③泛依据类：根据……

在具体的行文中，根据实际需要选择使用。

第五章

公文的谋篇与结构

确定文章主旨后,接下来就要设计文章的总体结构。如果说立意是文章的灵魂,论据是文章的血肉,那么结构就是文章的骨架。

结构是文章的要素之一。最早论及文章结构的是《易》。方苞在《又书货殖传后》中说:"《春秋》之制义法,自太史公发之,而后之深于文者亦具焉。义即《易》之所谓'言有物'也,法即《易》之所谓'言有序'也。"《易》中所谓的"言有序"的"序",即是讲行文的结构。

文章的结构是文章部分与部分、部分与整体之间的内在联系和外部形式的统一,它的任务是根据一定的原则和要求,将材料、观点等内容要素有步骤、有主次地加以组织安排,使文章成为一个紧密、有机、统一的整体。

言论的逻辑力量,来自严密的逻辑推理。毛泽东在中共第七届六中全会的讲话中指出:"写文章要讲逻辑。就是要注意整篇文章、整篇说话的结构,开头、中间、尾巴要有一种关系,要有一种内部的联系,不要互相冲突。"其中的结构一词,源于建筑学术语,是建筑的骨架或内部构造,放在文章写作中,即文本的组织形式和内部构架,是组成文章的要素和这些要素之间的组合关系。刘勰在《文心雕龙·附会》中说:"何谓附会?谓总文理,统首尾,定与夺,合涯际,弥纶一篇,使杂而不越者也。"他说的"附会",指的就是谋篇布局、安排结构,具体而言就是要使主旨清晰地、有条有理地贯穿全文,连缀成篇,做到首尾呼应,取舍得当,考虑好各部分的分合接榫,使全篇文章完整严密,使文章内容充实丰满而不零乱。

公文的结构包括公文结构的外部格式和公文内部组织结构。公文结构的外部格式是构成公文外部的项目要素。公文写作是为传递并发布一定的社会生活信息,针对社会化的内容,具有内容、格式、程序上的规定性,因此,外部格式有统一的规范。本章讨论的公文结构,主要是公文内部组织结构。

一、公文的谋篇布局

谋篇布局就是要设计公文的框架。框架是表现主旨的手段,是在思维活动中孕育形成的、具有成文雏形的体系。公文的框架就是文章组织安排内容的具体方式,安排框架即是"谋篇布局",设定文章的总体格局。公文的框架由开头、结尾、层次、段落、过渡和照应构成。谋篇布局要讲究逻辑思维。谋篇布局即安排公文的框架,运用逻辑思维,构建严谨,言之有序,言之有理。法国大雕塑家罗丹曾这样说:"一件真正完美的艺术品,没有任何部分是比整体更重要的。"同样的道理,文章要完美,整体布局十分重要。

1. 谋篇布局的要求

公文的框架是作者思路的具体体现。将构成文章的内在思想主旨用材料和语言文字反映出来,即形成了文章的外在框架。结构对抽象思维的依附关系,决定了文章的谋篇布局需要借助逻辑思维不断深化。具体要求体现在以下三个方面。

第一,谋篇布局要突出文章的主题。所谓"意犹帅也",文章立意时,写作的主旨是文章的将领、统帅。所谓"兵随将转",即文章中使用的语言、信息的使用犹如兵卒,需要听统帅调遣。复杂的文章更突出主题,犹如大树,枝叶繁茂,如果没有一定的脉理组合,恐怕也看不清楚主干。

第二,谋篇布局要符合客观事物的内在规律和人类思维的逻辑规律,谋篇布局体现在对主段落之间的"排兵布阵"上,既要使每个段落各尽其能,又要使段落之间有机统一,就要充分考虑主体段落之间是否存在并列、递进、因果等关系。

第三,谋篇布局须条理清楚,层次分明。毛泽东说过:"一篇文章或一篇演说,如果是重要的带指导性质的,总得要提出一个什么问题,接着加以分析,然后综合起来,指明问题的性质,给以解决的办法,这样,就不是形式主义的方法所能济事。"一方面,涉及开头与结尾关系的处理,公文的开头与结尾都有其特定的写法,与公文的文种、发文的目的及相关措施方法都有关系。好的开头有助于阅读者了解公文的重点及发文目的,而好的结尾深化主旨、画龙点睛。另一方面,关于层次与段落关系的处理。层次是写作主体对所揭示客体的反映的次序,清晰的层次有助于理解公文的内涵,层次之间需要符合逻辑顺序、主次详略得当。至于段落,作为公文表达独立意义的基本单元,要注意每段意义的独立性、完整性及与下段的联系性。

2. 常见的框架模式

（1）"提出问题""分析问题""解决问题"的三段论式框架。这种逻辑框架是以问题为中心或起点而展开的，而公文的功能之一是解决问题。但是公文并非议论文，往往兼叙兼议，这种结构不能适用于所有公文。

（2）"缘由""事项""要求"式框架。这种逻辑框架一般分开头、主体、结尾三个部分，公文的开头一般都是交代为什么要开展某项工作的原因，系"缘由"；主体部分是告知受文方开展工作的各项具体内容，系"事项"；结尾一般都是针对前面布置的工作事项提出一些执行、实施的要求或请求，系"要求"。

（3）"为什么""干什么""怎么样"式框架。这种逻辑框架对应划分为依据、主旨和分旨三个要素，而这三个要素分别回答"为什么""干什么""怎么样"。

（4）"凭""事""断""析""法"五要素式框架。"凭"即根据、目的、依据、缘由等，"事"即事实、问题、情况，"断"即要求、结论、看法，"析"即分析、解释，"法"即解决问题的方法、措施、手段等。

（5）"事""据""断""法""析""释""形"七要素式框架。"事"即情况、事由和问题，"据"即根据、凭据和依据，"断"即判断、决断、决定，"法"即办法、措施、规则、法则，"析"即分析、辨析、推理，"释"即解释、解答、说明，"形"即形象、状态、样式、格式。但是要素的数量过多，写作时容易造成混乱。

（6）"层次关系"式框架。即公文的常见逻辑结构模式，有总分式、因果式、并列式、递进式等。

但是，没有也不可能有一种框架适用于全部的公文类型，选择何种框架是根据公文的主旨和目的决定的。针对不同的文种使用不同的模式，例如：

消息的"倒金字塔式"框架模式：导语—主体—背景。

调查报告的框架模式：一般情况—成绩（问题）—经验（教训）—措施建议。

计划的框架模式：现状—目标—任务—途径—措施办法。

通报的框架模式：事件—性质—影响—处理。

二、公文的常见结构

在现代汉语中，"文章的逻辑结构"这个概念的内涵是不同的，根据目前写作学科的定义，一般有以下这样几种不同含义。

一是指篇章的逻辑结构。任何文体都有各种各样的结构，都由作者根据表达主题的需要，对材料所做的不同组织和排列。而这样的结构中包含着不少的逻辑问题，所以叫作文章的逻辑结构。

二是指客观历史过程反映在人的思想中,然后又具体表现为文献中对科学体系进行排列的顺序,如《资本论》的逻辑结构。

三是指议论文体或其他文体中的议论部分的逻辑论证结构。它包括提出什么论题,摆出哪些论据,运用何种论证方式和方法进行论证,以及有几个论证层次等。

事实上,不同的文体,有不同的结构。例如公务文书,按照2012年中共中央办公厅、国务院办公厅颁发的《党政机关公文处理工作条例》中对公文结构的规定,公文的结构必须遵循条理的要求。公文的结构就是对获取的公务信息进行筛选、加工和排列组合,即将公文的材料、观点等内容要素,有步骤、有主次地加以组织安排。在安排结构时,需要考虑三点:一是注意完整性,开头、主体和结尾齐全;二是注意连贯性;三是注意严密性。

公文结构有宏观结构与微观结构之分。宏观结构是自上而下切分出来的结构,由公文的组成成分及其关系构成。微观结构是自下而上组织起来的结构,由句子、句群等各级单位及其关系构成。下面介绍几种常见的宏观结构形式。

1. 递进式结构

递进式结构是认识事物或事理由浅入深、由表及里、由低到高、由小到大、由轻到重,层层递进,循序渐进,逐步深入的一种逻辑结构。递进式结构表示的是事物内在的一种联系,事物的若干方面,前一要素引出后一要素,后一要素是前一要素的必然延伸和发展。这种结构揭示事物发展的整体特征,是认识问题的重要方法。在使用上,递进式结构是指将结构相似、语气一致的语句段落逐层列举,以使事理语义得以层层推进,各个层次之间由表及里、由浅入深表达主旨。一般遵循从理论到实践、从背景动因到措施成效、从整体到部分等事理逻辑和事物发展的规律,对文章内容进行循序渐进的搭配和排列。如毛泽东的《反对自由主义》,首先说明反对自由主义的必要性;其次分析"自由主义"的十一种表现;随后深入论述自由主义的危害、根源和实质;最后号召全党用马克思主义的积极精神,克服消极的自由主义,这几层意思是递进的。同时,运用这种方法,可以深入地、清晰地阐释某些比较复杂的事理,说明某些比较复杂的关系,有助于深刻认识事物的本质属性,使文章有一定深度。因而一些说理性较强的文章常循此法。

递进式结构通常是写作者按照自身思考问题的逻辑习惯来安排结构的。提出问题、分析问题和解决问题是思考工作的基本逻辑。为什么开展、怎样开展、如何保障开展工作则是组织管理的基本流程。因此,此类文章通常包含三部分:一是为何开展这项工作,主要阐述开展工作的目的和意义。二是如何开展这项工作,主要阐述这项工作的具体措施和内容。三是如何保障做好这项工作,主要阐述这项工作的方法和保障措施。如某市关于深化行政审批制度改革的通知分以下三部分。

一、认清形势,深化认识,不断增强做好新形势下加快转变政府职能、深化行政审批制度改革的责任感和紧迫感。

二、突出重点,把握关键,全力做好加快转变政府职能、深化行政审批制度改革工作。

三、加强领导,狠抓落实,确保改革工作顺利推进。

概括而言,递进式结构就是提出问题—分析问题—解决问题。重点常在解决问题部分或者结论部分(如由叙事到说理到结论的结构)。前面部分围绕主题摆事实,讲道理,就事论理,层层紧扣,点明主旨,引出解决问题这一重点内容。

以"通报"这一文种为例,它由递进关系的四个部分构成。第一个部分为"概述事实",写明时间、地点、人物和基本事件的发展过程等。第二个部分为"分析事实",分析原因和结果两个方面。第三个部分为"阐明决定",写发文机关做出的具体处理决定,做出什么方式的决定。表彰或批评程度的轻重依据是第二部分对事实的分析。第四个部分"提出要求或希望",批评通报要求通报对象和其他下级单位引以为戒、吸取教训,避免重犯类似错误,表彰通报就鼓励表彰对象,并发出向先进看齐的号召。

递进式结构使要表达的思想逐层加深,使要表达的感情渐次强烈。此结构一般按照事物发展顺序或人们的认识规律来布局,由于遵循规律、层次有序、逻辑严谨,容易让受文者接受。这一结构常用于领导讲话、工作方案、意见、调研报告、通报、决定、通知、请示、命令、纪要等文种。

例文:

按照省教育厅的安排,我校将于2022年6月30日接受国家应用本科人才培养工作水平评估。这次评估是一次高规格、严要求的评估。十项核心指标中如果有一项不合格,就会限制专业招生,如果有两项不合格,就会停止专业招生。因此,这次评估事关我校部分专业的后续发展,甚至生存。

这段陈述第一句告知受文者即将接受的任务,第二句对评估工作定性,第三句告知核心指标不合格带来的恶果,第四句对于评估工作的重要性进行说明。每句话之间逐步推进,最后进行高度概括。

需要注意的是,运用递进式结构时,文章不得少于三个层次,否则就无所谓层递了。各层次常用一些表示递进关系的关联语句引出下文。各层次之间必须有直接的必然联系。要从前一个层次合乎逻辑地递进过渡到后一个层次,不能在逻辑上没有递进(层递)关系而只在关联词语上做文章。各层次间要环环相扣,先写哪一层次,后写哪一层次,顺序不能随意调换、中断。

递进式结构开头和结尾方式如下。

(1)开门见山式。

开头:"……问题,是当前最重要的问题,它关系到……,甚至直接影响……,作为……,根据近期的调研情况,提出以下几点看法和建议……"

结尾:"由此可见,……问题非常重要,它涉及……,因此,必须坚持……为指导,采取……,保护……,做到……,实现……"

(2)背景目的式。

开头:"当前……,在这里召开……大会,为了响应……,落实……,完成……任务,我们要……,现将……工作向……汇报如下……"

结尾:"有……,有……,共同攻坚,……就一定能……"

2.并列式结构

并列式结构指从主题需要出发,从多个相互并列的层面,对一个问题进行多维度、多侧面的阐述。通常事物的组成要素呈平行关系,同步发展,运思时,以问题大纲为中心,向四周发散,在并列式的公文中,各个层次之间为并列关系。此形式一般是根据主题的不同侧面来布局,具有条目清晰的优点,其适用于报告、计划和总结等文种。

并列式结构要求是各个层次互不交叉,分类标准清晰明确,按照时间顺序、办事流程或者在组织中的重要程度排列。

并列式结构包括结构的并列关系和语句的并列关系。

结构的并列关系是把事物或事理的几个不同方面连成一个整体的线索。如毛泽东的《关于纠正党内的错误思想》,在提出问题之后,列出错误思想的八个方面,逐一分析,分别指出错误思想的表现、危害、产生根源和纠正方法,八个方面显示出并列的逻辑关系。

并列式结构还可以用来搭建对比结构的文章,即用对比的事实论据或理论论据来论证论点。如鲁迅的《拿来主义》,全文可以分为两部分:第一部分夹叙夹议，揭露、讽刺国民党政府在学术与文艺方面崇洋媚外的可耻行为，评论所谓"送去主义"，指出如果只是一味"送出去"，结果将不堪设想；第二部分批评了一些人对待中外文化遗产的不正确态度，着重阐明了批判地继承的方针，说明必须实行"拿来主义"建设我们的新文艺。一个"送去"，一个"拿来"，前者破坏民族文化，后者发展新文艺，两相对照，极其有力地论证了"拿来主义"是正确的方针，这就是对并列结构的运用。

例如撰写《关于S市近年来人才工作情况的报告》，主体部分可以按照并列式结构设计提纲：

一、人才引进的情况。

人才的范围界定和具体操作情况，创新人才引进的具体方式、手段以及运行情况，人才引进效果，配套的人才引进政策及具体实施情况。

二、人才利用的情况。

高学历人才的后续发展情况，海归人才共用共享方式的实践情况，智库团队的建设和使用情况。

三、人才稳定的情况。

市政府针对引进人才的配套社会服务措施及实施情况。

再如某机关关于开展公文培训的专项报告，就是这种结构，该文依次论述岗位培训的四个问题：面向实际、排忧解难、师资条件、规范发展。具体思路是这样的：公文写作培训的目的是培养文秘工作的专门人才，为部门服务，所以必须面向实际；而面向实际要有明确的针对性，即解决科学研究、日常工作实践中的难题，而要解决这些难题，又必须对教育的主导方面提出相应要求，即师资条件要好。最后从宏观上概括，搞好公文写作培训的最终目的是社会组织的规范发展。这样层层相连、环环衔接，使文章形成了回环的闭合系统。

语句的并列关系如：

坚持家庭承包经营制度，充分尊重农民的土地承包经营权，健全土地承包经营权流转市场，引导发展适度规模经营；坚持遵循市场经济规律，充分发挥市场配置资源的基础性作用，尊重企业与农户的市场主体地位和经营决策权，不搞行政干预；坚持因地制宜，实行分类指导，探索适合不同地区的农业产业化发展途径；坚持机制创新，大力发展龙头企业联结农民专业合作社、带动农户的组织模式，与农户建立紧密型利益联结机制。

——《国务院关于支持农业产业化龙头企业发展的意见》

这段文字连续使用了四个"坚持"构成四个并列的分句,句式结构紧凑。文章条理分明、富有气势。

公文的内部组合方式以递进的方式来安排结构的纵式,或以并列的方式来安排结构的横式。这两种形式都能体现出事物的内部联系,运用得当,使公文内容脉络清晰、有条不紊。

3. 总分式结构

总分式结构是运用综合和分析两种思维方法所形成的文章结构。分析和综合是两种最重要的辩证思维方法,因此,总分思路在公文写作中也是最为常见的思路。其中,关于公文涉及的一般性问题或基本原则的内容属于总论,具体问题、具体制度、实际运用等属于分论。总论与分论之间是一般与个别、普遍与特殊的关系。在逻辑结构安排上通常总论部分在前,分论部分在后。总分式结构是一种分别表述与总结表述相结合的结构方式。

事物总是由若干部分构成一个整体,而整体又可以以总分关系呈现个别、具体的丰富性。写作时可先在总体或宏观上展现概貌,然后由此分述各组成部分的具体内容,在先总后分的顺序中运思,把握问题。如毛主席《纪念白求恩》一文,全文四段,每段表达一个论点。第一段简述白求恩以身殉职和他的共产主义精神。这是文章的开头,也是后边各段立论的根源。第二段说明白求恩的国际主义精神和专门利人的精神,解释这是共产主义精神的具体表现。第三段说明白求恩钻研业务,对技术精益求精。第一、二段讲白求恩的政治思想,第三段讲他认真钻研业务。政治思想是认真钻研业务的基础,所以摆在前面。第一、二、三段每段都提出反面内容与白求恩对照。最后一段表达对白求恩的哀悼,并且号召人们学习白求恩的这种精神,是全文的总结。文章的顺序,按照事物的内在联系来安排,四段文字紧密相连,次序不能颠倒。

总分式结构常用的逻辑思维模式是分析和综合的思维。分析是与综合相对的一种思维方式,它通过将研究对象拆分为多个部分、因素和层次,分别进行考察和研究,寻找能够解决问题的主线。人们为了认识被研究对象的实质,抓住问题的关键,往往需要针对不同的实践角度提出需要解决的问题,并进行科学分析。其中,分析就是把事物分成若干部分,分别加以研究,也就是由总到分,化整为零。这种方法就是要把具体事物的单独概念分解,对抽象事物分类剖析。比如,年度工作总结通常包括"工作回顾、主要特点、基本经验、存在问题、来年打算"等版块。

综合就是把事物的各个部分联合起来,从整体上加以考察,也就是由分到总,集零为整。对具体事物就是组装,对抽象事物就是概括。比如要就某社会组织机构改革后的情况写一份调研报告,刚去调查时,对这个组织的认识是一般的、笼统的,甚至可能是模糊的。当考察了这个组织的人事、财务、管理、生产状况甚至组织内外的各种联系,并且有秩序有步骤地对组织各个方面分析研究,然后对各方面的分析加以综合之后,我们对这个组织就有了比较全面、深入、科学的认识和了解了。这个朴素的综合—分析—科学的综合的过程,就是运用这种思维方法认识事物的一般过程。

"唐宋八大家"中欧阳修、王安石和苏轼写出的公文论证层次鲜明、逻辑清晰。这种文风影响到辛弃疾、陆游等文人。辛弃疾的文章论证层次就很清晰,通常会在总论点和每一个分论点后博引史实为论据。文章架构犹如排兵布阵,主次分明、富于变化。例如辛弃疾在《美芹十论》开篇所写:

> 故罄竭精恳,不自忖量,撰成御戎十论,名曰美芹。其三言虏人之弊,其七言朝廷之所当行。先审其势,次察其情,复观其衅,则敌人之虚实吾既详之矣;然后以其七说次第而用之,虏故在吾目中。

这已经说明"十论"是一个紧密联系的整体。"审势"是不要惑于金国表面的强大。"察情"是要勘察金人的真正目的。"观衅"是陈述金国统治下的汉人痛恨金人,宋军可以联合北地人民。此三点说明"虏人"之弊端。后面七论次第进行,先自治国家、绝岁币、都金陵,使人有战心;再守淮,加强边备;继而屯田,保证后勤;接下来致勇以砥砺将帅士卒的勇气,使之敢战;然后防微,防止民心之变;又久任宰相,使之通览国政。最后详战是中原北伐的具体策略。

在分析和综合的过程中,遇到外延大的概念时,需要注意"分类"(根据本书在第一章讲的"划分"),就是把较为复杂的集合性事物中特征相同的类型分在一起。或者从一定的写作意图出发,把散乱的材料归拢成若干并列的类别就是归类。分类、归类是综合—分析思维方法中的重要步骤。分类、归类是全面、深入分析事物的基础。善于分类、归类,有助于条理化、系统化地分析事物。例如对某高校教师现状的调查,就可根据其年龄、职称、海外背景等标准分别分组分类,但每组的分类标准仍是一致的。这样就能更全面地反映教师队伍的现状。

此外,遇到大的选题,还可以大题小做,以小见大。所谓"小",既指日常工作实践中的小事,也指大事中的小侧面,要做到窥一斑而知全豹,即一粒沙里见世界,半瓣花上说人情。即用非常典型的小信息点深刻、生动地表现重大而复杂的主题。

作为一种常用的模式,总分式结构在报告、总结或调查报告中经常使用,表现即由一般到个别,或由一般到个别再到一般,常为"总—分"模式或"总—分—总"模式,其中的"总"即公文中的总观点、总纲领、总原则、总前提,或者是对全文内容的总概括、总提示及划定的总范围;其中的"分"即对总观点的具体的论述,或分别的情况说明,或是分别的规定。这种模式要求写作者必须掌握全局,了解具体情况,并要从现实中得出合理的结论。

4. 因果式结构

原因和结果是揭示客观世界中普遍联系着的事物具有先后相继、彼此制约的一对范畴。所谓"物有本末,事有始终",辩证的因果规律决定了客观世界中任何现象和事物之间都有必然的因果性。它是对自然界和社会领域中普遍存在的一种必然联系的哲学概括和反映。原因是指引起一定现象的原因,结果是指由于原因的作用而引起的现象。

休谟说:"一切关于事实的推理,看来都是建立在因果关系上面的。只要依照这种关系来推理,我们便能超出我们的记忆和感觉的证据以外。"凭借因果推理,人们追溯过去、预测未来。因果推理包括两个方向:一是从结果到原因,由观察到的一些现象,追溯导致它发生的原因,从而对现象进行解释;二是从原因到结果,从现有的事物状态,预测可能出现的结果。

因果关系作为路径分析的方法之一,应用于公文写作,通常针对问题阐述道理,揭示问题发生的原因,指出事物的发展路径,继而明确解决问题的方法,以增强公文的表达效果。因果式结构是常用的公文结构模式,它是以文件内容的内在联系、逻辑关系为依据来安排结构,这里的因果当作泛义来理解,其因指原因、背景、目的、根据、意义等;其中的果指由因而形成的原则、路线、方针、政策、意见、办法、措施、步骤、结论、要求、希望、号召及相关的命令、决定、报请、知照的事项,甚至颁发、转发、批转的文件等内容。因果式结构可表示为"制发文原因—施办事项—办文要求"模式或"制发文原因—施办事项"模式。

因果联系是一种普遍的、客观的联系。它是世界万物之间普遍联系的一个方面,科学研究的一个重要任务就是要把握事物之间的因果联系,以便掌握事物发生、发展的规律。而任何一种现象的出现都必然存在其产生的原因,同时又存在其产生的结果。无因之果或无果之因是根本不存在的。因果联系具有以下几个特点,这些特点是探求因果联系逻辑方法的客观标准。

首先,原因和结果是前后相继的,原因先于结果,结果后于原因。这是因果联系在时间上的特征表现,也是最直观、最具体的特征表现。所以我们在寻找某一现象的原因时,一定要在先于它的现象中去寻找,寻找某一现象的结果时,一定要在后于它的现象中去寻找。因果联系虽然在时间上先后相继,但并非时间上先后相继的现象都有因果联系。例如白昼和黑夜,在时间上虽是先后相继的,但它们之间并不具有因果联系,它们都是由地球自转和绕太阳公转所引起的结果。因此,在探求因果联系时,如果只是根据两个现象在时间上是先后相继的,就做出它们之间具有因果联系的结论,就会犯"以先后为因果"的逻辑错误。

其次,因果联系是确定的。因果联系的确定性从质的方面说,就是在同样的条件下,同样的原因会产生同样的结果。例如下文:

最后,因果联系是复杂多样的。有一因一果、多因一果、合因一果、一因多果和多因多果等情形。原因也分为宏观原因与微观原因、主观原因与客观原因、历史原因与现实原因等。例文:

当前,教育公平是教育领域的焦点。城市中流动人口子女的受教育权利问题已经引起了全社会的广泛关注。特别是进城务工的一些农民工子女,缴不起昂贵的各种费用,就进不了学校,成为失学儿童,这种不平等待遇给社会带来了不稳定的因素。

造成这种不公平的原因有很多,主要体现在以下几点:一是户籍制度的壁垒。由于我国居民户籍与教育等社会福利联系紧密,流动人口子女没有户口就难以在当地入学,这成为流动人口子女平等接受教育的最大障碍。二是教育资源的限制。城市人口非常密集,固有的教育资源有限,难以承受外来流动人口子女的就学压力。三是地方利益的突显。由于地方利益至上,流入地政府和公办学校往往优先保证本地居民子女的教育需求,对外来流动人口子女接受义务教育设置高门槛,将无力负担高昂费用的农民工子弟拒之门外。

因此,各级政府必须落实党和国家"努力实现教育平等,维护社会公平"的政策,采取多项措施,大力推进和解决流动人口子女"学有所教"的问题。

文章开篇首先列出城市中存在流动人口子女的受教育权利问题的一些现象,并谈到已经引起全社会关注及带来不良的影响。然后,重点分析问题产生的原因,即"户籍制度的壁垒""教育资源的限制""地方利益的突显"。最后,得出结论,即各级政府必须落实党和国家关于教育平等的政策,采取多项措施,推进和解决流动人口子女受教育问题。

关于做法和成效方面的总结类公文,做法和成效之间必须有因果关系。此类公文的目的是号召相关单位参照学习,所以"做法"的篇幅应大于"成效"的篇幅。如关于政企关系的汇报材料中,提纲可以设计为:

一、做法

1. 创建高效办事机制

开通绿色通道,直接惠企惠民。

2. 主动上门,现场解答

推出"免申即享"服务,成立"帮办代办服务中心",由"人找政策"变为"政策找人"。

3. 服务模式创新

搭建"亲清家园"智慧服务平台服务模式。

4. 精准监督,全程监督

干部要当"店小二",有为且有畏。

5. 涉税业务全国通办,跨省通办,一网通办

二、成效

1. 及时、高效、精准为企业排忧解难

2. 构建"亲""清"政商关系,人民满意,企业获得感强

3. 优化了营商环境,推动区域经济高质量发展

5. 比较式结构

比较,就是对两个及以上的现象进行对比。所有的比较都可以归纳为寻找"异中之同和同中之异",即相似性比较和相异性比较。比较是确定研究对象之间的共同点和差异点的一种逻辑思维方法。

在公文写作中,比较思路可以是单独构成全篇文章的整体思路,亦是不可或缺的方法,撰稿者需要通过对两个或多个变项的比较去伪存真,以确定变项之间的内在联系。通过比较,才能从不同的视角来观察社会事物,以对其有更全面的认知,进而认识研究对象的各种特征包括本质特征。

常见的比较关系有:

第一,纵向比较。纵向比较是在时间形态上的比较,通过比较能发现同一事项或不同事物在不同时期呈现出的差异,这种写作思路的优势在于追本溯源,可以通过事物的发展变化发现问题、总结规律。

第二,横向比较。横向比较是在空间范围内针对现实情况的比较,通过比较能反思出同一事物在不同空间呈现出的异同。例如不同旅游城市文化资源开发情况和思路的比较,同类企业经营理念、发展模式的比较等。如:

今年是实施"十三五"规划的重要一年,是供给侧结构性改革的深化之年,也是我省工业经济的攻坚之年,做好今年工业和信息化工作责任重大,任务艰巨。从国际看,世界经济复苏的基础仍然比较薄弱,市场需求普遍减弱,国际贸易陷入低迷,经济增长始终在较低水平徘徊……从国内看,我国经济进入新常态,受"三期叠加"、结构性矛盾和外部环境影响……从省内看,一系列国家重大战略在我省交汇叠加,我省将从边缘地区和"末梢"变成开放前沿和辐射中心。

文字按空间范围横向铺陈,由远及近、由大到小,通过调整焦距,很容易将重心放在当下撰写的重点中。

第三,综合比较。综合比较是对研究的事物或现象从各个角度进行的比较,是在分析事物的各种矛盾以及矛盾的各个方面的基础上进行的比较。以此为思路时,需要尽可能多地占有相关的资料,掌握基础比较研究的结果,以全面考虑影响事物发展的多种因素。在撰写规划、方案、可行性报告、经济预测报告、决策意见等文种的构思中,常采用这种综合比较法。

因为每一项公务活动都并非独立存在的,有的在空间上和其他地区共同存在,有的在时间上有连续性。通过比较,我们才能够发现问题、分析得失。工作总结、调研报告、分析报告等文体,多会使用这一方法形成认识,即常常以比较的思路对有关情况进行对比。以此思路写作时需要注意两个方面的问题:一是要尽可能抓住事物的本质特征进行比较,才能更深刻地认识和把握事物的异同和性质。二是可比性的问题。例如"新冠疫情"期间,2020年第一季度我国国内生产总值下降6.8%,但是放在历史的维度是不具有可比性的,分析一季度经济形势,要放在百年不遇疫情冲击的大背景下综合衡量。新冠肺炎疫情突如其来,严重抑制正常经济活动,世界多国经济已出现停摆、半停摆状态,国际经贸往来几近停顿。疫情期间的经济运行,与正常生产生活秩序下的经济运行不具可比性。所以,一季度经济下行并非中国经济发展基本面的正常反应,而是突发严重事件带来的结果。

需要指出的是,文章写作构思中确立了主旨和观点、选取了材料,是解决了言之有理、言之有物的问题。要解决言之有序的问题则必须考虑结构的安排。有人说学习文章写作主要是解决格式问题,掌握了不同文种的格式,就可以依样画葫芦了。诚然,文章在长期的发展过程中,已逐步形成了一套约定俗成的甚至统一规定的格式和结构方法,掌握结构的这些低层次方法是比较容易的。但这些绝不是文章结构的全部内容,文章的结构还有其高层次的规律有待我们去研究、学习。文章结构的实质是客观事物的内部规律和作者思维轨迹的高度统一。复杂的客观事物千差万别,不同作者的思维也会大相径庭,因此,文章的结构决不可能只是千篇一律、一成不变的。在写作实操中,可以综合运用多种结构模式,例如一级标题采用递进式结构,二级标题采用并列式结构。既然结构是对论点、论证、论据的有效整合和合理安排,那么条理和逻辑就显得尤为重要,总分、并列、转折、递进、因果以及段落之间、观点之间、论据之间的衔接过渡需要自然顺畅。段落之间不得出现内容上明显的重复或交叉,否则会出现逻辑混乱、条理不清的错误。

三、公文的段落顺序

公文的结构指其内容的组织构造形式,是根据公文主旨的要求对材料所做的合理且有序的组织与安排,解决的是公文的谋篇布局问题。

公文的正文结构包括外部结构形态和内部组合方式两部分。公文的外部结构形态有两种基本形式:一是分条列项的条式;二是用一个自然段相对完整地表达一层意思的块式。条式和块式的运用能使公文层次清晰、秩序井然,有助于准确理解文件承载的信息。

段落的基本特点是意义的单一性、完整性。层次又称大段、意义段,划分文章层次要围绕一个中心组织,每个层次可以有一个中心句。另外,每个层次应该还是一个独立完整的部分。中间段落顺序的逻辑性体现在段落的排列上,按照"顺序",即行文的先后次序来安排文章的各单元,使之体现出一种严密的、合乎逻辑的历史选择。就这种段落顺序的安排而言,常见的方法有两种。

1. 按时间顺序安排的段落

按时间顺序安排结构的逻辑性主要通过文章内容按照时间的先后次序安排,体现工作进展来表现。例如下文通告:

中华人民共和国公安部通告

为确保国际民航班机的运输安全,决定从 1981 年 11 月 1 日起,在中华人民共和国境内各民用机场,对乘坐国际班机中的中、外籍旅客及其携带的行车物品,实行安全技术检查。

一、严禁将武器、凶器、弹药和易爆、易燃、剧毒、放射性物品以及其他危害飞行安全的危险品带上飞机或夹在行李、货物中托运。

二、除经特别准许者外,所有旅客及其行李物品,一律进行安全检查,必要时可进行人身检查。拒绝检查者,不准登机,损失自负。

三、检查中发现旅客携带上述危险物品者,由机场安全检查部门进行处理;对有劫持飞机和其他危害飞行安全嫌疑者,交公安机关审查处理。

特此通告。

从这篇通告的主体内容看,它的逻辑顺序是非常清晰的,三段内容的三个关键词分别是"严禁""检查""处理",首先提出对于危险品要"严禁",其次阐明对于携带者要"检查",最后指出对于携带者要做"处理"。这一个"严禁—检查—处理"的顺序清晰,其逻辑单元连接紧密。如果将其段落顺序稍微变动一下,就不符合逻辑了。

按照事物演变递进过程的自然逻辑来安排文章的基本顺序,是一种历史叙述方法,容易被人掌握和接受。例文:

中华民族的昨天,可以说是"雄关漫道真如铁"。近代以后,中华民族遭受的苦难之重、付出的牺牲之大,在世界历史上都是罕见的。但是,中国人民从不屈服,不断奋起抗争,终于掌握了自己的命运,开始了建设自己国家的伟大进程,充分展示了以爱国主义为核心的伟大民族精神。

中华民族的今天,正可谓"人间正道是沧桑"。改革开放以来,我们总结历史经验,不断艰辛探索,终于找到了实现中华民族伟大复兴的正确道路,取得了举世瞩目的成果。这条道路就是中国特色社会主义。

中华民族的明天,可以说是"长风破浪会有时"。经过鸦片战争以来170多年的持续奋斗,中华民族伟大复兴展现出光明的前景。现在,我们比历史上任何时期都更接近中华民族伟大复兴的目标,比历史上任何时期都更有信心、有能力实现这个目标。

三个段落结构按时间的先后顺序来铺展,从昨天讲到今天,展望明天,一线贯穿,层次递进,让思维按照时序贯穿段落。

时间顺序安排在讲话稿或报告写作中可以包括三部分:一是过去部分,主要谈过去成绩和经验体会。二是现在部分,主要谈当前形势和存在问题。三是未来部分,主要阐述下一步的工作任务、工作措施和工作保障。例文:

尊敬的各位领导老师、各位专家学者、各位来宾:

大家上午好!

七月是艳阳高照、蝉声阵阵的季节。时值盛夏,我们相聚在陕西师范大学,召开此次全国高校秘书学专业建设研讨会,我谨代表学校向出席研讨会的各位专家、学者表示热烈的欢迎!对各位长期以来对陕西师范大学各项事业发展所给予的关心和支持表示衷心的感谢!

陕西师范大学秘书学专业具有悠久的办学传统,办学33年以来,以人才培养、知识运用、服务社会为宗旨;以课程教学、实践活动、技能培养为手段、以服务社会、示范高校的实践研究成果推广与应用为目的,向社会各界输送秘书类专门人才2000余名。2020年我校秘书学专业入选国家级一流本科专业建设点,标志着我校秘书学专业的一个新水平、新阶段和新境界。但同时这也是我校秘书学专业建设的新任务、新挑战和新考验。此次会议我们非常荣幸地迎来全国秘书学专业的各位专家、学者,大家渊源深厚、文脉相通、学科相近,共同分享与交流秘书学学科建设的相关问题。这次会议,是一份专业机缘的再相会、光荣使命的共履行、重大责任的同担当。

作为本次研讨会的主办单位,陕西师范大学非常珍惜这个难得的学习机会。除了为本次研讨会做好服务工作,我们也愿意与大家一起共商共讨,为秘书学专业今后的建设与发展添砖加瓦。本次研讨会希望各位专家学者可以集思广益,群策群力,畅所欲言,充分沟通,用专业的见解、研究与实践为秘书学专业的建设做出更大的贡献,将秘书学专业在新时代的发展推向新台阶。

让我们求同存异,和衷共济、携手同行,创造秘书学专业的新格局。

让我们以文为媒,提升学科实力,扩大社会影响力,提高秘书学专业的综合竞争力。

让我们胸怀对教育的敬畏,加强地域交流与友谊传承,助推专业共生。

最后,预祝本次研讨会取得圆满成功,谢谢大家!

这是一个学术会议的开幕式致辞,第一自然段是例行的问候和祝贺。第二自然段就是过去部分,追溯陕西师范大学秘书学专业的发展历史和专业建设成效。第三自然段是现在部分,简要介绍召开会议所肩负的重要使命。接下来四个单句成段则属于未来部分,即对之后工作提出希望和工作愿景。整篇文章的结构按照时间递进式来安排,脉络清晰,一目了然。

2. 按意义顺序安排的段落

在管理学领域,有一个时间管理的四象限法则,如图 5-1 所示。

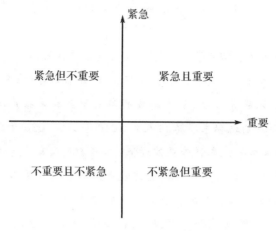

图 5-1 四象限法则

四象限法则的一个重要观念是应有重点地把主要的精力和时间集中放在处理那些重要但不紧急的工作上,这样可以做到未雨绸缪,防患于未然。在日常工作中,人们很多时候往往有机会去很好地计划和完成一件事,但常常又没有及时地去做,随着时间的推移,造成工作质量的下降。因此,把主要的精力有重点地放在重要但不紧急这个"象限"的事务上是必要的。要把精力主要放在重要但不紧急的事务处理上,就需要很好地安排时间。

永远先做重要的事情,我们的拖延症是由于我们把很多重要不紧急的事情拖延成重要而紧急的事情。事实上,这一点也可以运用在段落安排的顺序上,即意义顺序的逻辑表现,在内容的排列顺序上,应当关注内容的轻重缓急,即是把最重要的内容放在第一段,把次重要的内容放在第二段、第三段。

例如,公文写作应注意三点,即开头和结尾、段落和层次、过渡和照应。公文的开头是读者最先看到的部分,往往是读者产生阅读兴趣的部分。公文的基调都是在这个阶段完成。中国有开门见山之说,即公文开头直击主题,直接将要研究的问题或者作者的观点抛出来,继而说明缘由、解题铺陈。常见的开头方式有以下几种。

(1)情况概述:多用于报告、总结等文体。

(2)阐释依据:多见于通报、通告、公告等文体,用"根据""按照"等词语引出公文段落,也增强了公文的权威性。

(3)说明目的:多见于合同、通知、指示等文体,用"为了……"等词语开篇,直接说明行文的目的。

（4）交代原因，多用于通知、函等文体，用"鉴于""由于""因为"等词语开篇，直接交代写作的原因。

（5）阐明观点，多用于学术论文或者评论性公文的写作，开篇就摆明观点、提出个人的主张，继而阐释。

结尾部分是公文的最终表述，通常有以下几种形式。

（1）总结全文，多见于学术论文、调查报告等文体。

（2）号召展望，多见于报告等文体。

文章的段落次序不仅反映作者的思路，还表达文章中信息间的逻辑关系。在一般叙述类文章中，按照时间、空间等逻辑顺序联系，文章则显得顺畅连贯。而按插叙、倒叙、双线交错、数线交错的次序，把握得好，也会使文章跌宕起伏，扣人心弦。

必要时，还需要在公文信息之间使用过渡的方法：过渡是上下文之间的衔接、承转，过渡不仅存在于段落之间，还存在于语句之间、词语之间。过渡是两个层次之间的勾连，而照应则是不在一个层次之间的关联。它包括提问呼应，读者读题便知文章内涵；收尾呼应，好处是文章主旨突出，结构完整；前后呼应，前面的伏笔和后面的段落文字呼应。

无论何种框架、结构都需要思考篇章、段落设计的顺序。文章的顺序要符合事物的发展规律。思路清晰的基础是要有序、连贯。有序是人们按照正常认识事物的顺序，比如按重要性顺序、时间的顺序、因果的顺序等，这样公文写作的思路即是清晰的、有层次的，也就符合有序的要求。连贯是内容上的前后上下之间的有效衔接、段落层次之间的有机联系。

从以上分析可以看出公文逻辑思维体现的逻辑性，虽然不像纯粹的议论文那样依靠严密的逻辑推理来论证，但因为它自身文章板块构成的逻辑关系使文章必然形成一种条理清晰、次序得当的逻辑结构，体现了一种逻辑力量。所以，作为一个公文的撰写者，要提高自己的抽象概括能力，在文章的写作中，贯彻清晰的逻辑思维，使文章呈现出一种明晰的逻辑链条，把公文写得更加准确规范。

四、公文结构的语言表达

讨论篇章布局并搭建框架，从而使文章层次分明、条理清晰、纲举目张，便于读者阅读和执行。

1. 结构排列规范

在具体实操中,常见的结构排列规范有以下几种:

第一,依次用"一、""(一)""1.""(1)"标注:一级标题序号为"一、",独占一行,末尾不加标点;二级标题用"(一)";三、四、五级标题序号分别用"1.""(1)""①"标示。

第二,用"1、1.2、1.3.2"的方式标示:常见于规章制度和学术论文。即用阿拉伯数字连续编码,不同层次的两个数字之间用下圆点"."分隔开,末位数字后面不加点号。如"1""1.2""1.2.1"等;各层次的标题序号均左顶格排写,最后一个序号之后空一个字距接排标题。同一层次各段内容有无标题应一致,各层次的下一级序号标法应一致。

第三,并列式或总分式标示,常见的类型如:"第一、第二、第三……""首先、其次、再次、最后""一是、二是、三是""一要、二要、三要""其一、其二、其三""一方面、另一方面"。

2. 程式化的专门性结语

长期的公文写作实践形成了一些程式化的公文语言,有时还保留着文言特色,在言简意赅传递信息的同时,体现公文语言庄重性的特点。不同的公文文种,结尾用语有所不同。

(1)指令性结语。如:"请认真贯彻执行""望遵照办理""请结合实际组织实施"等。

(2)知照性结语。如:"特此通知""现予通告"等。

(3)呈告性结语。如:"以上报告,请审阅"等。

(4)期复性结语。如:"专此函达,希见复为荷""请研究函复为盼"等。

(5)期请性结语。如:"希即接洽为荷""拟请协助为感""特此函请查照"等。

(6)回复性结语。如:"此复""特此函复"等。

第六章

公文写作材料的运用

写作本身就是一项复杂的脑力劳动,涉及"物—意—文"的转化,需经过"内蕴"到"外化"的复杂转变。在这个过程中,培养行文表达思维能力,就是分析指导思想并对写作材料进行物化。"物"的基础便是对写作材料的掌握,材料是作者为某一写作目的,从工作和思考中搜集、摄取以及写入文章之中的事实或论据。材料是形成文章主旨的基础,又是表现主旨的支柱。

公文通常有一种约定俗成的结构形式,但是各个行文部门的实际情况和管理重点不同,结构形式往往不尽相同,这就要求写作主体根据占有的材料,进行分析筛选,并有针对性地对材料合理安排和有效运用。其中,组织材料时要求写作者逻辑思维强,能迅速地将各项社会活动因素的内在联系、分析方法、管理思路和决策信息融进公文的结构之中,使公文思路明确、结构清晰、分析阐述明了。

一、占有材料

唐代画家张彦远在《历代名画记》中云:"岂惟六法精备,实亦万类皆妙。千变万化,诡状殊形,经诸目,运诸掌,得之心,应之手。"所谓"得之于心,应之于手"是对绘画的要求,公文写作者同样需要对材料的应用"得心应手"。

各级党政机关、企事业单位,日常要处理的公文有通知、函、请示、报告、纪要等几类。除此之外,还有各类事务文书需要处理,我们通常将这类工作称为"写材料"。"材料"在这里泛指一般性的文书工作,但是在实际工作中,要成为一名优秀的"笔杆子",一定是从材料的占有入手的。材料是公文的"血肉",公文写作必须依赖材料进行,再好的观点和思想、再重要的文体功能,没有材料的论证和支撑,都是空谈。而且,公文文本的互文属性决定了任何文本的生产都离不开对其他文本的综合借鉴。

写作者应重点关注的材料主要有以下几类。

1. 政策类材料

《政务信息工作暂行办法》将政务信息工作定义为"政务信息工作是各级政府及其部门的办公厅(室)的一项重要工作,其主要任务是:反映政府工作及社会、经济发展中的重要情况,为政府把握全局、科学决策和实施领导提供及时、准确、全面的信息服务。"信息材料是决策的灵魂,是管理的生命,是公文写作的基础。就具体内容而言,包括上级的相关文件、讲话以及规章制度,都是把握形势发展背景的重要依据,保证公文言之有理。政策类材料的搜集一般注意以下几个方面。

①国际、国内和政治经济大形势;

②党和国家的方针路线;

③上级领导部门对全局工作的部署和要求;

④上级领导部门的最新指示及强调关注的问题;

⑤对新问题和重要发展的把握;

⑥社会组织建设发展的总体态势;

⑦工作中遇到的主要矛盾和出现的倾向性问题;

⑧重大政策、重要规章制度出台的时机、方式;

⑨群众关注的热点、敏感问题,某个表态、提法的导向作用等。

对于政策类材料的收集,横向应该覆盖经济和社会发展的各个方面,因为单一渠道的材料,可能会导致工作的失误。因此,必须注意在掌握信息来源和内容方面的广泛性。例如贯彻落实各项决策中的重要情况,中央领导同志视察各地时的重要讲话精神,本地区、本部门的重要情况,经济体制改革和农村改革的新情况,重大社会动态和重要社情民意以及重大突发事件、重大事故、重要国际动态及港、澳、台动态等。

纵向方面应贯穿决策的全过程。材料收集应紧扣决策前、决策中和决策后等不同阶段的需求特点,并根据需要适时调整收集的方向和重点。决策前的材料收集强调资料性和超前性。决策中的材料收集主要强调实用性和可操作性。决策后的材料收集要着重于决策落实情况的跟踪、反馈和反映决策贯彻落实中出现的新情况、新问题。

2. 佐证类材料

佐证类材料包括典型经验、典型事例、具体数据,是公文言之有物的保证。

对此类材料的认识和使用应注意以下三个方面:一是对社会活动现象本质属性的认识和提炼。二是对社会活动现实所涉及的社会政治环境、政策环境、法律环境、历史状况、不可抗因素、管理因素等的认识和提炼。三是实现社会活动的本质认识与写作思路的有机融合。这就需要在平时工作的过程中培养各种思维能力,例如:

鉴别思维能力是对材料进行有选择性的解读、鉴别,对材料进行周密分析、比较和研究的能力。科学地分析、研究材料背后隐藏的社会活动本质,使感性认识上升到理性认识,做到"由此及彼、由表及里",从而抓住社会活动的本质,选择出有价值的真实反映客观事物本质的材料。

综合思维能力是对各种数据和材料进行逻辑解读,找出各信息之间的内在联系,进行逻辑分析综合,创造性地思考社会活动中各内在因素之间的联系,从而发现问题,并找到解决问题的办法的一种能力。

筛选思维能力是对材料进行主题定位化解读,选择能突出反映社会活动本质的关键数据指标和相关性较强的政策以及科学的分析综合方法,对材料反映的社会规律进行主题定位,对数据、图表进行取舍,做到主次分明、条理清楚、各有侧重的一种能力。

3. 沟通类材料

沟通属于一种正式的人际交往的方式,有意识地沟通会获得日常写作的材料。沟通基本环节分别为陈述、提问和倾听。各个环节都有一些问题需要注意。

(1)陈述。对信息发送者来说,陈述是一个基本的发送信息的过程。信息能否准确无误地发出,需要信息发送者注意以下几点。

第一,把握要点,抓紧时间。在很多场合,信息发送者的陈述时间是很短的。所以,信息发送者务必要在最短的时间内充分表达最重要的信息。这就需要信息发送者对所有的信息做一个简单的排序,分清轻重主次,在不明确说话时间的情况下,先拣重要的信息说,不重要的可以作为补充。切勿语无伦次、颠倒轻重。

第二,适当地重复。重要信息是在强调中不断凸显的。刚开始沟通的时候,信息接收者对主要信息不是很清楚,产生的想法很可能与信息发送者的意愿相违背。这就需要信息发送者在必要的时候,采取必要的手段,重复重要信息,以便引起信息接收者的重视。如果没有强调,信息接收者很可能就把所有的信息同等看待了。

第三,简要地总结。陈述过程不仅在沟通开始时发挥作用,在沟通结束的时候,信息发送者简要的陈述也是十分必要的。在经过了信息的发送、接收和反馈之后,沟通目的是否达到,还取决于最后的陈述总结。一个成功的总结陈词总能使沟通目的清晰明了地达到理想的高度。

(2)提问。陈述只是一个信息的单项发送过程,而提问却是一个信息互动的过程。在这个过程中,各种观点经过摩擦交锋,最后达到融合。在商务活动中,提问应该注意下面几点。

第一,要有针对性。无论是信息发送者还是信息接收者在提问的时候,都是在努力获得有利于自己的信息。因此,任何脱离主题、哗众取宠的提问都很容易遭到大家的反感。

第二,要有技巧。提问前搞清楚自己提问的目的是什么,是要确认一下获得的信息还是要进一步阐述自己的观点,是要发送者发出更多的信息还是想就此结束谈话。明白了这些之后,再根据自己的目的采用不同的提问方式,比如开放式提问:"您能就此问题再谈谈吗?"或者封闭式提问:"这个是……的意思吧?"不能漫无目的地笼统提问,结果只能是获得无效的信息。

第三,把握提问的时机。有人常常有了问题就不顾一切地问,也不管当时的情况怎么样,于是经常遭到别人的不满。一般比较适宜的提问时间就是在说话者有意识地停顿时,或者沟通的间歇阶段。大多数人都不喜欢那些经常插话的人,但是有些人又不喜欢在沉默的时候听别人发言。所以,最好在一个合适的时间提出适宜的问题,沟通才能有效进行。

(3)倾听。在沟通中,倾听是最重要的环节,因为从信息发送者那里发出的信息需要经过接收者有效的倾听才能被接受和理解。所以良好的倾听习惯对商务活动中信息的有效传递非常重要。良好的倾听习惯一般包含以下几个要素。

第一,积极的态度。沟通是一个信息的传递过程,如果接收者对这个信息感兴趣的话,就应该正确地认识到倾听是有价值的信息搜集活动。任何敷衍的或者心不在焉的态度不仅是对信息发送者的不尊重,而且也是对自己的不尊重。在这个信息时代,掌握信息就掌握着机会。关键时刻,可能一走神就会失去一个重要的机会。

第二,不偏不倚的立场。为了获得客观的材料,在沟通的过程中,有作者认同的信息,也有作者不能认同的,只有具有客观公正的立场,才能使材料收集者不至于落到信息闭塞的境地。

第三,有效的记忆。倾听的最终目的就是记忆,如果没有记忆,那倾听只是劳而无功。人脑不同于电脑,不能够记住大量的信息。所以良好的倾听者一般会在说话者停顿的时间进行必要的复述,以便确认自己是否获得了正确的信息;或者在倾听的过程中,把重要的信息用笔记录下来,以备事后翻阅。

用表6-1把上面的内容做如下简要的概括。

表6-1 沟通类材料获取的主要方法

基本环节	注意问题
陈述	把握要点,抓紧时间;适当地重复;简要地总结
提问	要有针对性;要有技巧;把握提问的时机
倾听	积极的态度;不偏不倚的立场;有效的记忆

4.辅助类材料

辅助类材料包括社论、典故、诗词、名言等,可以增加公文的生动性,保证公文言之有味。此类材料的收集是一个漫长的积累过程,除了"处处留心皆学问"的日常积累外,写作者应有意识地收集常用的素材。写作者日常应备《唐诗鉴赏辞典》《宋词鉴赏辞典》《习近平用典》等书,古典诗词的吟诵,除了有利于传统文化的学习之外,还可以培养语言的节奏感和简练性。对于写作者来说,《人民日报》也是一个常用的宝库,尤其应重点阅读、收集社论类文章,其中不仅仅有对政策的准确把握,还有优美的语言表述值得收藏。

二、选择材料的标准

获取材料的目的是使用,使用之前要对材料进行选择。这是材料工作中联系紧密而又非常重要的两项工作。其中,收集到的原始材料,犹如一片沙海,选择材料的过程就像一个淘金的过程,需要通过一定的方法和具体的选择标准,具体体现在以下三个方面。

1.相关性

相关性指的是材料要与公文的主旨相关,也就是通常意义上说的切题,需要写作者围绕一个中心,有目的、有计划地收集、整理、分析和利用信息材料,并结合机关部门实际将各个分类的材料、属性和结构等综合起来进行加工。

公文材料,应具有很强的指向性、针对性,其背景都是为了解决某个具体问题。如果写作者没有围绕主题展开,材料价值就无法体现;如果不能解决问题,材料就毫无价值。与主旨紧密联系,且能突出主旨表达意思的材料就是有用的材料。而不能表达主旨的材料,即便新颖也要删掉。

范文:

尊敬的各位领导、各位来宾,市民朋友们:

古都长安,历经数千载历史沉浮,今日站在这里,层台累榭,基奠厚重;望衣裳舟车,蕴含富赡;游百里之上林,天高地阔;观千峰之终南,连绵巍峨;临南门之广场,瞩意民间。此时,来自世界各地的贵宾朋友与西安市各界人士代表欢聚一堂,共同庆祝2019"东亚文化之都"中国西安活动年的开幕。借此机会,我谨代表西安市人民政府向莅临开幕式的各位领导、各位来宾表示热烈欢迎和衷心感谢!并向广大市民朋友道一声春日好!

"东亚文化之都"评选活动是中国政府立足长远,推动中日韩文化务实合作创新与升级,重点打造东亚区域文化合作的品牌活动。自2012年第四次中日韩文化部长会议正式宣布启动"东亚文化之都"评选活动以来,2014年有泉州、光州、横滨,2015年有青岛、清州、新潟,2016年有宁波、济州、奈良,2017年有长沙、大邱、京都,2018年有哈尔滨、釜山、金泽分别入选。今年,西安和仁川、东京都丰岛区当选,18个"东亚文化之都"城市朋友圈初步建立。历届"东亚文化之都"城市在当选年开展一系列交流活动,范围涉及艺术家互访、青少年交流,媒体、城市宣传等,取得了令人瞩目的成果,对于推动东亚区域文化交流合作等领域的健康发展发挥了积极的作用。

习近平总书记指出,要尊重世界文明多样性,以文明交流超越文明隔阂、文明互鉴超越文明冲突、文明共存超越文明优越。当前,中日韩三国正面临着构建人类命运共同体,实现共赢共享的时代命题。"文化共识"的形成是构建东亚文化共同体进程中的关键环节,而人文交流是最为重要的途径和条件。东亚共同体文化共识的构筑只有相互尊重、加强交流,并在此基础上通过优秀文化基因的重组,才能推动和巩固中日韩三国的合作基础。

"国之交在于民相亲,民相亲在于心相通。"以人为本、促进民心相通是中日韩三国文化合作持续发展的重要遵循。作为今年"东亚文化之都"的中国当选城市,西安将以弘扬优秀传统文化、促进相互理解与信任和关注广大人民福祉为己任,积极行动,勇于开拓,不断创新。

2019"东亚文化之都"中国西安活动年以"东亚文都·古韵西安"

为主题,以中日韩三国文都城市交流活动为契机,全力提升西安的城市文化形象和国际影响力,促进中日韩三方在人文领域的交流合作,今天的开幕式将为今年的系列活动拉开序幕。

唯德是依,传承弘扬,继往开来,重任在肩。一方面是"春风得意马蹄疾,一日看尽长安花",另一方面,"长安在何处,只在马蹄下"。让我们通过大智慧、大气魄、大学问推动区域合作,携手并肩,更好地传承优秀传统文化,共同建设并守护我们的精神家园。

最后,预祝2019"东亚文化之都"中国西安活动年取得圆满成功!一日长安,阅尽千年。祝各位领导、朋友们在古都尽享千年历史文化!

谢谢大家!

该文是一份活动致辞,所选材料涉及的活动历史、活动背景、政策导向都需要符合讲话稿的主题和文体要求。

2. 真实性

真实性指用于公文的材料要有客观基础,要经过认真核实,防止虚假材料用于公文写作。尤其对于材料中的数据、名称、引文需反复核对。

公文是为解决实际问题而写作的,必须选用绝对真实的材料,不允许有任何虚构与合理的想象。公文所涉及的各种关键信息必须百分之百真实。这是公务文书对材料最起码的要求和标准。特别是一些数据,一些关系到问题性质的重点材料,必须要经过调查和验证。公文中所提出的主张,拟定的解决问题的对策,要经过实践的检验或理论的论证,决不能草率地把一些建设性意见或主观想法随意地写入公文中。

材料的真实包括客观的真实与本质的真实。客观的真实是指材料要符合客观事实,无论是现实材料还是历史材料,无论是理论材料还是事实材料,都必须客观、公正、可靠、真实,尤其是涉及具体的人、事、物细节等需反复核对。本质的真实指材料要反映事物的本质而不是现象,是必然而不是偶然,是与论证紧密相关的。

材料必须真实,一是要立足具体实际。写作者在论述问题时坚持从本单位实际中提炼,这样,材料自然就会充实厚重,依据分析结论提出的对策办法,才更有针对性和指导性。尤其类似讲话稿、总结、计划类的写作,在现实生活中,人们都希望听到和自身相关的信息,这就要求写作者立足工作实际,反映真实问题,流露真实情感。二是要敢于触及问题。公文写作重不在"写"而在"做",一篇文章只有针对问题去写,写出来的东西才有意义,才会对解决问题有所帮助。一些公文之所以写得"假""大""空",很重要的原因就是不敢触及矛盾和问题,说套话,内容空洞乏味、观点模棱两可。

真实性的标准有以下五个方面。

(1)角度准确,以机关部门的口吻和身份撰写公文。准确概括材料所反映的主要问题,提出题目要求的策略,需要根据发文机关的性质准确定位身份。

(2)要素清楚。注意所涉关键信息,如人物、时间、地点、事件、原因、结果等要清楚无误。

(3)顺序清晰。除了上述要素外,要想有机地、整体地表现主旨,需要写作者在顺序安排上有逻辑,比如是按照时间顺序还是重要性因素安排。

(4)选用材料要突出主旨。构思好一段概括材料,中心主旨要鲜明突出,组织、选择、加工材料贯穿文章,达到纲举目张的目的。

(5)选用材料要有所侧重、详略得当。无论什么问题的文章,都不应是文献或者材料的堆积,需要能够表达内容、集中笔墨表现主题。

3. 典型性

典型性指选用的材料要最能说明公文的主旨,具有代表性。典型性原则的要求是能以一个材料说明问题、表达主旨的,就不用考虑选用更多的材料。同时,选材的典型性原则,还要求材料的现实性,典型材料反映社会现实,更好实现社会管理的任务。在公文写作中,即使掌握的材料都是真实的,也不需要全部选用到公文中。如何鉴别材料的典型性?同一类材料,性质严重的就是典型的,数量较多的就是典型的,最能支持和论证该论点的一条或几条材料就是最典型的。善于运用典型,恰当的典型往往比抽象的概括更有力量。

材料是公文的基础和血肉。公文是实施公务管理的依据,其本质是为了发布信息、分析和解决问题,尤其是解决当下的问题,如果在典型材料的选择基础上重视材料的新颖更佳。材料新颖是时代的要求,材料应该反映事物的发展变化趋势,具有很强的感染力、吸引力。新颖的材料有两个方面的含义:一是新发现的材料。二是对已有材料的新看法、新理解。

三、收集材料的方法

收集材料的目的,一是用于个体之间相互沟通以协调工作;二是适时地为所在组织或领导提供适用信息,以利于各级领导了解真实状况,为科学决策提供保障。

公文写作所涉及内容主要表现为两个层面:一是静态的横向展开,指写作活动分析时段的客观时空背景,包括当时的政治社会背景、行业发展背景,该单位企业所处的宏观社会环境及市场环境的影响等;二是动态的纵向走势,即社会运行客观情景所体现出来的或者所隐含的某种趋势。公文材料可以是通过深入基层调研得来的直接材料,也可以是查阅文件得来的间接材料。收集材料主要有以下几种路径。

(一)工作调研

工作调研材料指的是根据一定的目的进行实际调查后所获得的材料。一般来说,调查材料既要真实可靠,又要丰富生动。这样的材料用在文稿中来证明观点才具有很强的说服力。

1. 会议调研法

会议调研法是通过会议获取材料,设计会议主题时需要紧扣调查主题,引导与会者充分表达意见,并做好记录。会议调研的优势是可以在短时间内了解到比较详细的情况,效率较高。组织参会人员时,要确保有相关问题的专家、熟悉情况的同志和公文的撰写人员来参会。

2. 现场调查法

现场调查法又称实地研究法。它是指在真实、自然的社会生活环境中,综合运用观察、访谈和实验等方法收集数据,以探讨客观、接近自然和真实的心理活动规律的方法。调查人员亲临现场进行寻访观察,取得第一手资料对间接材料进行核实印证,确保材料的真实性。

3. 个别访谈调查法

个别访谈调查法是指调查员单独与被调查对象进行的访谈活动,具有保密性强、访谈形式灵活、调查结果准确、访问表回收率高等优点。

4. 统计调查法

统计调查亦称"统计观察",即有组织地搜集各种统计资料的工作。写作者要明确调查的目的,确定调查对象和调查表,规定调查时间和地点等,这些都是统计资料整理和分析的前提。按调查的组织方式,可分为定期统计报表和专门调查;按调查对象的范围,可分为全面调查(对调查对象的全部单位进行登记)和非全面调查(包括重点调查、抽样调查和典型调查);按调查时间的连续性,可分为经常性调查和一次性调查;按取得调查资料的具体方式,可分为报告法、直接观察法和采访法等。写作者应根据调查对象的特点制定调查方案,如实反映,确保统计资料准确、全面。公文撰写者需要利用固定统计报表的形式,把材料有效分类、组织。

5. 回溯调查法

回溯调查法一般用在对某项决策效果的调查研究中,即在某项决策面临失效必须重新决策时,就需要对原有的决策产生背景及决策本身进行客观分析,找出失误产生的原因,在此基础上纠正失误。

(二)日常收集

苏联作家康·帕乌斯托夫斯基在《金蔷薇》中《珍贵的尘土》一篇中讲了一个故事:巴黎贫穷的清扫工让·夏米,爱上了一位姑娘。于是,他决定每天收集从首饰作坊里清扫出来的尘土,从中筛出一点点金粉。日积月累,他终于攒够足够的材料铸成一朵金蔷薇花,准备送给心爱的姑娘。金蔷薇后来被一位文学家买下,他不禁感慨:

我们,文学家们,以数十年的时间筛取着数以百万计的这种微尘,不知不觉地把它们聚集拢来,熔成合金,然后将其锻造成我们的"金蔷薇"……夏米的金蔷薇!我认为这朵蔷薇在某种程度上是我们创作活动的榜样。奇怪的是没有一个人花过力气去探究怎样会从这些珍贵的微尘中产生出生气勃勃的文字的洪流。

文章千古事,每一篇优秀的文稿材料都离不开漫长的艰难搜寻和筛选,材料获取是从日常收集开始的。

收集方式主要有以下三种。

1. 索引式

索引式是指将材料的名称、作者和出处,分类编写成索引,以便需要材料时,按索引完成查找。它最适合于对各类行政公文的登记编目,以后需要回溯检索时,一查索引,便可以直接找到行政公文的原文所在。

2. 有目的收集

为了研究一个特定的专题、了解某一类事物或完成某一项任务,需要有选择、有针对性地收集有关材料。有目的地收集可以是定题目、定单位、定要求、定时限地收集某一方面的材料,也可以是针对某一任务或专题,编制材料采集计划,进行系统、全方位材料收集,或者是材料工作人员深入基层、深入实践,了解经济和社会发展情况,对有关材料的价值进行识别。

以起草某市关于社会养老服务工作的报告为例,至少需要收集以下相关材料:一是国家有关的方针政策和制度文件,包括党的二十大精神、国家"十四五"规划、全国社会养老服务体系建设的有关精神以及《住房和城乡建设部等部门关于推动物业服务企业发展居家社区养老服务的意见》《国务院办公厅关于建立健全养老服务综合监管制度促进养老服务高质量发展的意见》等政策文件;二是本地区的经济社会发展状况以及社会养老服务事业发展基本状况;三是本地区社会养老服务工作的具体业务情况,包括上级单位要求、工作发展态势、存在问题、工作重点;四是其他城市关于社会养老服务事业发展的相关做法和经验;五是关于社会养老问题的研究报告和理论文章。以上五类相关材料当中最重要的是业务材料,这是分析和研究问题的关键性材料。

3. 分类文件夹

根据工作内容,将收集到的各类材料分类存储在电脑的文件夹中。例如文件夹 A 存放理论性材料,包括党和国家的路线、方针、政策、法规、法令、指示等内容。其中,可根据类别编纂二级文件夹。文件夹 B 存放事务性材料,包括数据、事件等内容,保证在写作中言之有据。文件夹 C 存放历史文件。文件夹 D 存放兄弟单位文件等。

四、整理经验材料的逻辑方法

收集完材料后,需要对材料进行整理分类,既要能使用,又不至于让人陷在材料堆里。这要求写作者能够研究新情况,灵敏地捕捉材料,对社会各个领域、各个方面的情况进行分析研究,从而对客观情况进行准确判断;能够解决新问题,充分地利用材料,在对材料进行分析研究的基础上找出问题的原因和症结,确定解决问题的最佳方案。

第一步,掌握材料的总体情况,对材料形成较为全面的总体印象。这一步需要完成对材料的鉴别,这是材料加工处理的最初阶段,材料鉴别是对材料内容的真伪、时效做出判断,从而提出对该材料进一步处理的意见。鉴别有五个方面的标准:一是构成的时间、地点、人物、事件、因果等要素必须准确;二是引用的多种数据资料不得有误;三是材料中反映的事情应当实事求是,不夸大、不缩小、不渲染;四是反映的观点应当从事实材料中产生;五是表述不能有悖于社会公序良俗。

第二步,通过去粗取精、去伪存真的方法舍弃无关、无用的材料。即在材料整理过程中从工作需求出发,把需要了解和掌握的材料选出来,剔除无价值的、重复的、无法利用的材料。完成这一步的路径有两种：一是根据平时的积累，根据写作目的进行主观筛选。积累的目的是使用，积累的零散信息在头脑中可能是杂乱无章的，使用时需要先筛选。确定文章的主旨，自我审问"是什么""为什么""会怎样""怎么办"，按照此思路可以确定与写作相关的素材。二是根据题目确定材料。

第三步，通过逻辑划分的方法对有用的材料进行归类整理。其中，分析与理解能力在材料的筛选中意义重大，体现在两个方面：一是分析量的方面，确定反映的内容、问题和层次；二是分析质的方面，确定材料表达的观点和方向。

第四步，根据需要将材料恰如其分地放在文本中，并用自己的语言表达出来。公文材料为报送领导或上级机关参阅的汇报材料、经验介绍或调查报告，或针对某一问题给领导出谋划策，为领导撰写讲话稿等提供准确、适用信息。而且这项工作本身也是一个材料升级的过程。例如某企业分公司办公室秘书在收集原始信息的基础上撰写出一个调查研究报告，企业集团总部办公室主任依据多个秘书撰写的反映多个领域方面的调研报告，撰写成一个综合报告并提出决策建议。然后，总公司召开常务会议，以办公室主任上报的综合报告和决策建议为依据做出一个决策，并形成文件。在这个材料生产过程中，实现了信息升级，文件的权威性和价值得到不断提升。

面对工作中纷繁复杂的各种状况，每一位公文撰写者都要采用科学的方法收集材料，然后对收集来的大量原始材料进行分类、筛选、综合等，形成观点、提出办法，有效地开展工作。面对一大堆零散、表面、原始的信息，撰写者要通过思维加工——对给定材料进行分类、鉴定、筛选、综合等来处理信息。根据公文写作主旨确定材料，常用的材料使用和整理的方法主要有以下几种。

1. 演绎立论法

推理演绎是从一般的原则、原理出发，推演出特殊或个别事物的思维方法。这是材料写作常用的方法。一般性的原则或原理是行文的依据，由此出发，得到关于特殊或个别事物的判断。在确定政策性为演绎的大前提时，写作者需要注意法律、政策、规章、上级指示精神、专业的标准等信息的相关性。

围绕公文主题，采用演绎方法，对所涉及问题进行符合实际的逻辑推理，拟定出分论点和写作层次，根据观点确定材料使用的范围。这样的文章结构严谨，逻辑性强，有利于强化主题。

2. 推理归纳法

材料归纳时，先把分散、零星的材料进行分类，将问题整理出来。分类要有同一标准,前后统一。再从同类事实出发,透过表面现象和繁复的材料,由表及里,把握事实的基本特征和本质属性,得出事物的一般性结论。

围绕文章主题,先把所要写的材料列举出来,然后进行归类,推导出与主题直接相关、观点鲜明的问题。这样的文章内容具体,具有较强的可执行性,尤其适用于纪要和总结的写作。

在推理归纳的过程中,有时要把材料中的次要信息删掉,将详尽的例证加以概括。一般而言,现有的材料往往是一组,包含时间、地点、原因、结果等各种要素的组合,对该组材料来说,事件是核心,它们表达了材料所反映的主要内容,其他信息常常是辅助性的。

3. 问题导向法

问题导向法指针对现实需要,以解决问题为方向而整理材料的方法。要抓住事物发展的脉络,由浅入深,层层展开。这类文种脉络清楚,适用于递进式结构的文章。

在问题导向法中,可以参考比较的方法。比较是确定研究对象之间的共同点和差异点的一种逻辑思维方法。因为每一项公务活动都并非独立存在,或者在空间上和其他地区共同存在,或者在时间上有连续性,通过比较,才能够发现问题、分析得失。调研报告、分析报告等文种,多会使用这一方法形成认识。

4. 分类列举法

在公文写作中,先要求作者对所要涉及的问题按照性质进行分类,形成比较明确的认识。根据分类组织材料、确定表达,并将全部内容涵盖在内,才能正确认识思维对象。

完成工作总结,执笔人需要对全部工作进行分类,写作要从几个方面完成构思。

列举是明确概念部分外延的一种方法。对对象证明观点的罗列,需要使用具有代表性的典型案例进行论证。

类比是指在同类或相近的事物之间的比较。材料提供的信息是一种带有典型性或启示意义的信息,写作者应通过运用因果、类比、比较的方法,从不同角度、不同层次进行概括总结。

5. 分析综合法

分析是在思维过程中把客观对象分成各个部分、方面、特性等进行认识的方法。综合是在思维过程中将原有的关于客观对象的各个部分、方面、特性的认识结合起来,形成关于客观对象的统一整体的认识方法。分析要为综合做好材料和信息的准备。

通过观察或实验获得的信息是对客观事物个别属性的把握,是碎片化的、零星分散的,因此通过分析和综合进行整合,将零星信息进行解释和重新组织,其序列化的结果形成了人们所能获得的初级知识。其中,分析是综合的基础,而综合是分析的目的。为了综合,必须进行分析,没有分析就没有综合;分析也依赖综合,没有一定的综合知识,就不能对事物进行深入的分析。分析和综合是理性认识当中两种重要的认识方法。

6. 抽象与概括

抽象是人们在研究活动中,运用思维能力,排除对象次要的、非本质的因素,抽出其主要的、本质的因素,从而达到认识对象本质的方法。概括是在思维中把对象本质的、规律性的认识,推广到所有同类的其他事物上去的方法,也就是把从某些具有若干相同属性的事物中抽取出来的本质属性,扩大到具有这些相同事物属性的一切事物,从而形成关于这类事物的普遍概念的方法。公文写作的基本能力就是对材料的总结概括,从大量的事实材料中概括出能够反映工作规律和社会生活本质的认识,譬如下文针对某政协委员的提案,概括出原提案中的几点建议,通过现实依据组织材料,针对性地进行答复并完成写作。

×××委员:

您好!您提出的《关于借助澳门特区地域优势,对东南亚宣传我市文化、旅游的建议》提案已收悉,感谢您对西安城市发展的关心和支持。

澳门由于自身特殊的历史发展,无论在中国还是世界历史上,都作为中西文明沟通的桥梁和荟萃之地,在政治、文化、经济等诸多领域一直发挥着不可替代的积极作用,也为不同民族的相互沟通、理解、交流、尊重做出不可磨灭的贡献。

近年来,西安紧扣"文化牌",以打造"国际知名、国内一流的世界旅游目的地"为目标,根据我国文化和旅游部"丝绸之路文化产业带"的战略构想,通过文化经贸加强与周边国家的贸易往来与文化交流,具体表现在加强影视艺术、演艺娱乐、动漫游戏、工艺美术、文化旅游、体育休闲、非物质文化遗产、民族文化与建筑设计等多领域的交流合作。文化交流一直以来也是澳门与西安的文艺工作者和研究者喜闻乐见的交流方式。西安市高度重视与澳门的文化交流工作,也支持西安市文艺团体发挥自身优势，积极推动文化事业的深入交流。

关于组织户县农民画画家到澳门举办画展的建议，具有重要的参考意义。在区域文化交流方面，西安市通过2018年"西安年·最中国"系列文化活动，鄠邑区凭借第十三届、十四届民间艺术节，营造出西安人文化创新过新年的风貌。2019年，西安市当选"东亚文化之都"，根据活动安排，将于6月份开展以"走出鄠邑"为主题的投资促进活动和各类宣传推介活动。

关于在澳门设立"西安文化旅游推广和服务中心"的建议，我们深表赞同。"一带一路"沿线各国在文化、音乐等方面有着极高的建树，这些特色文化应持续在世界范围内大放异彩。而西安和澳门的文化交流机制的构建，能够为沿线各国尤其是东南亚地区搭建一条通往世界的桥梁，使本民族文化走出去。我市将根据实际情况调研后，报批国家文化和旅游部，并考虑开展试点工作。

下一步，我市会继续支持澳门与西安市的文化交流，借用"中国年"和"东亚文化之都"活动，进一步推介西安，如举办书法、绘画、艺术品展览，组织各类文艺团体赴澳门进行考察交流等。

感谢您对西安城市发展的关心和支持！

西安市××局
2019年4月5日

下 篇
逻辑思维与公文之"学"：常用文种写作实操

日常机关工作中，由于构成事务内容的不同，写作选用的文体就不同。在公文写作实践中，写作者针对不同的事件，根据其内容、结构以及蕴含的意义等的不同，选择不同的文体，以期服务社会治理。本篇主要针对工作中的几种常见文体，介绍写作方法。

第七章

通知的写作

一、通知的含义和特点

通知一直是党政机关、企事业单位使用频率最高、适用范围最广的文种。中华人民共和国成立以来党和国家历次发布的公文处理法规中，一直将其列为主要文种之一。《党政机关公文处理工作条例》中对"通知"定义为"适用于发布、传达要求下级机关执行和有关单位周知或者执行的事项，批转、转发公文。"

(一)通知的适用范围

通知大多属下行公文，有时也是告知有关单位需要周知或共同执行的事项的平行文种。根据条例的定义，通知适用于以下范围：

①上级机关要求下级机关知道或办理的一般事项。

②上级机关对下级机关的某项工作有所指示，但内容不适宜用"命令""决定"这类指令性的公文。

③转发上级机关公文，要求自己的所属单位执行。

④转发平行机关或不相隶属机关的公文，要求所属有关单位参照或依照办理。

⑤转发或批转下级机关的公文，批准公文生效执行。

⑥在机关内部要求各个部门周知或办理的事项。

(二)通知的特点

通知作为现行公文的正式文种之一，其特点表现在以下三个方面。

1.使用范围的广泛性

通知使用范围的广泛性体现在三个层面：一是从发文机关来看，上至国家领导机关,下至基层单位、社会团体、企事业单位,都可以使用通知来行文。二是从通知的内容来看,重要政策法规和一般事务都可使用通知发布。三是从发布方式来看,可以作为下行文,由上级机关或组织向下级机关或组织行文,可以作为平行文,用于平级单位之间行文。但作为平行文的通知不能带有指示性,只能传达周知性或告知性的信息。如果通知的内容是特别重要的事项,那么除了下发给受文单位之外,还需要抄送给上级机关,让上级机关知晓下级机关针对某些重大事项下发了通知。

但是在实际工作中,可能出现该用"通知"而不用的情况,例如方案、讲话稿、工作总结等都属于通用事务文书,不能单独行文,应随"通知"附件行文。这里涉及法定公文和通用事务文书的一个主要区别,就是前者是可行文,后者是不可行文,后者须借助前者才能传达。

再如不该用"通知"却用"通知",如"启事"写成"通知"。启事是各类社会组织或个人,向公众说明某事的一种通用事务文书。它虽然具有告知性,但不是法定文种,面对的是社会公众而不是相关机关部门。尤其如《党政机关公文处理工作条例》要求,用来行文的通知"适用于发布、传达要求下级机关执行和有关单位周知或者执行的事项",说明作为公文的通知是在具有领导和被领导关系的上下级机关之间使用的。

2. 鲜明的指导性

上级机关单位或组织向下级机关单位或组织运用通知行文时,明显地体现出工作或业务上的指导性。尤其是下发通知部署工作、转发和批转文件时,都会明确地阐述开展某项工作、处理某些问题的原则、措施、目的、要求,明确指出需要完成什么,如何完成。

3. 内容的时效性

从行文内容上来看,通知主要着眼于眼前或者近期发生的事情;从执行要求上来看,一般要求近期即开始着手办理或执行,有时还有时间段上的具体安排。

二、通知的分类

根据内容和功能的不同,可以将通知分为指示性通知、知照性通知、转发性通知、发布性通知、任免通知和事务性通知六类。

(1)指示性通知用于向下级单位部署工作,这类通知通常由机关自己草拟和发布。单位用其做出指示,解决工作中的实际问题,提出具体要求,这类通知具有决策性、指挥性和强制性。在实际工作中,发文机关就某一事项或工作中的某些问题、现象向下级机关做出规定,要求下级机关"(不)应该做什么"。如《国务院应对新型冠状病毒感染肺炎疫情联防联控机制关于切实做好货运物流保通保畅工作的通知》《国务院关于设立3岁以下婴幼儿照护个人所得税专项附加扣除的通知》《国务院关于调整证券交易印花税中央与地方分享比例的通知》等。

指示性通知由缘由、执行事项、执行要求三部分组成。缘由要简洁明了,说理充分。执行事项要具体明确、条理清楚、详略得当,充分体现指示性通知的政策性、指示性、规定性、原则性的特点。要求通知内容切实可行,便于受文单位具体操作。受文单位必须贯彻执行通知内容,传达事项、布置工作时要讲清道理,任务要明确。执行要求主要对执行事项的检查落实提出要求。

(2)知照性通知用于宣布或传达某些周知性或告知性的内容,可以作为下行文,也可以作为平行文。多用于上下级之间、同级机关之间、职能部门与有关部门之间就某一项具体工作的进行或某一具体问题的解决要求对方配合、协助办理等。如《国务院关于公布第三批国家级非物质文化遗产名录的通知》《××市粮食局关于加强防汛工作的通知》等。

知照性通知写作的正文主要是根据通知的内容,交代清楚知照事项。其一般包括形成该事项的过程、原因、根据,事项的具体内容(性质、状态)等。

(3)转发性通知用于转发上级机关、同级机关和不相隶属机关的公文,批转下级机关的公文,可进一步细分为转发公文的通知和批转公文的通知。具体分为三种情形:一是"上转下",即将某一下级机关的公文批转给所属下级机关;二是"下转上",即将上级机关的来文转发给所属下级机关;三是"平转平",即将平级机关或不相隶属机关的来文转发给所属下级机关。其中"上转下"称为"批转性通知","下转上"和"平转平"统称为"转发性通知"。批转性通知是上级机关批准、转发某个下级机关文件,要求其他各下级机关执行或参照执行。特点在于"批"字,上级机关往往有比较重要的批示性内容。有的还借批转下级公文的机会下指示、提要求或做有关政策性规定。批转性通知的特点决定了只有上级机关批转下级机关的公文时才能使用这一文体,也就是具有批准权力的机关才能使用,下级机关对上级机关、同级机关和不相隶属机关的公文无权批转。

例文：

××市人民政府办公室关于批转××市高层次创新创业人才股权和分红激励试点实施意见的通知

县、区人民政府，市政府各部门，各有关单位：

市财政局、市科技局、市人才办制定的《××市高层次创新创业人才股权和分红激励试点实施意见》已经市政府同意，现批转给你们，请认真贯彻执行。

××市人民政府办公室
2015年3月21日

转发性通知正文需要写明由谁批准或同意，转发了什么公文，然后对有关方面提出要求。有时还需要根据实际情况简明扼要地阐述被批转或转发公文内容的重要性及执行过程中的具体要求。

(4)发布性通知用于发布法规规章和其他重要文件，主要有行政的规章、条例等。发布性通知主要是将本机关的有关法规、制度、会议文件、领导讲话等发给下级机关，要求下级机关认真学习，深刻领会，切实贯彻执行，或供参考、借鉴。发布性通知的适用范围广泛，如规定、办法、工作要点、方案、计划、规划、纲要、领导讲话、谈话要点等用此类通知发布。如《国务院办公厅关于印发"十四五"中医药发展规划的通知》《陕西省人民政府办公厅关于印发科技型企业创新发展倍增计划的通知》。发布性通知具有行文简短、语言庄重的特点，要依次陈述被发布的行政规章或其他文书的名称、发布的目的、执行的要求和实施的日期，有的还简要地说明被发布的规章的适用范围及在执行过程中的有关事宜。

发布性通知，主要用于解决一些非法定公文文种的正式行文和法定效力问题。在法定的公文种类中，没有纲要、政策、办法、计划等文种，不能直接行文，也没有公文的法定效力，这时只能用"关于印发××纲要（计划、方案……）的通知"形式发出，要求下级机关贯彻、执行。例如《陕西省人民政府办公厅关于印发推动公立医院高质量发展实施方案的通知》，由于在《党政机关公文处理工作条例》规定的十五种主要公文种类中没有"方案"这一文种，因此不能直接以《陕西省人民政府办公厅关于推动公立医院高质量发展实施方案》这种形式发文，只能以通知的形式印发。但如果被印发的文件使用的文种本身就是法定公文文种，就不必用"通知"来印发，以免画蛇添足。再如各级机关整理的领导同志的重要讲话，需要印发至有关单位、部门学习、贯彻，也需要使用通知这一文种发布，例如《关于认真学习贯彻习近平总书记在党史学习教育动员大会上的重要讲话的通知》。

(5)任免通知主要适用于各类机关或组织中一般干部和人员的任免或聘用。形式较为固定，内容简明。例如《××省人民政府关于××任免职的通知》。

(6)事务性通知用于对日常事务的处理和传达，其通知对象通常是机构和公众，这类通知的用途最广。

三、通知的写作结构

公文的结构是各种社会因素综合作用的结果。这些社会因素施加在公文上的影响均转化为行文目的。公文采用的结构模式有其内在的规定性和普遍的社会约束力。对于公文结构的熟练掌握可以帮助写作者理清思路，提高公文的规范性和写作效率。

通知写作的关键在于用简明扼要的语言把需要告知的信息要求和措施表达清楚。阅读者可以从通知中准确快速地知晓通知的发文单位、具体要求、执行时限等信息。这对于发文机关执笔者的逻辑思维水平和文字水平有较高的要求。

通知由标题、受文单位、正文、签署和日期四个部分组成。

(一)标题

通知的标题一般有两种写法。一种是公文标题的常规写法，即由发文机关、主要内容和文种组成。例如《国务院办公厅关于转发民政部等部门关于加强见义勇为人员权益保护意见的通知》《自然资源部办公厅关于继续做好矿业权人勘查开采信息公示工作的通知》《山西省人民政府办公厅关于切实加强水库除险加固和运行管护工作的通知》等。另一种是省略发文机关的写法，即只有内容和文种，例如《关于做好2022年元旦春节期间有关工作的通知》等。

需要指出的是，发文机关名称要规范。如"中共××市委"不能写成"中共××市委员会"或"××市委"，"中共××市纪委"不能写成"中共××市纪律检查委员会"等。

介词"关于"的使用要规范。不能出现"关于转发《×××关于×××》通知"或"关于转发×××《关于×××》的通知"等句式。遇到有这种转发性的通知，可省去第一个"关于"，如《陕西省人民政府陕西省军区关于批转省人力资源社会保障厅省军区司令部省军区政治部军人随军家属就业安置实施办法的通知》就是规范的用法。

书名号使用要规范。按照惯例,公文标题中除法规、规章名称加书名号外,一般不用标点符号。

(二)受文单位

受文单位即指通知所需要通知到的单位,通知必须有明确的通知对象。

(三)正文

正文部分是通知的主体,是表达通知要求的部分。

公文中通知的正文部分一般由"为什么""做什么""怎么做"三要素构成。

1.通知的缘由

通知的开头,往往需要说明下发通知的目的、根据、意义和叙述背景等,即下发通知的缘由——"为什么"发通知,然后点明主题,引出通知事项。

通常在叙述缘由时多有明显的开头,譬如以"为了""介于""为……""为了……""根据……""依据……""由于……""依照……"等介词或套话开篇来解释通知的起因。

例文1:

自然资源部办公厅关于继续做好矿业权人
勘查开采信息公示工作的通知

各省、自治区、直辖市自然资源主管部门,新疆生产建设兵团自然资源局,部信息中心、油气中心:

  为落实《国务院办公厅关于进一步完善失信约束制度构建诚信建设长效机制的指导意见》(国办发〔2020〕49号)等文件要求,进一步规范矿业权人信用管理,请各省级自然资源主管部门继续组织做好矿业权人勘查开采信息填报公示、抽查、核查等工作。现将有关事项通知如下:

  ……

例文2:

××集团公司关于印发《安全生产责任认定方案》的通知

  ××集团公司颁发第一号安全生产通知以来,我系统各企业认真贯彻指令要求,有力地促进了安全工作。为了进一步落实各级安全生产责任制,采取有效措施防止重大事故发生,特发布第二号通知如下:

  ……

当然也有些通知不需说明缘由,例如以转发、转批为主的通知,这类通知一

般无明显的开头,并且采用"篇段合一式"的方法。例如:

各设区市人民政府,省人民政府各工作部门、各直属机构:

《高等教育教学成果奖励办法》已经省政府同意,现印发给你们,请结合实际认真贯彻落实。

陕西省人民政府办公厅
2021 年 8 月 26 日

通知缘由部分常用语言:

情况用语:查、奉、兹、目前、随着等。

目的用语:为、为了、由于、在于、基于、因等。

依据用语:遵照、依照、遵循、依据、根据、经、由等。

引述用语:前接、近接、现接、顷接、鉴于、收悉、惊悉、欣悉、谨悉、阅悉、悉等。

有些单位内部行为,为方便起见,会出现以《通知》作为标题以及部分《会议通知》《任免通知》《调休通知》等有所谓的"事由"的标题,这种做法不仅不符合通知标题的拟写要求,也不利于实际工作中的档案检索。

2. 主要事项

主要事项是通知的关键部分。这部分需要告诉受文者"做什么""怎么做",要求的具体事项有哪些,这部分是通知写作的重点。如果涉及内容较多时,需要按照并列或者递进式结构顺序安排段落。这部分应注意三个方面的问题:一是层次要清楚,每一层次的内容既要相对独立,又要相对完整,防止内容交叉重叠。二是表述要简明,每一项内容应明确简练,避免含糊不清、模棱两可,防止执行时无所适从。三是实事求是,《党政机关公文处理工作条例》明确规定,公文起草应当做到"一切从实际出发,分析问题实事求是,所提政策措施和办法切实可行",起草通知等各类公文务必检视内容是否符合党的理论、路线、方针、政策和国家法律法规;是否完整准确体现发文机关意图;是否同现行有关公文相衔接;所提政策措施和办法是否切实可行。

例如,某企业出台《关于员工在工作时间吸烟罚款的通知》,从法律上讲,在我国,对公民的财产行使经济处罚权的主体只能是法律法规赋予的行政机关、司法机关等有授权的主体,且应严格依照法律法规所规定的程序执行。结合中国国情和劳动法的立法精神来看,在我国立法并未明文规定企业有罚款权。而劳动者和企业之间并非完全意义上的平等主体,双方的关系应当受劳动法等社会法来调整。这样的通知就是不合法的文件。

例文1：

教育部办公厅等四部门关于印发
《面向中小学生的全国性竞赛活动管理办法》的通知

教监管厅函〔2022〕4号

各省、自治区、直辖市教育厅（教委）、党委编办、民政厅（局）、市场监管局（厅、委），新疆生产建设兵团教育局、党委编办、民政局、市场监管局：

  自2018年9月《关于面向中小学生的全国性竞赛活动管理办法（试行）》印发以来，教育部已连续三年公布通过审核的竞赛清单，为竞赛活动管理探索了有益经验。为贯彻落实中共中央办公厅、国务院办公厅印发的《关于进一步减轻义务教育阶段学生作业负担和校外培训负担的意见》，进一步健全面向中小学生的竞赛活动管理制度，减轻因竞赛导致的学生负担过重，教育部、中央编办、民政部和市场监管总局联合对《关于面向中小学生的全国性竞赛活动管理办法（试行）》进行了修订，形成了《面向中小学生的全国性竞赛活动管理办法》（以下简称《管理办法》），现予印发。

  各地要认真贯彻落实《管理办法》，加强属地管理，形成部门合力，广泛接受社会监督，对违法违规竞赛坚决严厉打击，构建教育良好生态，为中小学生健康成长、全面发展营造良好环境。各省级教育行政部门可参照《管理办法》，会同相关部门对区域内中小学生竞赛活动管理办法进行修订，切实规范各类竞赛活动。

教育部办公厅 中央编办综合局
民政部办公厅 市场监管总局办公厅
2022年3月3日

这份通知的主体部分分为两部分，第一部分告知《管理办法》的颁布背景和实施情况，第二部分则对《管理办法》的实施要求进行陈述。

例文2：

国家卫生健康委办公厅关于
通报表扬2018—2020年改善医疗服务先进典型的通知

各省、自治区、直辖市及新疆生产建设兵团卫生健康委：

  在总结推广2015—2017年改善医疗服务有效做法的基础上，我委实施了2018—2020年进一步改善医疗服务行动计划。3年来，全国卫生健康系统广大干部职工以新形势下党的卫生与健康工作方针为指引,坚持以人民为中心的发展思想,坚持新发展理念,努力提高医疗服务水平,解决影响人民群众就医体验的突出问题,涌现出一大批改善医疗服务的先进典型集体和个人。他们通过应用新理念、新技术,创新医疗服务模式,不断满足人民群众医疗服务新需求,医院门诊和住院患者满意度持续保持在较高水平,为实施健康中国战略,持续深化医改创造了有利条件。

为发挥先进典型的引领作用,推动全国卫生健康系统广大干部职工更加积极地投身到改善医疗服务的工作中,经各地、各有关单位推荐,按照《关于印发进一步改善医疗服务行动计划(2018—2020年)的通知》(国卫医发〔2017〕73号),从改善医疗服务的5项工作制度和10项创新举措等15个方面,对北京大学第三医院等484家医院,北京同仁医院门诊部等476个科室、北京同仁医院田玮同志等443名个人(名单见附件1)予以通报表扬。对在我委联合有关媒体开展的改善医疗服务宣传报道活动中,积极组织辖区内医疗机构参与的天津市卫生健康委等9个宣传报道优秀组织单位(名单见附件2),以及积极面向社会开展宣传引导的北京医院等15家医院(名单见附件3)予以通报表扬。希望受表扬的单位和个人珍惜荣誉、再接再厉,在改善医疗服务工作中再立新功。

全国卫生健康系统要以先进典型为榜样,坚决贯彻党中央、国务院决策部署,坚持以人民为中心,围绕人民群众对医疗卫生服务的新需求,锐意创新、主动担当,扎实推动改善医疗服务工作再上新台阶,不断推进医疗卫生服务体系高质量发展,为实施健康中国战略,夺取全面建设社会主义现代化国家新胜利作出积极贡献!

附件1.全国改善医疗服务先进典型医院、科室、个人名单

附件2.全国改善医疗服务宣传报道优秀组织单位名单

附件3.全国改善医疗服务宣传报道优秀医院名单

国家卫生健康委办公厅
2021年1月21日

这份通知的主体部分分为三部分,第一部分告知改善医疗服务行动计划实施和取得的成就。第二部分则对于医疗服务先进典型组织和个人评选情况进行说明。第三部分对于评选活动的价值和意义进行陈述,并号召学习。附件部

分告知具体的名单。

关于附件，需要说明的是，附件不是每份公文都有，附件是附属于正文的具有印证性、说明性或附带性的材料。内容需要但又不便写入正文的材料才用附件来处理。常见的附件有两类：一是用于补充说明或证实文件正文的附件；二是用于向上级机关报送或向下级机关批发（批转、转发、印发）的附件。公文如有附件，要在正文之后，发文机关署名或成文日期之前注明附件的名称和件数，不能只写"附件如文""附件×份"，附件名称后不加标点符号。

3. 结尾语

通知的写作，常常要在文尾处提出具体的贯彻执行的意见或要求。从语句的角度而言，通知以陈述句为主，有时用祈使句提出要求"请遵照执行""请认真贯彻执行"。指示性通知中使用否定的命题如"不得""严禁"实现"令行禁止"。要特别注意所提出的执行要求必须有针对性，即要结合本地区、本系统、本单位的实际情况，对所发布的通知事项以及被批转、转发文件的内容要求加以具体化，做到"有的放矢"。此类通知的"执行要求"部分通常使用的习惯用语由"请遵照执行""请认真贯彻执行""请参照执行""请认真贯彻落实"等。具体如何使用，应视所发通知的内容而定。

例文：

自然资源部办公厅关于规范矿山储量年度报告管理的通知

自然资办发〔2020〕54号

各省、自治区、直辖市自然资源主管部门，新疆生产建设兵团自然资源局，部信息中心：

为深入推进"放管服"改革，完善矿产资源储量动态更新机制，进一步加强矿山储量管理，及时掌握年度变化情况，促进矿产资源合理利用，现就规范矿山储量年度报告管理有关事项通知如下：

一、严格执行矿产资源储量新分类标准

矿产资源储量分类标准是矿产资源管理的基础，是指导矿产资源勘查开采、保护与合理利用的重要依据。各级自然资源主管部门要指导矿山企业做好矿产资源储量数据新老分类转换工作，将其生产勘探、采矿设计、生产运行、资源储量管理等工作中使用新分类标准的情况作为监督检查的重要内容。

二、加强矿山储量动态更新工作基础

矿山企业在矿山建设和生产过程中应按照有关技术标准规范要

求,开展生产勘探和各种工程地质调查,及时完成工程验收、取样及原始地质编录,定期进行综合地质编录;及时更新查明资源储量台账和资源储量变动台账,绘制采掘(剥)平面图、井下井上工程对照、资源储量估算图,全面准确地反映矿山资源储量情况。

矿山企业应根据生产进程及时升级资源储量类型。应结合矿床地质条件、矿石质量、技术经济条件等变化,按规定调整工业指标,修订资源储量估算参数,估算资源储量的新增及动用情况,分析变动原因,落实具体变动地段和部位,编制年度矿山动用资源储量估算表和资源储量平衡表,确保动用的资源储量均已估算了证实或可信储量类型。

鼓励矿山企业通过三维矿山地质建模等方式,结合矿山日常生产管理,实现矿产资源储量三维可视化、数字化和智能化管理,做到矿山资源储量的保有量、增减量、开采量、损失量等自动统计和及时更新。

三、规范矿山储量年度报告编制内容

矿山企业应严格按照有关技术规范编制矿山储量年度报告,报告中相关数据信息应与矿山资源储量台账、地质测量及取样化验、生产设计图件等逻辑自洽。矿山企业是矿产资源储量年度报告的责任主体,对其真实性、准确性负责。

矿山企业应根据矿产资源开采情况、资源消耗保有情况,于每年1月底前编制完成矿山储量年度报告。报告内容应包括矿山生产基本情况、矿山地质测量、探采对比、资源储量估算及增减结果、资源储量平衡表及有关附图等(见附件1)。

当年未动用矿产资源储量的,矿山企业提供承诺书后不需编制矿山储量年度报告。非金属露天矿山和生产规模为小型及以下的矿山,不需编制矿山储量年度报告,但应填写《非金属露天矿山和小型及以下的矿山资源储量年度变化表》(见附件2),编制采掘(剥)平面图、井下井上工程对照图和资源储量估算图。

四、强化矿山储量数据质量信用考核

将矿山储量年度报告管理纳入矿业权人勘查开采信息公示制度。矿业权人按规定在公示系统中填报《本年度矿山动用资源储量估算表》或《非金属露天矿山和小型及以下的矿山资源储量年度变化表》并进行公示。同时,矿业权人应在信息公示系统中提交矿山储量年度报

告,可自主选择是否予以公示。自然资源主管部门在矿山储量管理中不再要求矿业权人提交纸质矿山储量年度报告,其他工作另有规定的除外。

自然资源主管部门在矿业权人勘查开采信息公示抽查检查、实地核查工作中加强检查,发现矿业权人在公示的信息表中弄虚作假、数据不自洽的,或未按规定提交矿山储量年度报告的,列入异常名录或严重违法名单。

五、全面推进矿山储量动态更新信息化管理

自然资源部加快矿业权人勘查开采信息公示系统相关功能的研发,建立格式规范、上下贯通、图数一致的数据汇总途径,实现数据变化全程留痕、修改有据、可回溯追踪和年度对比分析。

矿山储量年度报告是矿产资源储量统计的依据,矿产资源统计基础表中相关矿产储量数据应与矿山储量年度报告中的数据一致。自然资源主管部门应加快实现相关数据库数据互通共享,充分利用各种技术手段对数据进行校核,开展逻辑检验、数据抽查、综合评估,切实提升数据质量。

自然资源主管部门根据实际情况积极推进与发展改革、工信、应急管理、交通、税务、统计等部门信息归集共享与研究,加强矿产资源储量、产量、运输量和税收等数据信息逻辑一致性对比分析,逐步实现矿山储量年度报告数据信息与上述部门数据的可对比、可追踪、可检查。

本通知自印发之日起实施。本通知实施前已印发的其他文件与本通知规定不一致的,按照本通知执行。省级自然资源主管部门根据本通知要求,可结合本地实际制定具体实施办法。

附件:

1. ××矿山储量年度报告样式
2. 非金属露天矿山和小型及以下的矿山资源储量年度变化表样式

自然资源部办公厅
2020年11月27日

这份通知,开篇部分告知通知的缘由,正文部分分五部分对矿山储量年度报告管理有关事项进行规定,并且这五部分小标题采用相同的语言结构,形成结构上的美感。最后一部分结尾对通知的执行提出三点要求:一是本通知自印发之日起实施(告知通知生效时间);二是本通知实施前已印发的其他文件与本通知规定不一致的,按照本通知执行(说明若出现和其他文件矛盾时的解决办法);三是省级自然资源主管部门根据本通知要求,可结合本地实际制定具体实施办法(告知变通的策略)。

(四)签署和日期

在通知结束时需要写上发文机关的名称和时间,即通知的落款。

四、通知的写作要求

通知写作需要注意两方面的工作。一是切忌滥发通知。党政机关、企事业单位发布通知是要求所属机关部门贯彻执行或周知的,其目的在于指导和推动工作的深入开展,因此,要特别注意发布通知的必要性,即非必要不发文。二是对文种准确把握,实际工作中有时会出现"通知"的滥用。有些公文,按其内容性质及发文的目的要求本来应当用"函""请示""意见"或"通告"行文的,却被滥用为"通知"。

通知评改1:

通　知

兹定于7月5日8:30召开公司新晋员工培训工作会议,希各相关处室领导和新入职人员届时出席。地点:综合楼。

办公室
二〇二一年七月四日

这份通知属于事务性通知,一方面,语言表述上出现概念不准确,导致行文语言不规范。一是时间模糊,受文单位无法判定会议时间是上午8:30还是晚上8:30。二是会议地点模糊。例如,没有准确告知新晋员工在综合楼的哪间会议室开会。三是参会人员模糊。"相关处室"外延宽泛,无法确定是人事部门、财务部门还是全部有新入职员工的部门。四是日期表述不准确。按GB/T 9704—201国标要求,目前党政公文成文日期一律"用阿拉伯数字将年、月、日标全,年份应标全称,月、日不编虚位",不用小写汉字,落款时间应为"2021年7月4日"。作为一份会议通知,应提前几天发布,此会议非紧急会议,如此仓促通知,会影响部门工作事务安排。另一方面则是通知措辞欠妥,文中"兹""届时"的文言用法无误,但是"出席"通常指较隆重的场合,培训工作会议是常规工作,故以"参加"为妥。

通知评改2：

关于转发《关于组织参加第七届××省教师教学能力大赛的通知》
的通知

各位老师：

根据中共××省委教育工委办公室文件精神，第七届××省教师教学能力大赛正在开展中。现将有关文件通知（详情请查看附件）转发给你们，请符合条件的老师积极参加、准备，仔细阅读文件通知内容，并按文件要求组织材料，于2022年5月2日（周一）前上交相关材料到教务办公室（东湖校区行政楼118）。

联系人：×××，联系电话：××××××。

特此通知。

宣传部 教务处
二〇二二年四月十日

附件：《中共××省委教育工委办公室关于组织参加××省教师教学能力大赛的通知》

这份通知的问题主要有：

第一，标题不规范，转发性公文标题不当在公文写作实践中屡见不鲜，更有甚者，出现三个以上的"关于"和"通知"。要避免此类情况，并根据公文标题规范使用要求，需要去掉书名号，直接转发原文件，即：《转发中共××省委教育工委办公室关于组织参加××省教师教学能力大赛的通知》。

第二，逻辑不通，语言赘余。作为一份官方通知，出现诸如"老师"（宜改"教师"）这样的口语化的表述，并且首句没有逻辑关系："根据……文件精神，第七届××省教师教学能力大赛正在开展中"，两句话没有逻辑关系。第二句则是逻辑顺序不当，应是先"仔细阅读文件通知内容"，然后参加大赛。"积极参加、准备"应改为"准备、参加"。

语言赘余的问题如"现将有关文件通知（详情请查看附件）"，"仔细阅读文件通知内容"中的"通知"或"文件"取其一即可，"请查看"可以使用"见"。"相关材料"属于可有可无的字词。

第三，通知格式不规范。按照国标要求。公文成文日期应用阿拉伯数字。发文机关署名要全称并加盖印章。尤为重要的是，通知作为公文不能发个人，因此受文单位"各位老师"换成"各学院、部门"。附件应放正文后发文机关前。

第八章

报告的写作

一、报告的含义和特点

报告作为党政机关、企事业单位、社会团体广泛使用的一种常用公文,是一种上行文,按照2012年《党政机关公文处理条例》中规定,报告"适用于向上级机关汇报工作、反映情况,回复上级机关的询问"规定了报告使用的三种情况:一是向上级机关汇报工作;二是向上级机关反映情况;三是回复上级机关的询问。

《人大机关公文处理办法》中规定:报告"适用于汇报工作、反映情况、提出建议等"。文件规定了报告使用的四种情况:一是向上级机关汇报工作;二是向上级机关反映情况;三是向上级机关提出建议;四是回复上级机关的询问。

关于报告作为法定公文文种,国务院办公厅1987年发布《国家行政机关公文处理办法》规定,报告适用于"向上级机关汇报工作、反映情况、提出建议";国务院办公厅1993年发布实施的《国家行政机关公文处理办法》规定,报告适用于"向上级机关汇报工作,反映情况,提出意见或者建议,答复上级机关的询问";国务院2000年发布实施的《国家行政机关公文处理办法》规定,报告适用于"向上级机关汇报工作,反映情况,答复上级机关的询问",自此,"提出意见或者建议"已不再是报告的适用范围。因为报告"提出建议"或"提出意见或者建议"的功能已经与被取消的"指示"文种的"适用于对下级机关布置工作,用以阐明工作活动的指导原则"并入新增的"意见"文种。在2000年发布的《国家行政机关公文处理办法》和2012年颁布的《党政机关公文处理工作条例》中规定,意见适用于"对重要问题提出见解和处理办法"。这与之前"报告"文种中的"提出意见或者建议"的意思是相近的。意见自2001年起虽已成为独立的文种,但在实际工作中,报告仍保留意见的内涵、发挥意见的功能。

报告使用范围很广。按照上级部署或工作计划，每完成一项任务，一般都要向上级写报告，反映工作中的基本情况、取得的经验教训、存在的问题以及今后工作设想等，以取得上级领导部门的指导。其特点主要有以下几方面。

1. 内容上的综合性

报告是综合性很强的文种，无论何种报告都是下级向上级机关或业务主管部门汇报工作，目的是让上级机关了解情况，掌握基本情况并及时对自己的工作进行指导，及时处理工作中出现的问题，为上级提供决策信息和依据。其内容可以是一文一事，也可以是一文多事，涉及的面比较广，篇幅也相对比较长。例如工作报告，可以是针对专项工作的报告，也可以是针对阶段性工作、综合性工作的报告；可以是某一个单位的情况报告，也可以是某一个省、某一个市的工作情况报告或其他多方面的情况报告。

2. 时间上的不固定性

报告的行文可以根据实际情况随时进行，可以事前报告计划和思路，可以事中报告工作的进展情况，也可以事后报告事项的完成情况。

3. 写作语言的陈述性

因为报告具有汇报性，报告的行文目的是向上级单位反映情况，向上级讲述做了什么工作，或工作是怎样做的，有什么情况、经验、体会，存在什么问题，今后有什么打算，对领导有什么意见、建议，所以行文上一般都使用叙述方法，即陈述其事，因而一般不做理论的阐述和重要性的议论，写作时要以事实材料为主要内容，主要运用直陈其事的写法，把情况叙述清楚就行，不展开推理论证，不进行理论阐发，不要求上级机关答复。有的报告还会相应提出意见或建议，为上级单位决策提供参考。

4. 行文的单向性

报告是下级机关向上级机关行文，是为上级机关进行宏观领导提供依据，一般不需要受文机关的批复，属于单向行文。"报告"的目的就是为了让上级机关掌握本单位的情况，了解本单位的工作状况及要求，使上级领导能及时给予支持，为上级机关处理问题、布置工作、或做出决策提供依据。

二、报告的分类

报告根据内容的不同，可以分为工作报告、情况报告、答复报告、建议报告、报送报告五类。

1. 工作报告

工作报告是汇报工作进展情况,总结经验教训,提出今后工作意见的报告。它用于向上级单位汇报工作情况或上级单位交办工作的完成情况,包括阶段性综合工作的报告、单项工作的报告,一般要求汇报工作的进展、取得的成绩、积累的经验、存在问题和下一步的打算,如《关于××省清理整顿公司工作的报告》、国务院的《政府工作报告》等,此类报告在日常工作中最为多见。

例文1:

政府工作报告

——2022年3月5日在第十三届全国人民代表大会
第五次会议上

各位代表:

  现在,我代表国务院,向大会报告政府工作,请予审议,并请全国政协委员提出意见。

  一、2021年工作回顾

  过去一年是党和国家历史上具有里程碑意义的一年。以习近平同志为核心的党中央团结带领全党全国各族人民,隆重庆祝中国共产党成立一百周年,胜利召开党的十九届六中全会、制定党的第三个历史决议,如期打赢脱贫攻坚战,如期全面建成小康社会、实现第一个百年奋斗目标,开启全面建设社会主义现代化国家、向第二个百年奋斗目标进军新征程。一年来,面对复杂严峻的国内外形势和诸多风险挑战,全国上下共同努力,统筹疫情防控和经济社会发展,全年主要目标任务较好完成,"十四五"实现良好开局,我国发展又取得新的重大成就。

  ——经济保持恢复发展……

  ——创新能力进一步增强……

  ——经济结构和区域布局继续优化……

  ——改革开放不断深化……

  ——生态文明建设持续推进……

  ——人民生活水平稳步提高……

  ——疫情防控成果持续巩固……

  回顾过去一年,成绩得来殊为不易。我国经济尚处在突发疫情等严重冲击后的恢复发展过程中,国内外形势又出现很多新变化,保持经济平稳运行难度加大。我们深入贯彻以习近平同志为核心的党中央决策部署，贯彻落实中央经济工作会议精神，完整、准确、全面贯彻新发展理念，扎实做好"六稳""六保"工作，注重宏观政策跨周期和逆周期调节，有效应对各种风险挑战，主要做了以下工作。

一是保持宏观政策连续性针对性，推动经济运行保持在合理区间……

二是优化和落实助企纾困政策，巩固经济恢复基础……

三是深化改革扩大开放，持续改善营商环境……

四是强化创新引领，稳定产业链供应链……

五是推动城乡区域协调发展，不断优化经济布局……

六是加强生态环境保护，促进可持续发展……

七是着力保障和改善民生，加快发展社会事业……

八是推进法治政府建设和治理创新，保持社会和谐稳定……

…………

二、2022年经济社会发展总体要求和政策取向

…………

三、2022年政府工作任务

今年经济社会发展任务重、挑战多。要按照以习近平同志为核心的党中央部署要求，完整、准确、全面贯彻新发展理念，加快构建新发展格局，推动高质量发展，扎实做好各项工作。

（一）着力稳定宏观经济大盘，保持经济运行在合理区间。继续做好"六稳""六保"工作。宏观政策有空间有手段，要强化跨周期和逆周期调节，为经济平稳运行提供有力支撑。

提升积极的财政政策效能……

要用好政府投资资金，带动扩大有效投资……

要坚持政府过紧日子，更好节用裕民……

加大稳健的货币政策实施力度……

强化就业优先政策……

确保粮食能源安全……

防范化解重大风险……

（二）着力稳市场主体保就业，加大宏观政策实施力度。完善减负纾困等政策，夯实经济稳定运行、质量提升的基础。

实施新的组合式税费支持政策……

加强金融对实体经济的有效支持……

推动降低企业生产经营成本……

落实落细稳就业举措……

(三)坚定不移深化改革,更大激发市场活力和发展内生动力。

加快转变政府职能……

促进多种所有制经济共同发展……

推进财税金融体制改革……

(四)深入实施创新驱动发展战略,巩固壮大实体经济根基。推进科技创新,促进产业优化升级,突破供给约束堵点,依靠创新提高发展质量。

提升科技创新能力……

加大企业创新激励力度……

增强制造业核心竞争力……

促进数字经济发展……

(五)坚定实施扩大内需战略,推进区域协调发展和新型城镇化。畅通国民经济循环,打通生产、分配、流通、消费各环节,增强内需对经济增长的拉动力。

推动消费持续恢复……

积极扩大有效投资……

增强区域发展平衡性协调性……

提升新型城镇化质量……

(六)大力抓好农业生产,促进乡村全面振兴。完善和强化农业支持政策,持续推进脱贫地区发展,促进农业丰收、农民增收。

加强粮食等重要农产品稳产保供……

全面巩固拓展脱贫攻坚成果……

扎实稳妥推进农村改革发展……

(七)扩大高水平对外开放,推动外贸外资平稳发展。充分利用两个市场两种资源,不断拓展对外经贸合作,以高水平开放促进深层次改革、推动高质量发展。

多措并举稳定外贸……

积极利用外资……

高质量共建"一带一路"……

深化多双边经贸合作……

（八）持续改善生态环境，推动绿色低碳发展。加强污染治理和生态保护修复，处理好发展和减排关系，促进人与自然和谐共生。

加强生态环境综合治理……

有序推进碳达峰碳中和工作……

（九）切实保障和改善民生，加强和创新社会治理。坚持尽力而为、量力而行，不断提升公共服务水平，着力解决人民群众普遍关心关注的民生问题。

促进教育公平与质量提升……

提高医疗卫生服务能力……

加强社会保障和服务……

继续保障好群众住房需求……

丰富人民群众精神文化生活……

推进社会治理共建共治共享……

（略）

该例文是2022年国务院《政府工作报告》，正文以时间维度分三部分讨论：第一部分回顾2021年工作；第二部分针对2022年经济社会发展总体要求和政策取向进行分析；第三部分则针对2022年政府工作任务进行细化。

例文2：

关于2021年巩固拓展脱贫攻坚成果同乡村振兴有效衔接工作情况的报告

今年以来，芦溪县深入贯彻习近平总书记重要讲话和各级农村工作会议精神，全面落实中央、省、市决策部署，始终保持思想不乱、状态不松、干劲不减，持续发力，各项工作落实落细，确保了巩固拓展脱贫攻坚成果同乡村振兴有效衔接工作的有序推进。

一、基本情况

2020年12月31日全县有脱贫人口3552户10258人，通过动态调整增加51人、减少206人，其中整户减少44户，截至12月28日有脱贫人口3508户10103人。新增监测对象19户71人，共有监测对象110户323人，其中边缘易致贫户58户151人、脱贫不稳定户30户97人、突发严重困难户22户75人。"十四五"乡村振兴省定重点帮扶村11个、市定重点帮扶村1个、县定重点帮扶村15个。

二、2021年工作进展情况

(一)坚持高位推进,健全完善机制体制

1.领导机制不断完善

一是健全领导机制……

二是完善调度机制……

三是落实遍访制度……

2.政策体系不断完善

……

3.帮扶机制不断完善

……

4.督导机制不断完善

……

(二)强化监测预警,守住防止返贫底线

一是强化"三类人员"动态监测……

二是强化低收入对象重点监测……

三是强化分类帮扶精准施策……

(三)狠抓政策落实,巩固"两不愁三保障"成果

一是落实教育帮扶……

二是落实健康帮扶……

三是落实住房安全保障……

四是落实饮水安全保障……

(四)强化帮扶举措,持续夯实脱贫基础

1.强化产业帮扶……

2.强化就业帮扶……

3.强化消费帮扶……

4.强化保障帮扶……

5.强化搬迁帮扶……

(五)持续加大投入,加强资金项目管理

1.加大资金投入……

2.加强规范管理……

(六)切实总结回顾,营造积极实干良好氛围

1.积极舆论宣传……

2. 开展励志教育……

3. 完成档案工作……

三、主要特色亮点工作

芦溪县积极探索新理念、新做法，创新"四项机制"，为巩固拓展脱贫攻坚成果同乡村振兴有效衔接打开了新的思路。

（一）创新妇女小组长网格监测机制，着力打通基层监测最后一公里……

（二）创新兜底基金兜底扶危救困机制，筑牢防止返贫致贫安全屏障……

（三）创新"5∶3∶2"产业投入机制，实现帮扶产业快速扩增……

（四）创新"学院派"人才培育模式，构筑乡村振兴人才新高地……

四、下阶段工作打算

下阶段，我县将继续加大投入，切实做好巩固拓展脱贫攻坚成果同乡村振兴有效衔接各项工作，确保脱贫基础更加稳固、成效更可持续。主要抓好以下几方面工作：

（一）进一步做好防止返贫监测和帮扶工作……

（二）进一步巩固"两不愁三保障"成果……

（三）进一步激发乡村振兴发展后劲……

（四）进一步推动乡村基础建设……

（五）进一步做好总结宣传工作……

该例文是芦溪县乡村振兴局2022年一月提交的关于巩固拓展脱贫攻坚成果同乡村振兴有效衔接情况报告，从写作方式来看，第一部分对芦溪县现有的人口、家庭及数据变化进行总体概括，帮助审阅报告者对基本情况进行整体把握。第二部分对2021年的工作进展分类陈述，尤其值得称赞的是每一个二级标题下面的内容都有关键词做引导，例如"（一）坚持高位推进，健全完善机制体制"下面每级三级标题都有"完善"二字；"（二）强化监测预警，守住防止返贫底线"则以"强化"做引导，形成稳定的结构，又保证了文章的节奏美。第三部分有针对性地使用四个"创新"介绍经验和特点。第四部分用了五个"进一步"对未来工作进行规划。

2. 情况报告

情况报告是反映重要情况、重大事故、重要问题的报告。它用于向上级单位反映客观存在的情况或问题，包括本地区、本单位发生的重大事件，以及一些带倾向性的问题。如《××市贸易局关于百货大楼重大火灾事故的报告》等。

例文：

济南齐鲁天和惠世制药有限公司"4·15"重大着火中毒事故
调查报告

2019年4月15日15时10分左右，位于济南市历城区董家镇的齐鲁天和惠世制药有限公司四车间地下室，在冷媒系统管道改造过程中，发生重大着火中毒事故，造成10人死亡、12人受伤、直接经济损失1867万元。

故事发生后，山东省政府成立了由省应急管理厅牵头的济南齐鲁天和惠世制药有限公司"4·15"重大着火中毒事故调查组，省公安厅、省总工会、省工业和信息化厅、省住房和城乡建设厅、辽宁省应急管理厅和济南市政府派员参加。事故调查组下设技术组、管理组、综合组，同时邀请化工安全专家组成专家组，开展事故调查工作。省纪委省监委高度重视，及时成立了济南齐鲁天和惠世制药有限公司"4·15"重大事故专门工作组，依规依纪对相关责任人提出了党纪政务处置意见。

事故调查组通过周密细致的现场勘察、鉴定试验、调查取证、综合分析和专家论证，查明了事故发生的经过、原因、应急处置、人员伤亡和直接经济损失情况，认定了事故性质和责任，提出了对相关责任人员和责任单位的处理建议、事故防范和整改措施。

现将有关情况报告如下：

一、事故企业及相关情况

（一）齐鲁天和惠世制药有限公司基本情况

…………

1.事故车间基本情况：事故发生在四车间地下室，正在进行－15℃冷媒系统管道改造；事故发生时，四车间正常生产。

（1）车间建设情况……

（2）生产工艺简述……

2.管道改造基本情况……

（二）信邦建设集团有限公司基本情况

…………

（三）朝阳光达化工有限公司基本情况

…………

二、事故发生经过和应急处置情况

（一）事故发生经过

……

（二）应急处置情况

……

三、事故造成的人员伤亡和直接经济损失

（一）人员伤亡……

（二）经济损失……

四、事故发生原因和性质

（一）直接原因

……

（二）间接原因

……

1. 天和公司未深刻吸取以前事故教训，未落实安全生产主体责任。

(1)风险辨识及管控措施不到位……

(2)对特殊作业安全管理不到位……

(3)对改造项目管理不规范……

(4)对外包施工队伍管理不到位……

(5)事故应急处置能力不足……

(6)未深刻汲取以往事故教训，事故防范和整改措施落实不到位……

2. 信邦公司安全生产主体责任不落实。

(1)严重违章作业……

(2)安全教育不到位……

(3)对外派项目部管理严重缺位……

(4)安全生产责任制落实不到位……

3. 光达公司非法生产、销售危险化学品。

(1)非法生产危险化学品……

(2)未将 LMZ 冷媒增效剂纳入危险化学品管理……

(3)未按法规要求提供 LMZ 冷媒增效剂的"一书一签"……

4. 济南市历城区董家街道党工委、办事处。未依法认真履行安全生产属地监管职责，贯彻落实国家安全生产法律法规和"党政同责、一

岗双责、齐抓共管"不到位,指导督促天和公司加强安全生产工作不力。

5. 济南市历城区党委、政府及相关部门。
……

6. 济南市委、市政府及相关部门。
……

7. 泰安市、肥城市有关部门。
……

(三)事故性质

经调查认定,济南市历城区天和公司"4·15"着火中毒事故是一起重大生产安全责任事故。

五、对事故有关责任人员及责任单位的处理建议

(一)因在事故中死亡,免予追究责任人员(1人)
……

(二)已被司法机关采取措施的人员(11人)
……

(三)建议移送司法机关追究刑事责任人员(3人)
……

(四)建议给予党纪政务处分以及组织处理的人员(16人)
……

(五)行政处罚建议
……

(六)对辽宁省朝阳市光达公司等相关单位和人员处理建议
……

(七)对有关单位问责建议
……

六、事故防范和整改措施

(一)严格落实企业安全生产主体责任……

(二)强化动火、受限空间等特殊作业安全监管……

(三)严格承包商和外来施工人员安全管理……

(四)认真落实化学品"一书一签"要求……

(五)切实提高企业应急处置能力……

（六）深入开展危险化学品安全风险隐患集中排查整治……

（七）凝聚形成齐抓共管危险化学品安全工作合力……

作为一份完整的调查报告，开篇部分针对调查的背景、依据、人员组成和调查方法进行概述。进入正文后，第一部分针对涉事企业及相关情况进行介绍。第二部分针对事故发生经过和应急处置情况分别陈述。第三部分是事故的结果，分为人员伤亡和经济损失两部分，鉴于生命至上的原则，人员伤亡放在经济损失之前陈述。第四部分是事故发生原因，直接原因部分针对此次事故进行分析，间接原因则是企业管理安全意识和上级主管部门监督管理的问题。第五部分是对事故有关责任人员及责任单位的处理建议，针对不同处理情况进行分类。最后一部分则是对未来事故防范工作的建议。

3. 答复报告

答复报告是答复上级机关交办或查询事项的报告。此报告是用于答复上级单位或领导查询事项的文书，比如上级领导批示下级单位办理某项工作，下级单位办理完毕之后要及时向上级领导报告办理结果。例如：

第十三届全国人民代表大会第五次会议秘书处
关于代表提出议案处理意见的报告

（2022年3月10日第十三届全国人民代表大会第五次会议
主席团第三次会议通过）

十三届全国人大五次会议主席团：

　　本次会议上，全国人大代表坚持以习近平新时代中国特色社会主义思想为指导，深入学习贯彻习近平法治思想和习近平总书记关于坚持和完善人民代表大会制度的重要思想，全面贯彻落实党的十九大和十九届历次全会、中央人大工作会议精神，坚持党的领导、人民当家作主、依法治国有机统一，依法向大会提出属于全国人民代表大会职权范围内的议案。根据大会主席团第一次会议决定的代表提出议案的截止时间，到3月8日12时，大会秘书处共收到代表提出的议案487件，其中，代表团提出的15件，30名以上的代表联名提出的472件。在这些议案中，有关立法方面的474件，有关监督方面的13件。

　　人民代表大会制度是实现全过程人民民主的重要制度载体。代表依照法定程序提出议案，是代表执行代表职务的重要形式，也是吸纳民意、汇集民智的重要渠道。会前，代表们通过参与全国人大常委会有关工作、专题调研、视察、走访、座谈、代表小组活动等多种形式，利用代表之家、代表联络站和基层立法联系点等多种平台，深入了解社情民意。会议期间，代表们共同酝酿讨论，认真修改完善议案。今年的代表议案，绝大多数为法律案。其中涉及制定法律的193件，修改法律的274件，编纂法典的6件，有关决定事项的1件。按照七个法律部门划分，涉及宪法相关法类19件、民法商法类55件、行政法类155件、经济法类105件、社会法类64件、刑法类39件、诉讼与非诉讼程序法类36件。内容主要集中在以下几方面：一是加强重要领域立法，提出制定突发公共卫生事件应对法、粮食安全保障法、黑土地保护法、能源法、危险化学品安全法、国家公园法以及碳达峰碳中和促进、耕地质量保护等方面的法律，修改传染病防治法、科学技术普及法、网络安全法、海洋环境保护法、对外贸易法等。二是推进新兴领域立法，提出制定数字经济、大数据、生物安全、社会信用等方面的法律。三是加强民生、社会领域立法，提出制定反电信网络诈骗法、社会救助法、学前教育法以及托育服务、养老服务等方面的法律，修改职业教育法、妇女权益保障法、残疾人保障法、治安管理处罚法、居民身份证法、消防法、药品管理法等。四是完善社会主义市场经济法律制度，提出制定农村集体经济组织法、期货和衍生品法、民事强制执行法等，修改反垄断法、反不正当竞争法、反洗钱法、公司法、企业破产法、保险法、信托法等。五是完善国家机构组织和职能立法，提出修改监督法、行政复议法、行政强制法，制定检察公益诉讼、行政程序等方面的法律。六是研究启动条件成熟领域法典编纂工作，提出编纂劳动法典、知识产权法典等。此外，还提出了修改刑法、刑事诉讼法、民事诉讼法、行政诉讼法的议案。

按照全国人民代表大会组织法和全国人民代表大会议事规则的规定，大会秘书处对代表提出的议案逐件认真分析研究，认为没有需要列入本次会议审议的议案。大会秘书处建议，将代表提出的议案分别交由全国人大有关专门委员会审议。其中，交由民族委员会审议1件，宪法和法律委员会审议123件，监察和司法委员会审议47件，财政经济委员会审议110件，教育科学文化卫生委员会审议73件，外事委员会审议1件，环境与资源保护委员会审议42件，农业与农村委员会审议27件，社会建设委员会审议63件。有关专门委员会对上述议案进行审议后，向全国人大常委会提出审议结果报告，经全国人大常委会审议通过后,印发第十四届全国人民代表大会第一次会议,同时向十三届全国人大代表作出反馈。

审议全国人民代表大会主席团交付的代表提出的议案,是全国人大各专门委员会的重要职责。十三届全国人大四次会议修改了全国人大组织法和全国人大议事规则,对专门委员会联系代表和议案审议工作提出新的要求。大会秘书处就代表议案审议和相关工作提出如下建议:

一、深入学习贯彻习近平法治思想和习近平总书记关于坚持和完善人民代表大会制度的重要思想,坚持党中央对立法工作的集中统一领导,全面贯彻落实中央人大工作会议精神,在确保质量的前提下加快立法工作步伐,加强重点领域、新兴领域、涉外领域立法,健全国家治理急需、满足人民日益增长的美好生活需要必备的法律制度,加快完善中国特色社会主义法律体系,以良法促进发展、保障善治。

二、坚持发展全过程人民民主,使发挥代表作用成为人民当家作主的重要体现,健全专门委员会联系代表工作机制,加强与提出议案代表的沟通,积极邀请代表参与立法调研、起草、论证、审议、评估和执法检查、专题调研等活动,充分听取、认真研究采纳代表提出的意见建议,及时向代表反馈议案交付审议情况和代表意见建议采纳情况。

三、坚持科学立法、民主立法、依法立法,发挥人大在立法工作中的主导作用,把审议代表议案与落实全国人大常委会立法规划计划结合起来,统筹推进立法重点工作任务,健全专门委员会牵头起草重要法律草案机制,对有关部门起草的法律草案提前介入、加强协调,发挥审议环节把关作用,实现立法政治效果、法治效果、社会效果最大化。

四、推进议案审议结果报告规范化,全面反映每件议案审议结果,注重反映围绕审议议案开展联系代表等工作情况,积极回应代表和群众关切,提升议案工作整体成效。

以上报告,请审议。

第十三届全国人民代表大会第五次会议秘书处
2022年3月10日

这份报告第一部分对于人大代表提出的议案总体情况进行说明;第二部分通过归纳的方法对于现有议案的情况进行分类;第三部分针对分类结果要求各

部门对于归口议案进行审议;第四部分对审议代表议案作为全国人大各专门委员会的重要职责的意义进行说明,其余四段内容主要是对审议议案进行要求和建议。

4. 建议报告

建议报告是对某些问题或重要事项提出意见、建议,要求批转到一定范围内贯彻执行的报告。如《关于巩固大检查成果进一步做好减轻农民负担工作的报告》等。

例文:

关于加快推进我市科技创新产学研用深度融合的建议报告

科技是国家强盛之基,创新是民族进步之魂。党的十九届五中全会提出"坚持创新在我国现代化建设全局中的核心地位,把科技自立自强作为国家的战略支撑",并首次明确提出要"强化国家科技战略力量",凸显了加快科技创新的极端重要性。按照"年度协商工作计划"的安排,市政协围绕"推进科技创新产学研用深度融合"协商课题,由教科卫体委牵头组织实施,于今年8月至11月认真开展了专题调研。安排部署各县(市、区)政协、各民主党派市委同步开展了调研,并组织部分政协常委、委员赴安徽、河南、陕西三省四市和我省太原、大同两市实地学习考察,形成调研报告和议政发言材料共28份。在此基础上,经深入思考研究,全面分析总结,并经市政协四届二十次常委会议专题协商讨论,形成如下建议报告。

一、基本情况及存在的主要问题

……

(一)科技创新综合实力不足,基础差、底子薄……

(二)科技创新环境和管理体制机制有待进一步优化……

(三)企业技术创新主体作用发挥明显不足……

(四)科技创新重视程度和投入力度强度有待进一步加大……

二、对策和建议

(一)强化企业技术创新核心地位,打造强大的创新主体……

(二)健全技术创新的市场导向机制,完善技术创新体系……

(三)完善金融资本支持创新体系,强化资金保障……

(四)推进制度机制创新,培养壮大创新人才队伍……

这份报告导语部分对于科技创新产学研用深度融合的意义、背景进行说明，并陈述调研的范围和方法。主体部分由两部分组成，第一部分指出存在问题，即创新综合实力不足、创新环境有待优化、企业主体作用发挥不足和投入不足。针对问题，报告提出对策和建议，即强化企业主体、完善市场导向、完善资金投入、推进机制创新和人才培养四点建议。

5. 报送报告

报送报告指下级机关向上级机关报送文件、物品的报告。如《关于报送河东区企事业单位机构设置等情况的报告》等，例如：

关于 2022 年第一季度部属网站和政务新媒体检查情况的报告

根据有关标准和要求，退役军人事务部办公厅落实对政府网站与政务新媒体常态化监管，组织开展了 2022 年第一季度抽查检查工作，对部官方网站、官方微信公众号、中华英烈网等在内的部属网站和政务新媒体进行了全面检查。本次检查中，政府网站和政务新媒体抽查比例达标，被抽查网站和政务新媒体整体运行情况良好，无单项否决情况，检查结果合格。

下一步，我部将严格按照政府网站和政务新媒体建设有关要求，压实主体责任，加强内容建设，完善功能渠道，提升政府网站和政务新媒体规范化水平。继续加强对部属网站和政务新媒体平台可用性、内容更新情况等进行日常监测，严格落实保密审查，持续推动部属网站和政务新媒体健康有序发展。

退役军人事务部办公厅
2022 年 4 月 20 日

上文正文内容分为两部分，第一部分阐述 2022 年第一季度部属网站和政务新媒体检查情况，包括检查依据、检查范围、检查结果三项内容。第二部分则对下一步工作内容进行陈述。

三、报告的写作结构

报告，尤其是工作报告虽然具有全局性、全面性等要求，但不应"眉毛胡子一把抓"，篇章结构"上下一般粗"。特别是类似工作总结部分，应倡导"短""实""新"的文风，多用工作成果和数据成果说话，减少针对工作过程的梳理。工作部署部分，则应坚持抓重点，根据实际和主要领导思路，阐述重点工作。

报告和其他应用文体一样，不仅有主旨内容，也有一定的格式。通常需要根据所要分析的内容和目的选择写作形式。但无论采取何种形式，报告都应该具备基本情况、数据资料、分析过程、针对意见、可靠的论断等内容。就结构而言，也应做出精心的安排，具体应体现出"凤头、猪肚、豹尾"的文章结构原则，它一般由标题、导语、正文、结尾等部分构成。

常用的报告写作结构应由以下几部分组成。

1. 标题

报告的标题依然使用"发文机关＋事由＋文种"的方式，但是具体行文时，标题一般根据报告的内容和目的而定，并要明确显示出文章的主旨。可分两类：一是由被分析单位、时限、分析内容及文种构成，可称之为四要素标题。如《××公司2022年度经营活动分析报告》。根据实际需要，有时可略去范围或年限。二是将报告的主要观点或建议作为分析报告的标题，如《关于进一步发展新能源产业市场的报告》这一类标题主要是为了突出分析的问题或建议，把文章的主旨直接表现在读者面前，使人一读就知道分析的主要内容，明确作者的观点和看法。

2. 导语

导语应针对性地指出报告的研究对象、方法和调查范围等信息。通常综合性报告导语要求概括说明全文主旨，开门见山，将一定时间内各方面工作的总情况，如依据、目的，对整个工作的估计、评价等作概述，以点明主旨，一般用"现将有关情况报告如下"承启下文，也可不写缘由，直接分条列项阐述分旨。

专题报告交代报告的起因、缘由或说明报告的目的、主旨、意义。一般用"现将有关情况报告如下"承启下文。

答复报告开头要先引述来函文号及询问的问题，然后过渡到下文。

3. 正文

正文是报告的主体部分，要紧扣主题。写法上，从报告的主旨要求出发，根据报告的种类去安排内容项目。主体部分应做到有问题、有数据、有分析、有解决方案。正文部分常用结构如：

①情况—做法—问题（意见）；

②情况—问题—建议；

③情况—原因—责任及处理意见；

④情况—原因（责任）—下步做法。

其中，综合报告事项要丰富充实。作为正文的核心，将工作的主要情况、主要做法，取得的经验、效果等分段加以表述，要以数据和材料说话，内容力求既翔实又概括。最后根据工作实际情况,写工作中存在的问题,提出下步工作具体意见,写得要具体切实。

专题报告内容专一。一份专题报告只反映某一方面的情况和问题,除了写出事件的结果以外,常常把重点放在情况的阐述、事情的原委、性质的分析和自己的看法表达上。如果是反映成绩的报告,则应把重点放在做法、成绩、经验和总结上。针对日常工作中出现的新情况、新问题,向上级汇报以后可以及时得到支持或指示。上级机关要求什么,汇报什么,所以针对性较强。

情况报告,尤其是工作失误向上级写的检查报告要写出错误的事实、产生错误的主客观原因、造成错误的责任、处理意见及改进措施等。结尾通常以"请审核""请审示"等语作结。

报告的目的是为了让上级机关了解掌握情况,或者提出意见、建议。对于有关情况的陈述需要通过论证的方法强化文章主旨,在报告正文写作中,常用的论证方式有以下几种。

(1)数据论证是在陈述事实或观点时,列举有关的具体数据,用数字论证,增加文章的说服力,使理由成立的一种论证方法。

例文 2022 年陕西省《政府工作报告》在第一部分回顾 2021 年取得的成绩时,分六点进行总结,每一部分都是用充分的数据对段落主旨进行论证:

一年来,面对大事要事难事叠加的复杂局面,面对新情况新挑战交织的严峻考验,面对改革发展稳定的繁重任务,在省委领导下,我们坚定捍卫"两个确立"、坚决做到"两个维护",认真贯彻党的十九大和十九届历次全会精神,深入学习贯彻习近平总书记来陕考察重要讲话重要指示精神,坚持稳中求进工作总基调,按照把握新发展阶段、贯彻新发展理念、构建新发展格局的要求,统筹疫情防控和经济社会发展,统筹发展和安全,贯通落实"五项要求""五个扎实",全力做好"六稳""六保"工作,一体推进高质量发展、高品质生活、高效能治理,基本完成全年经济社会发展主要目标任务,实现生产总值 2.98 万亿元,增长 6.5%,居民人均可支配收入增长 8.9%,一般公共预算收入增长 22.9%,实现了"十四五"良好开局。

(一)综合施策实现经济稳定增长。坚持以项目建设、招商引资组织经济工作,稳产、提质、育新、优能一起抓,在帮助企业纾困、稳定工业增长、扩大投资消费等方面打出了一套组合拳。预计全年新增减税降费320亿元,清欠中小微企业账款20.52亿元,市场活力显著增强。西康高铁、西十高铁、引汉济渭二期等重大项目全面开工,延长—黄龙等4条高速建成通车,省级重点项目投资超全年计划11个百分点。围绕构建数控机床、光子、航空等23条重点产业链实施的一大批项目进展顺利,三星闪存芯片二期、奕斯伟硅产业基地、西安吉利汽车、彩虹光电扩产技改等项目正式投产,隆基15吉瓦高效单晶电池、比亚迪高端智能终端产业园、中兴科创园等项目加快建设,工业新增产能项目释放产值1000亿元,高技术制造业增加值增长17.1%,规上工业增加值增长7.6%。完成省外3900万吨煤炭合同保供任务,电力外送增长37%。以新业态新模式引领新型消费加快发展,西安大唐不夜城、宝鸡石鼓文化城等入选首批国家级夜间文化和旅游消费集聚区,县域商业体系建设全面加速,社会消费品零售总额增长6.7%。

(二)建强平台蓄积创新发展动能。举全省之力推进秦创原创新驱动总平台建设,制定实施三年行动计划和"1+N"政策体系,设立规模20亿元的科创母基金,常态化举办路演活动130多场,115项科技成果落地转化并注册企业,科技型中小企业增长38.6%,高新技术企业增长32.3%,技术合同成交额增长33.2%。着力夯实创新基础,加强知识产权保护,16家共性技术研发平台和创新联合体投入运营,空天动力陕西实验室启动建设,国家超算西安中心、中国—中亚"一带一路"联合实验室等顺利获批,26项科技成果获国家科学技术奖。发挥企业创新主体作用,规上工业企业研发活动覆盖率、研发投入强度增幅超过前四年总和。

(三)扭住关键力促改革开放提速。出台高质量发展综合绩效评价办法和指标体系。加大"放管服"改革力度,实施新一轮优化营商环境、民营经济高质量发展三年行动,开展"坐窗口、走流程、跟执法"活动,全覆盖推进"证照分离"改革,全流程压缩工程建设项目审批时间,实有市场主体增长12.1%。加强数字政府建设,"一局一中心一公司"数字政府运行格局初步形成,892个政务服务事项实现"掌上好办"。实施"亩均论英雄"综合改革,耕地保护、土地节约集约利用得到强化,处置闲置土地5.98万亩。全面启动陕西西安区域性国资国企综合改革试验区建设,陕西交控集团成功组建,国电地电实现融合发展,省属企业实现利润总额创历史新高。金融保持稳健运行，不良贷款率低于全国平均水平，政府隐性债务稳定下降，全国首家省级资本市场服务中心成功组建，新增上市企业10家。加快推进中欧班列（西安）集结中心建设，开通日韩过境货物测试班列，长安号核心指标稳居全国前列，西咸空港、宝鸡综保区封关运营，关中综保区通过正式验收。上合组织农业技术交流培训示范基地实质性运行，陕西国际贸易"单一窗口"展示大厅和金融服务平台建成，自贸区8项创新经验在全国复制推广。丝博会、农高会、欧亚经济论坛等重大经贸活动成功举办，开放招商取得新成效，实际利用外资增长21.4%、引进内资增长23.8%，进出口总值增长25.9%。

（四）系统治理改善生态环境质量。认真落实碳达峰、碳中和部署，国能锦界电厂二氧化碳捕集与封存全流程示范项目建成投运，63家发电企业纳入全国碳排放权交易市场，新建地热能建筑供热723万平方米。生态环境"三线一单"分区管控体系初步建立。秦岭视频综合监管系统上线运行，"五乱"整治深入推进，438座小水电整治全部完成，大熊猫国家公园正式设立。黄河流域生态空间治理十大行动持续开展，黄河粗泥沙拦沙工程全面启动，河湖"清四乱"扎实推进，干流105个问题排污口完成整治，渭河入黄断面水质连续两年为优。汉江、丹江出境断面水质持续保持在Ⅱ类，陕南硫铁矿污染专项整治深入开展，南水北调中线水源地安全稳定。大气污染防治三项指标取得历史最好成绩，固体废物污染环境防治深入推进，城市生活垃圾分类覆盖率达82.6%。

（五）统筹协调加快城乡双向融合。完成国土"三调"工作，出台黄河流域生态保护和高质量发展规划，实行省级统筹、西安市全面代管西咸新区体制，西安都市圈建设步入快车道，宝鸡市荣获2021年联合国人居奖，陕北能化产业清洁低碳转型加快，陕南生物医药、旅游康养、富硒食品等产业持续壮大。出台推动县域经济高质量发展政策措施，认定7家省级经开区、1家省级高新区，新增11个电商进农村综合示范项目，创建5个国家农村产业融合发展示范园。扎实推动巩固拓展脱贫攻坚成果同乡村振兴有效衔接，"两不愁三保障"和饮水安全保障水平稳步提升，防返贫动态监测帮扶机制有效落实，脱贫地区发展活力持续增强。启动乡村振兴"十百千"示范工程,大力开展农村人居环境综合整治,农村卫生厕所普及率达73.7%。建成高标准农田290.4万亩,新建杨凌种业创新中心和1个国家级、13个省级现代农业产业园,大灾之年粮食再获丰收。

(六)持之以恒办好惠民安民实事。出台"十四五"促进居民增收推动富民惠民意见和促进城乡居民增收10条措施,下达就业补助资金23.85亿元,发放稳岗返还资金16.6亿元,城镇新增就业44.56万人,城镇居民、农村居民人均可支配收入分别增长7.5%、10.7%。义务教育"双减"工作扎实推进,职业教育、高等教育得到加强,新增3个学科进入国家新一轮"双一流"建设规划。"三医"联动改革不断深化,在全国率先实现城乡基层中医馆全覆盖,药品安全治理能力和保障水平进一步提升,职工基本医疗保险和城乡居民基本医疗保险政策范围内住院报销比例分别稳定在80%和70%左右,大病专项救治病种扩大到30种,新冠疫苗接种率达到86.8%。企业退休人员基本养老金实现17连涨,累计建成养老机构及服务设施1.65万个。棚户区改造新开工10239套,公租房新开工5068套,改造城镇老旧小区3634个、惠及39.34万户,房地产风险隐患处置取得阶段性成效。文化事业稳步发展,太平遗址、汉文帝霸陵考古成果丰硕,中国秦腔优秀剧目会演、第七届丝绸之路国际艺术节成功举办,电影《柳青》、电视剧《逐梦蓝天》、话剧《共产党宣言》等广受好评。社会治理持续加强,重复信访治理、积案化解进度质量居全国前列,安全生产事故起数、死亡人数分别下降25.9%、16.2%。面对60年来最严重汛情,及时建立防汛救灾"人盯人防抢撤"工作机制,安全转移群众122.16万人次,下拨各类资金34.1亿元,灾后恢复重建有序推进。

(2)对比论证,也称比较法,是把不同事物加以对照、比较后,推导出它们之间的差异点,使结论映衬而出的论证方法。对比的内容可以是空间维度上地区间发展情况的比较,也可以是时间维度上,历史和现状的比较,这是一种常用的、有说服力的论证方法。

例文:

  从我国汽油生产的地区分布来看,2021年中国汽油产量主要集中在华东、中南及东北地区。其中华东地区占全国汽油产量比重的

36.62%，产量为5660万吨，中南地区产量为3184万吨，占比20.60%，东北地区产量为2851万吨，占比18.44%。

其中山东省产量最高，并位居全国产量榜首，以2631.3万吨的产量占全国比重的17.02%，排名第二的辽宁省汽油产量2091.8万吨，占全国比重13.53%，广东省汽油产量为1417.4万吨，占全国比重的9.17%，排名第三。

上述文字为了说明我国汽油产量的地区分布，通过空间数据对比得出结论。

例文：

据观研报告网发布的《中国汽油行业现状深度研究与未来投资调研报告（2022—2029年）》显示，汽油由原油炼化而来，随着我国各大企业对大型原油炼化装置的升级，我国原油加工行业进入快速发展阶段，2017年以来我国原油加工量一直保持较快的增长。2012年我国原油加工量为4.68亿吨，2021年已增长至7.04亿吨。

上述文字为了论证我国原油加工行业进入快速发展阶段这个情况，通过2012年和2021年的数据比较得出结论。

(3)事实论证是一种从材料到观点，用列举具体事例来论证一般结论的方法。运用事实论证进行论证时列举的事实可以有两种形式，即概括总体性事实和枚举个别事实。概括总体性事实的说服力在于事实所体现的普遍性，它是对事实的总体或全局的全面性统计或概括。采用枚举个别事例的论证方式，不要求全面周到，只需枚举几个事例即可。枚举事例要求有一定的典型性，同时也要考虑经济原则，尽可能不要同类重复。

使用这种方法，一般是先分论后结论，即开门见山提出论题，然后围绕论题逐层运用材料证明论点，最后归纳出结论。

例文：

数据显示，2016—2019年我国塑料制品出口金额由356.74亿元增长至483.14亿元。2020—2021年，我国塑料制品出口金额更是快速增长。在突发疫情下，全球防疫防护一次性塑料制品需求呈现"爆炸式"增长，欧盟为此一度放宽对一次性塑料制品限制期限。但从环保趋势来看，目前全球已有100个国家或地区出台限/禁塑法规，国际上对一次性塑料制品污染的长期防治不会因此而发生改变，未来随着疫情好转,国内塑料制品出口风险增大。

例文通过国际上对一次性塑料制品污染的长期防治和疫情好转会减少塑料制品用量两个事实得出结论:"国内塑料制品出口风险增大。"

(4)权威论证主要是利用权威机构发布的信息进行论证的一种方法。权威信息一般有以下几种类型:一是党中央国务院定期发布的重要文件,这些能够全面反映中国经济社会在一个时期内的发展特点和发展方式。二是国家有关部委发布的重要政策和数据,这些可以反映总体的宏观经济形势。三是权威机构发布的各类数据和报告,这些有很强的指引性,对把握事物发展趋势非常重要。

4. 结尾

结尾根据报告主旨或陈述的问题,通常从巩固成绩、克服缺点出发,根据新的要求,提出针对性的改进建议和措施,供决策者参考,使其在今后进一步得到落实,受到检验。

四、报告的写作要求

报告的特点和功能决定其写作的要求是:

第一,把现实情况清晰、准确地表达出来。受文单位通过阅读报告,对现实有清楚准确的认识。因此,对于全局性情况的报告,不停留在点上情况;对于需要定量分析的,不停留于定性的描述上;对于趋势性的描述,不停留于当下时间节点,需要对未来做出判断。

报告写作过程就是研究工作的过程。毛泽东同志在极其繁重的革命和建设工作中,开展了大量调查研究,撰写了《寻乌调查》《兴国调查》等多篇调查报告。为写好《寻乌调查》,他在寻乌进行了为期20多天的社会调查,大到各类人群的政治态度,小到各商铺经营品种、农民收入与口粮等具体问题,都详细了解。可以说,真正的笔杆子都是"研究者""行路者"。

第二,把需要呈现的问题的深刻性表达出来,让受文单位或领导从源头上考虑解决问题的对策,要求把内核思想表述清楚。

报告不仅是反映发文单位的意见和愿望、沟通上下级的信息纽带,而且是制定方针和计划、作出决定和决策的依据。只有尊重客观现实,实事求是,才能还原事物真相,报告才具有现实指导意义,才能为实施科学决策提供可靠依据;否则会给工作带来损失,造成危害。切忌主观臆断,孤立静止地观察情况、研究问题,要善于让上级部门做选择题,善献实策,提出切实可行的解决办法,做到思路清晰、观点正确、措施具体。

第三,把论证的严密性表达出来。报告的影响力在于逻辑严密、论证合理。归纳和演绎、分层和架构、个别和一般等都要逻辑分明,理论和具体实践要形成互动。数据和信息要能完整有效地说明问题,不能止步于问题、原因、对策的老"三大类论",而是要根据实际情况,确定写作框架。报告写作是对调查得来的各类事实、情况、经验、问题等进行科学客观的分析、总结和归纳,并用合适合理的表达方式叙述出最终结论的过程。写作调研报告一定要严谨,分析要细致深入。只有依据事实引出观点和结论,才能使报告具有可信度和可行性。

第九章

函的写作

一、函的含义与特点

根据中共中央办公厅和国务院办公厅于 2012 年联合印发的《党政机关公文处理工作条例》规定：函适用于不相隶属机关之间商洽工作，询问和答复问题，请求批准和答复审批事项。

不相隶属机关之间行文只能用"函"而不能用其他文种。所谓不相隶属机关是指行文的双方机关之间没有从属关系、没有服从关系、没有领导与被领导的关系、没有指挥与被指挥的关系、没有上下级之间的关系。

函的特点是：

1. 使用广泛

函是典型的平行文文种，应用于平行机关和不相隶属机关之间，由于行文单位之间无上下级之分，也没有领导与被领导之别，是一种沟通协作的平级关系，在日常工作中使用广泛。

2. 沟通灵活性

函对于不相隶属机关之间相互商洽工作、询问和答复问题，起着沟通作用，充分显示平行文种的功能，这是其他公文所不具备的特点。

3. 语言平和

函的用语比较平和、明确，结尾一般用礼节性的用语，这是与其他公文不同的地方。

二、函的分类

根据不同标准，函有不同的划分。

"函"按性质可以分为公函和便函两种。公函用于机关单位正式的公务活动往来,有严格的格式要求;便函则用于日常事务性工作的处理,不属于正式公文,因此没有公文格式要求,不用发文字号,在文末署上机关单位名称、成文时间并加盖公章即可。

"函"按照行文目的分为"发函"和"复函"两种。向对方主动提出商洽、询问或请求问题等公事事项的为"发函";关于应对方要求答复问题、回复请求的,即受动答复的为"复函"。

"函"按照内容和用途分为商洽事宜函,通知事宜函,催办事宜函,邀请函、请示答复事宜函,转办函,催办函,报送材料函等。

下面,介绍几种常用的函。

(一)告知函

告知函亦称通报函,是将某一活动或事项告知对方。这种函类似于知照性通知,由于没有隶属关系,用"通知"不妥,所以宜用"函"。

陕西省人民政府关于报送改进
口岸工作支持外贸发展牵头任务落实情况的函

海关总署:

按照《国务院口岸工作部际联席会议办公室关于印发〈国务院关于改进口岸工作支持外贸发展的若干意见〉重点任务分工方案的通知》(署岸函〔2015〕293号)文件精神,现将改进口岸工作,支持外贸发展我省牵头任务落实情况报告如下:

一、建立健全口岸突发事件联动机制和处置预案

为进一步提高口岸整体安防管控水平,确保口岸运行安全、高效、畅通,我省启动了《陕西省口岸突发事件应急联动机制和处置预案》编制工作。此项工作由省政府口岸办牵头,今年10月中旬前拿出预案初稿,在充分征求相关部门单位意见的基础上,年底前正式印发。同时,12月份拟在西安咸阳国际机场口岸组织突发事件应对实战演练,以检验机场口岸突发事件应对能力。

二、优化整合口岸监管查验场所

一是积极融入国家"一带一路"倡议,争取海关总署、质检总局支持,进一步延伸内陆口岸功能,优化整合口岸监管查验场所,加快推进西安国际港务区申报正式对外开放口岸相关工作,争取汽车整车进口口岸早日获批;二是加快"西安港"建设,推进西安铁路口岸基础设施建设,力争进口粮食和进口肉类指定口岸早日通过国家有关部委验收;三是进一步优化宝鸡、延安、渭南口岸运营,完善口岸基础设施建设;推动榆林、汉中口岸尽快开关开检;支持安康、商洛加快口岸开放。

三、制定落实国家口岸发展规划配套措施

(一)我省口岸发展"十三五"规划编制工作全面推进,目前已形成规划初稿。拟在广泛征求意见和专家论证的基础上,于2015年年底前完成《陕西口岸发展"十三五"规划》编制工作。

(二)2015年5月28日,我省印发了《关于落实"三互"推进大通关建设的实施意见》,目前正在积极实施。结合贯彻落实《国务院改进口岸工作支持外贸发展的若干意见》,我省出台了改进口岸工作、支持外贸发展的15条具体措施,拟于近期下发。

(三)将尽快建立口岸工作联席会议制度。联席会议由省政府分管副秘书长任联席会议总召集人,由18家部门和相关单位的负责人组成,负责制定落实国家口岸发展规划配套措施,完善我省口岸工作制度,统筹规划我省口岸发展。此项工作拟于今年9月底完成。

专此致函。

陕西省人民政府
2015 年 8 月 4 日

告知函的对象还可以是多家受文单位,例如:

国务院办公厅政府信息与政务公开办公室关于转发
《江苏省政府信息公开申请办理答复规范》的函

各省、自治区、直辖市人民政府办公厅,国务院各部委、各直属机构办公厅(室):

新修订的《中华人民共和国政府信息公开条例》颁布实施以来,江苏省人民政府办公厅积极履行法定主管部门职责,研究制定了《江苏省政府信息公开申请办理答复规范》。我们认为,该规范对新条例理解准确、操作性强,特别是其中26种政府信息公开申请办理答复格式文书,对于规范依申请公开工作、减少不必要行政争议,具有重要参考价值。

现予转发,供工作中参考。

国务院办公厅政府信息与政务公开办公室
2020 年 1 月 10 日

(二)商洽函

商洽函的"商"是商请、协商的意思,"洽"是接洽、洽谈的意思。党政机关在开展工作时,由于某项工作涉及相关专业领域,需要该领域的主管部门协助,此时商洽函发挥着不可替代的作用。

商洽函用于请求协助、商洽解决办理某一问题的函。它主要用于不相隶属机关之间商量洽谈办理某一问题,如联系参观、学习,商洽干部调动,请求帮助支持等事项。

商洽函的正文通常由商洽原由(发函的原因)和商洽事项两个部分组成。商洽事项有时还特别写清对受文的要求与希望。如人力资源保障部办公厅商请提供处罚情况的函《人力资源社会保障部办公厅关于商请提供相关企业年金基金管理机构被处罚情况的函》,由于人力资源和社会保障部是企业年金基金管理资格的认定部门,为了解各相关机构2014年7月以来被处罚的情况,向中国银行业监督管理委员会(2018年撤销)、中国证券监督管理委员会、中国保险监督管理委员会(2018年撤销)办公厅等机构行文,两者存在不相隶属关系,但又需要协助时,用商洽函沟通。商洽函在不相隶属机关之间配合开展工作时发挥着重要的作用,如下文陕西省人民政府商请铁道部关于开行西安至延安动车组列车事项的也是商洽函。

陕西省人民政府关于商请开行西安至延安动车组列车的函

铁道部:

近年来,在贵部的大力支持下,陕西铁路建设取得长足发展,铁路网逐步完善,铁路在全省经济社会中的地位更加重要、作用更加凸显。2011年,包西铁路建成运营,我省把开行西安至延安动车组列入重点工作,并积极加以推进。

开行西安至延安动车组列车具有十分重要的政治意义,延安是革命圣地,红色旅游资源丰富,动车组列车开行,将大大改善西安至延安的交通条件,缩短延安与全国的时空距离,既方便老区人民出行,也有利于各地参观者到延安旅游和接受红色教育、促进延安经济发展特别是红色旅游产业的发展。

对此前有关新线设备质量不稳定、电气化设备外部电源可靠性不足、线路设备未经受雨季考验、沿线人畜上道频发、部分公路上跨立交未装安全防抛网等影响动车组开行的因素,我省专题研究并提出了解决方案,在资金等方面作出安排,省级有关部门和西安铁路局做了大量基础性工作,及时整治安全隐患,做好了动车组开行的各项准备工作。

目前包西铁路开通运营一年多,线路质量和设备技术条件已基本稳定,恳请铁道部给予大力支持,争取使造福老区人民的西安至延安动车组列车2012年7月1日前开行。

此函。

陕西省人民政府
2012年4月13日

在收到商洽函后,单位应根据事项进行回复。在回复时,单位通常需要引述来函的标题和发文字号后加"收悉"等表明本单位已经知晓来函的内容,有时会根据实际工作情况加上"经研究""经考察"等说明本单位复函的一句以及对发函单位的重视,进而告知对方本单位可以配合的方式和举措。

通常的写作方式是:

××关于××的函

××××(主送机关):

你单位《××××关于商请××××的函》(收到的函的发文字号)收悉,经研究,现函复如下:

我单位……(是否可以配合或可以配合的程度等具体答复事项)。

发文机关全称
××××年×月×日

有时可以根据情况,省略对收文情况的陈述,使用"篇段合一"的方式进行写作,例如:

×××局对征求《中国自由贸易试验区西安区域
产业发展规划(征求意见稿)》意见建议反馈的函

中国(陕西)自由贸易试验区西安工作领导小组办公室:

经认真研究,我局对《中国(陕西)自由贸易试验区西安区域产业发展规划(征求意见稿)》没有其他意见。

×××局
2019年9月21日

(三)询答函

询答函主要用于向对方询问或答复某一事项。询答函包括询问函和复函两种类型。

询问和答复是公务活动中常见的文字沟通行为,机关单位开展工作时,由于业务分工不同或者组织背景差异、主观意识差异等,在工作中会针对一些政策、规定等存在理解的误差或者不确定,此时通常会使用询答函沟通,从而统一认识。

询问函适用于因不明确问题向有关机关和部门询问时使用(不包括以商洽工作、请求主管部门批准为主而附带有要求回答的函)。

这类函的正文一般由询问原由和询问内容两部分组成,询问原由可以是原因,也可以是目的。

通常的写作方式是:

××关于咨询××的函

××××(主送机关):

  因××××(出现问题的具体原因),我单位××××(执行中遇到的具体问题),××××(明确提出需要主管单位答复的事项)。

  请予函复。

发文机关全称
××××年×月×日

如深圳市财政委员会对《中华人民共和国政府采购法实施条例》第十八条第二款法律的适用存有疑问,于是向条例制定部门中华人民共和国财政部办公厅发函询问,以求给以明确解释,便于实际执行。财政部办公厅收到询问函后给深圳市财政委员会复函,明确告知同一供应商可同时承担项目的整体设计、规范编制和项目管理、监理、检测等服务。

关于《中华人民共和国政府采购法实施条例》
第十八条第二款法律适用的函

深圳市财政委员会:

  你单位《关于咨询〈政府采购法实施条例〉第十八条第二款法律适用问题的函》(深财购函〔2015〕2282号)收悉。经研究,现函复如下:

  为促进政府采购公平竞争,加强采购项目的实施监管,《中华人民共和国政府采购法实施条例》第十八条规定,"除单一来源采购项目外,为采购项目提供整体设计、规范编制或者项目管理、监理、检测等服务的供应商,不得再参加该采购项目的其他采购活动。"其中,"其他采购活动"指为采购项目提供整体设计、规范编制和项目管理、监理、检测等服务之外的采购活动。因此,同一供应商可以同时承担项目的整体设计、规范编制和项目管理、监理、检测等服务。

特此函复。

财政部办公厅
2015 年 9 月 7 日

复函时有时可以不写明询问的原由,只要求对方机关就某方面规定答复即可,例如:

省发展改革委关于反馈稻谷收购价格的函

省粮食和物资储备局:

你局《关于商请提供稻谷收购价格的函》收悉。据监测,2020 年 12 月,江苏省内稻谷收购价格情况如下:

江苏省稻谷标准品收购价格表

(略)

江苏省发展改革委
2021 年 1 月

值得注意的是,询问函和复函并非绝对的一对一关系。在某些特定的情况下,复函所答复的来文并非询问函,且复函的受文对象并不完全是党政机关,例如对政协委员提案做出的复函,其对应的来文是提案,答复的对象是提案委员本人。例如针对西安市政协委员的提案进行的答复,行文对象为个人,首段可作为导语对于收到提案的基本情况进行说明,之后每一段针对代表建议进行分别答复。

(四)请批函

请批函主要用于向有关主管部门请求批准某一事项和答复审批事项。由于其具有"请求批准"的目的,日常行文有时会混淆于请示,但二者适用范围不同。请示针对的是有隶属关系的直接上级,是上行文;请批函针对的是无隶属关系的主管部门,是平行文。而有关主管部门,是对请批的事项有决定权和批准权的部门,通常是职能部门。

通常的写作方式是：

××关于请求批准××的函

××××（主送机关）：

　　因××××（现实具体原因），根据××××（现实情况或理论依据），××××（明确提出需要主管单位答复的事项）。特请求批准×××（请批事项）。

　　请批准为盼。

发文机关全称
××××年×月×日

如福建省国土资源厅给福建省行政审批制度改革工作小组办公室行文，《关于省级行政权力和公共服务事项取消下放和调整工作的函》（闽国土资〔2015〕370号）请求取消、调整福建省国土资源厅的行政权力和公共服务事项。针对福建省国土资源厅的请求，福建省行政审批制度改革工作小组办公室根据福建省政府的通知等相关文件，结合请批函的请求事项回复《福建省行政审批制度工作小组办公室关于同意调整省国土资源厅行政权力和公共服务事项的函》。

复函时，通常的写作方式是：

××关于同意××的函

××××（主送机关）：

　　你单位《××××（请批函名称）》（发文字号）收悉，经研究，现函复如下：

　　同意××××（明确同意与否），××××（具体执行要求）。

发文机关全称
××××年×月×日

例文：

陕西省人民政府办公厅关于同意建立省计量工作部门联席会议制度的函

省市场监管局：

　　你局《关于建立陕西省计量工作部门联席会议制度的请示》（陕市监字〔2021〕167号）收悉。经省政府同意，现函复如下：

　　省政府同意建立由省市场监管局牵头的陕西省计量工作部门联席会议制度。联席会议不刻制印章，不正式行文，请按照有关文件精神认真组织开展工作。

　　附件：陕西省计量工作部门联席会议制度

陕西省人民政府办公厅
2022年1月11日

三、函的写作结构

(一)标题

函的标题通常有两种写作方式:

一是发文机关＋事由＋文种,如《某省教育厅关于推荐申报国家教育信息化试点的函》《某市交通运输局关于征求〈2022年综合运输春运疫情防控工作方案(征求意见稿)〉意见的函》等。

二是事由＋文种,省略发文机关,如《关于请求拨款举办"民间艺术节"的函》《关于商请提供挥发性有机物(VOCs)排放清单编制相关资料的函》《关于请求明确依申请公开相关事宜处理方式的函》等。

但是一般不应以文种"函"做单独标题。

此外,函的标题应注意区分"来函"和"复函"。如果是复函,应在题目中说明,如《某省人民政府办公厅关于聘任省政府参事的复函》《浙江省教育厅关于同意浙江女子专修学院终止办学的复函》等。

(二)函的主送机关

函的主送机关和其他公文文种要求类似,应当使用机关全称、规范化简称或者同类型机关统称。规定中的主送机关为公文的主要受理机关,即该公文所要求的事项的主要办理机关。

(三)函的正文写作

函的正文一般包括三个部分:缘由、事项、结束语,写作时一般先讲明事项的具体原因,突出行文的必要性。之后开门见山表明发函的具体事项,最后根据具体情况加上合适的结束语。

1. 缘由

函开头写行文的缘由、背景和依据。通常要求概括交代发函的目的、根据、原因等内容,然后用"现将有关问题说明如下"或"现将有关事项函复如下"等过渡语转入。

去函的开头或说明根据上级的有关指示精神,或简要叙述本地区、本单位的实际需要,疑惑和困难。

复函的缘由部分,一般首先引用来文的标题和发文字号,然后再说明发文的缘由。

2. 事项

事项是函的核心内容部分,主要说明致函的目的。函的事项部分内容单一,一函一事,行文要直陈其事。

发函一般写清楚商洽、请求、询问或告知事项的主要内容,并向对方提出希望或要求。

复函需要针对来函行文,应注意答复事项的针对性和明确性,并对来函中提出的问题写明本单位的意见。复函的态度要明确,不能答非所问或文意含混。要有针对性地写答复事项,即针对发函所提出的商洽、请求、询问等问题进行具体明确的答复。如有不同意见,应当直接说明。

如:海南省财政厅发给中国网络通信集团公司海南省分公司《关于政府采购有关资格问题的答复》中:

你公司属中国网络通信集团公司的分公司,不具有法人资格,不能取得信息产业部颁发的系统集成资质,但可以使用集团公司的计算机信息系统集成资质证书参与政府采购。

该函开头直接表态,因为"不具有法人资格,不能取得信息产业部颁发的系统集成资质",因此"不能取得信息产业部颁发的系统集成资质"。但是又给了解决问题的方案"但可以使用集团公司的计算机信息系统集成资质证书参与政府采购。"复函内容要简洁,明确。

3. 结语

函的写作目的不同,使用的结语不同。

例如,告知函只是告知对方事项而不必对方回复,因此结语常用"特此函告""特此函达"等。

商洽函等需要对方复函的,则用"盼函复""望函复""请复函""肯请全力支持并尽快研复为盼"等语。

请批函多以"请批准""请协助为盼""如蒙慨允,请即复函""望准予是荷"等习惯用语收束。

复函的结语常用"特此复函""特此回复""此复"等惯用语。

如非必要,也可不写结语。

(四)函的发文机关署名及成文日期

确定成文日期的原则方面,通常公文成文的日期以负责人签发的日期为准,重要的命令、决定、通告、通知等以领导人签发日期为准。两个以上机关联合发文,以最后签发(或签署)的日期为准。

四、函的写作要求

1. 开门见山,直叙其事

函作为一种实用性文体,行文目的具体明确、写作时需要开门见山,无论发函还是复函,都要直陈其事并交代清楚,切忌套话。

例如:

××研究所关于询问"公文写作与保密教育"培训有关事宜的函

××大学:

据官网消息,贵校将于今年6月、7月、8月分别举办三期"公文写作与保密教育"培训班。我所有意选派办公室工作人员参加培训,但有些事宜了解得还不够清楚。比如,这相关课程对应的课时、师资情况、具体费用等。我所急需获悉,以便有针对性地选派人员参加。

特此函达,告知为盼。

××研究所
2022 年 5 月 24 日

(联系人:×××,联系电话:××××××××××)

该函首句就陈述询问的具体事项,次句也直接表明了本方的态度,并罗列了详细要了解的有关事宜。行文简练得体。尤其文末还附上联系人及联系电话,便于之后的反馈和沟通,这是有利于推动工作的方式。

2. 语言得体、态度明确

公文写作以文辅政,"盖文章,经国之大业,不朽之盛世"。会议、决策、政策无不是通过文字的方式来传达和宣传的。公文是党政机关的领导方式和工具,公文写作就是"遵照性写作",写作"自主权"是有限的。一篇公文写什么、怎么写、体现什么思想,都是有规范的,不能随心所欲。

这就意味着函作为常用公文文种,在写作语言和态度方面要注意:第一,叙事要清楚、明确,态度要肯定、明晰,不能含糊笼统或者模棱两可。第二,有理有据,令人信服。第三,语言朴实恳切、庄重坦诚。语言必须谦逊,态度必须诚恳,相互尊重。语气必须坦诚,切忌使用生硬的、恭维的或者命令式的语言,发号施令,强加于人,避免使用"要""不要""不得""必须""务必""否则,由此引起的一切后果,由你方承担全部承担"等表述。

3. 一文一事

一文一事的作法大约始于魏晋南北朝时期,通用于唐代,而见诸典籍记载的成文制度则是在宋代。宋代的《庆元条法事类·卷十六·文书门》中规定:"谏奏公事,皆直述事状,若名件不同,应分送所属,而非一宗事者,不得同为一状。"这是目前所能见到的关于一文一事制度的最早记录。一文一事制度,符合文书工作的发展规律,因为它能突出公文内容主旨,加快行文速度,提高公文处理的效率,也便于文件的管理、查询和文书档案的保管,一直沿用至今。

与其他法定公文文种相比,函的写作内容要有鲜明的针对性,必须专一、集中,写作时必须遵循一文一事的行文原则,即一则函只涉及一项事情,便于收文单位及时处理和明确答复,切忌一文多事和铺垫太多。以请批函的写作为例,它主要是向同级或上级业务主管部门请求批准事项,需要重点写清楚请求的理由和具体事项,便于收文单位及时做出答复,而且只能在文中请求一件事情,不能夹带多个请求事项。

第十章

请示的写作

请示作为目前党政机关法定公文中下情上达的重要文种,是具有隶属关系的上下级机关之间进行工作交流和事务处理的重要媒介,请示作为请求性公文,行文目的是希望得到上级机关的支持或批复。请示的写作质量关系到各级机关的工作效率与职能关系。

一、请示的含义和特点

(一)含义

请示,顾名思义就是请求指示,适用于下级机关请求上级机关批准工作中的某一具体事项或解决某个具体问题的文种。

在日常的文书工作中,请示的应用范围一方面限定于有隶属关系的上下级之间,只有下级机关向上级机关行文,才能使用请示文种。上级对下级以及没有隶属关系的部门、单位之间行文,是不能使用这一文种的。另一方面,在实际工作中,以下几种情况下是必须向上级机关请示才可行文:

一是主管上级单位明确规定必须请示批准才能办理的事项。二是下级机关无法解决或处理的新情况、新问题。三是对上级机关的政策、规定在执行中有理解偏差而无法执行,请求上级给予指示或予以解释。四是下级机关需要增设机构,人员扩编、申请经费、设备采买等。五是因情况特殊难以执行现行规定,需要上级重新指示才能办理的事项。六是事关重大,为防止工作失误,需请示上级审核的事项。

(二)特点

1. 行文范围广泛

各机关对自己无权或无法处理的问题均可制发请示公文,向上级机关请求指示或批准,并要求上级机关予以回复,具有强制回复的性质,接受请示的机关应对请示事项表明是否批准的意见或予以明确的指示。

2. 责权限定

请示的内容必须是属于本机关职权范围内无力或确实难以处理的问题与事项,不能超出职权范围。不请示属于本机关应当处理的事情,也不请示发文单位经过努力能够解决的问题。

3. 事前请示

请示必须在办事之前完成,边干边请示以及事后请示都是违反办事原则的。

二、请示的分类

请示这一文种,根据内容和写作意图的不同分为三类。

1. 请求指示的请示

在工作过程中,如果遇到下级无权决定或无力解决而又必须解决的事项;遇到依据现有规定无法执行的特殊情况;遇到由于内部意见不统一,难以定夺,需请上级进行裁决的事项;遇到对现行方针政策和法律规章制度理解不清晰的情况;遇到工作中的新情况、发现的新问题,需要请求上级明确进行解释、答疑或指示才能办理的情况,都可使用请求指示的请示。

此类请示通常是政策性请示,针对下级机关需要上级机关对原有政策规定做出明确解释,对变通处理的问题做出认定等请示。例如《关于对〈中华人民共和国药品管理法〉第四十八条有关法律适用问题的请示》《关于新民间借贷司法解释有关法律适用问题的请示》《关于对〈城市房屋拆迁管理条例〉第五条第二款具体含义的请示》等。

例文:

北京市药品监督管理局关于在非药品柜台销售滋补保健类中药材
有关法律适用问题的请示

北京市人民政府法制办公室:

  长期以来,在商场、超市等非药品柜台销售人参、鹿茸等滋补保健类中药材较为普遍。各地均未按照销售中成药、中药饮片的管理方式实施《药品经营许可证》管理。各有关方面和社会各界对此均没有异议。但近来在执法过程中,有人对此提出异议,认为对此类中药材亦

应实施《药品经营许可证》管理,并多次质询我局。对此我们对照《药品管理法》有关条款认为:

1. 根据《药品管理法》第一百零二条规定:药品,是指用于预防、治疗、诊断人的疾病,有目的地调节人的生理机能并规定有适应症或者功能主治、用法和用量的物质,包括中药材、中药饮片……

基于人参、鹿茸等中药材具有医疗、保健双重性能。有些品种已被分期定义为药食两用品种。有些品种虽未列入"药食同源"的名单,但均作为滋补保健品销售使用。产品既不标示功能主治,也不以预防、治疗、诊断为目的。这类产品在商场、超市等非药品柜台广泛销售,具有一定的历史渊源,已形成传统销售方式。

2. 根据《药品管理法》第三十一条规定:国家对药品实施批准文号管理,生产药品必须取得批准文号,但对中药材是允许例外的。

3. 根据《药品管理法》第三十四条规定:国家对中药材的购销未实施经营资质的《药品经营许可证》管理。

4. 根据《药品管理法》第二十一条规定:城乡集市贸易市场出售中药材无须《药品经营许可证》。

鉴于城乡集贸市场与连锁超市、商场等同属零售市场,连锁超市、商场是农村集贸市场在城市的表现形式,且后者较前者在经营条件、管理状况等方面更具优势。在商场、超市可以比照城乡集市贸易市场销售中药材应是该法条应含之意。

综上,我们认为《药品管理法》并未对中药材经营实施《药品经营许可证》管理。因此,在商场、超市等非药品柜台销售滋补保健类中药材和以此为原料或内容物的礼品盒,可以适用《药品管理法》的上述规定,不实行《药品经营许可证》管理。

妥否,请批示。

北京市药品监督管理局
2005 年 4 月 14 日

例文中,北京市药品监督管理局依据《药品管理法》规定,针对中药材是否应实施《药品经营许可证》管理做出判断,即"在商场、超市等非药品柜台销售滋补保健类中药材和以此为原料或内容物的礼品盒,可以适用《药品管理法》的上述规定,不实行《药品经营许可证》管理。"并针对这个判断向北京市人民政府法制办公室提出请求指示的请示。

2 请求批转的请示

遇到下级机关职能部门就本身分管业务范围内的工作,如机构设置、人事安排、项目设立等,需要向上级机关申请审批的情况;遇到超出本单位职权范围或因情况特殊需要变通处理的事项需要请求上级批准、答复,才有处理该事项的权限的情况;遇到有些事项,下级机关实施前按规定需上级机关审批后才能办理的情况;遇到下级机关就某一涉及面广的事项提出处理意见和办法,需各有关方面协同办理,但按规定又不能指令平行机关或不相隶属部门办理,需上级机关审定后批转执行的情况通常使用此类请示。例如《关于印发〈巴音郭楞蒙古自治州人民政府关于进一步加强特种设备安全监管工作的意见〉的请示》《省教育厅关于上报〈吉林省特色高水平大学、特色高水平学科专业建设项目实施方案(送审稿)〉的请示》等。

请求批转类的请示由于内容简单,写作时可以使用"篇段合一"的方式完成文稿写作,例如:

关于印发《关于推进健康宝山行动的实施意见》的请示

宝山区人民政府:

  为贯彻落实健康中国战略和《"健康上海"2030 规划纲要》,进一步推进健康宝山建设,区卫健委起草了《关于推进健康宝山行动的实施意见》《健康宝山行动 2019—2020》《健康宝山行动组织实施和考核方案》等文件,先后通过 5 月 8 号区政府第 108 次常务会议、5 月 9 号七届区委常委会第 150 次(扩大)会议审议。为更好地做好这项工作,现提请以区政府名义印发《关于推进健康宝山行动的实施意见》。

  以上请示,妥否,请批示。

  附件:《关于推进健康宝山行动的实施意见(代拟稿)》

上海市宝山区卫生健康委员会
2020 年 5 月 29 日

3. 请求批准的请示

此类请示是下级机关针对某些具体事宜向上级机关请求批准的请示,主要目的是为了解决某些实际困难和具体问题。在工作过程中,下级机关需要处理人、财、物等方面的问题,但仅靠自身已有条件无法解决困难的,请求上级机关予以人、财、物等方面的支持,行文时先陈述工作中遇到的困难,再列出具体的请示内容。例如《××省人民政府关于申请延长农村信用社减免税等优惠政策的请示》《关于西安绕城高速公路设置西咸新区收费站的请示》《关于汉中至陕川界高速公路设置龙头山收费站的请示》等。

例文：

关于县市场监督管理局黎城分局设置内设机构的请示

县编委：

根据金政办〔2014〕105号通知精神，和《关于做好县（市）区市场监督管理体制调整有关问题的建议》，县市场监督管理局黎城分局主要职责是：具体负责黎城镇、江苏金湖经济开发区工商、质监、食品药品监管工作的行政指导、管理服务，负责相对简单的行政审批事项和其他具有审批、确认性质的权利事项的直接办理，具体负责对辖区企业及其市场行为的日常监管和案件查处工作。

根据工作需要，黎城分局拟设置以下机构：

综合股：负责分局后勤保障、宣传创建、文秘档案等日常行政事务工作；日常业务接待、各项检查计划的布置落实、财务管理、党建、行风、纪检、人事、信访等工作，对有关事务进行综合协调和检查督促。

行政服务股：主要负责所辖区域内相对简单的行政审批事项和其他具有审批、确认行政的权力事项的办理，以及需报县市场监督管理局批准事项的初步审核。

监管一股（队）：具体负责对黎城镇区域内企业及其市场行为的日常监管工作。

监管二股（队）：具体负责对黎城镇区域内企业及其市场行为的案件查处工作。

监管三股（队）：具体负责对江苏金湖经济开发区内企业及其市场行为的日常监管和案件查处工作。

以上均为正股级，配股（队）长5名，副股（队）长5名。

当否，请批复。

金湖县市场监督管理局
2015年5月19日

该例文是金湖县市场监督管理局关于内设机构设置的申请，首段对县市场监督管理局黎城分局的主要职责进行陈述，表达设置内设机构的必要性和业务范围的广泛性。正文其余部分对于机构设置的岗位、人员和级别做出说明。最后向上级主管部门"县编委"发出请求批准的请示。

三、请示的写作结构

请示在体式上有着文体的既定要求,即俗语所说的"套路",在写作中可以参考。

完整的请示由标题、正文和结尾语三部分组成。

(一)标题

请示的标题一般有两种构成形式:一种是由"发文机关+事由+文种"构成,如《某路桥集团关于投资修建××公路客运站的请示》;另一种是通过省略发文机关,由事和文种两部分构成,如《关于筹办××会议的请示》。

在请示的标题撰写中,"事由"是决定写作质量的核心,标题的好与不好主要决定于事由写得是否正确、清楚。在关于"事由"的写作中,需要注意以下几个问题。

第一,事由部分一般由"关于+动宾词组、主谓词组或介宾短语"构成。可能出现的问题,例如动宾搭配不当。如《关于解决××人才引进的请示》,这个标题从表面看似乎没有什么问题,可仔细推敲一下,便会发现动宾搭配不当。"解决"的对象应为"问题""矛盾",而"人才引进"只是一个具体的事项名称,写作时应该表述为《关于解决××人才引进问题的请示》。再如缺少动词,动词是"事由"中最重要的部分,没有动词,何来请示。如《关于××集团公司董事会人事安排的请示》,因缺少动词让受文机关十分困惑,是要延聘、提前退休还是人员调动。因此,必须根据具体情况添加相应的动词,例如《关于××集团公司董事会换届人事安排的请示》。

第二,由于"请示"这一文种本身就蕴含了请求的性质,因此在标题中不能加上"请求""申请"等语词,如《某公司关于请求进一步明确义务教育阶段校外培训学科类和非学科类规范的请示》《关于申请实验室用地建设立项的请示》等是错误的。

第三,请示标题中"事由"的写作,需要准确简明地呈现请示事项。写作中一般存在两个问题。一是过于简单导致事由不清,例如省略主语,尤其是在由主谓词组说明事由的标题里,缺少主语导致意义不清。如《关于外出考察学习的请示》,因缺少主语而让人费解:到底是谁外出考察学习。完整的标题应为《关于××同志外出考察学习的请示》。请示的标题要和公文的内容相符,可有些请示的标题并没有陈述具体事项,有时会导致请示事项不清楚。如《关于×

×企业改制的请示》,其本意是要实施整体转让改制方案,但是题不对文,应改为《关于××企业实施整体转让改制方案的请示》,否则即便呈送上级机关,也可能由于事由不清楚,导致请示的事项无法得到有效批复。又如《关于××博物馆岗位设置方案的请示》,从标题上无法了解主要信息,应为《关于上报××博物馆岗位设置方案的请示》。二是冗长啰嗦,往往发文单位担心事由陈述不清楚,拟定的请示标题几乎是一篇短文,例如《关于××同志参加由××组织的××代表团赴××省进行考察学习的请示》。

第四,对文种的正确把握。在现实生活中,常见的错误在于混用"请示"和"报告",或者直接写"请示报告"。请示和报告同为上行文,但是请示是下级机关向上级机关请求对某项工作、问题做出指示,对某项政策界限给予明确,对某事予以审核批准时使用的一种请求性公文。而报告属于陈述性公文,用于向上级机关汇报工作、反映情况、提出意见或者建议,答复上级机关的询问时使用的公文。二者的主要区别在于:首先,请示是上级机关必须要答复的,而报告视内容情况,可以答复也可以不答复。其次,报告的行文内容是比较多的,可以是一文一事的报告,也可以一文数事的综合性的报告,而请示是单一的,必须一文一事,便于上级机关及时审批。最后,报告一般以"特此报告"或"特此汇报"等为结束语,请示则以"妥否,请批复""请予以指示""请批复"等为结束语。

此外,较常见的还有"函"与"请示"的混用,在实际文书处理工作中,有些文书人员误认为请示的行文效力强于函的行文效力,为了更快速地做好相关工作,在处理某些发文时直接用"请示"代替"函"行文。有的人甚至认为使用"请示"是放低姿态,有利于问题的解决。事实上,"请示"是向有隶属关系的上级行文,在行文关系上属上行文;"函"是向没有隶属关系的有关主管部门或职能单位行文,从行文关系上看多数为平行文。例如某市招商局向市文旅局发文《关于邀请市文化和旅游局领导参加旅游招商大会的请示》,市招商局和市文旅局两个机关间不具有隶属关系,是平行机关之间的行文,不应使用请示,应用函来行文。

(二)正文

请示的结构通常采用纵式"因果式结构",即遵照事物发展经过的先后顺序,或按逻辑思维的发展过程,逐层依照逻辑先后的顺序呈现。

一份请示不论文字长短,其内在逻辑均是由"为什么请示"和"请示什么问题"两大部分组成。

所谓"为什么请示",通常包括请示的背景和缘由,这部分是作为申请事项的论据存在,直接关系到是否能获得上级机关的支持或批复,请示的理由越充分,越能受到上级机关的认同,因此写作时需要注意问题的迫切性和必要性方面的陈述,以最能打动、说服上级机关的典型事实和材料作为请示理由,把情况讲清、道理讲透。这部分要想获得高效回复,就必须语言简洁明了,让对方尽快明白行文意图。一方面,写作前,一定要明确就什么问题而请示,为了解决什么问题而请示,然后要明白解决这一问题有什么要求等,正文部分的语言应该清晰明了,有时因为过分重复强调"申请""请求""恳求"等概念导致行文不畅。另一方面,在确定了主题之后,就要围绕主题选材,与主题无关的词汇、语句,即使再优美、再精彩,也要坚决舍弃,一些常识性或即时性的意思就没必要在请示中重复。似是而非、可有可无和漫无边际的客套话,会大大削减文字的美感。

所谓"请示什么",即要求上级机关具体解决什么问题或者获取什么支持。写作时要把请求上级机关给予指示、批准的问题或者上级机关给予的支持、帮助等内容直接陈述,让上级机关一目了然。

××镇人民政府
关于修建森林防火通道的请示

县林业局:

我镇处于太行山东南部,森林覆盖率高,林地总面积达15万余亩,森林防火重点区域达6万余亩,包括太行山、寨则、贺窊、吴庄、东村、郭背等22个重点村。在重点区域中铺头片区又是森林防火工作的重中之重,该区域耕地与林区相互交织,森林防火工作压力大、隐患多,且进入林区的道路狭窄难行,给森林防火、安全巡查、火情扑救等带来很多不便,亟须修建森林防火通道。

森林防灭火工作事关社会和谐稳定大局、事关森林资源安全和生态安全大局、事关林业发展大局。为了进一步落实森林防灭火工作的各项措施,现申请在该片区域修建森林防火通道,初步计划的建设位置在杨家山(自然村)、横岭(自然村)南部和寨则村附近,防火通道建成后将有利于森林资源保护和生态环境建设,在阻隔林火,巡山护林,野外火源管控,扑救兵力投送、实施科学高效扑救指挥等工作中发挥至关重要的作用,同时还能方便群众生产生活。

特此请示,请予以批复。

××镇人民政府
2021年10月26日

这是一份镇政府发给县林业局的关于修建森林防火通道的请示，正文部分两段分别回答了"为何请示""请示什么"的问题。第一段先指出重点区域中铺头片区是森林防火工作的重中之重，接下来，一方面陈述了该区域森林防火工作压力大、隐患多的问题，另一方面指出道路狭窄导致森林防火、安全巡查、火情扑救等方面的困难。第二段明确说明建立森林防火通道的位置和建成后的优势。

再如：

关于加强放心粮油工程建设的请示

张家港市人民政府：

"放心粮油工程"是2011年张家港市政府实事工程项目。市政府高度重视放心粮油工程建设，以张政发〔2011〕44号文件批转了《关于推进放心粮油工程建设的实施意见》；各镇（区）实行了相应扶持政策，大力支持工程建设；市粮食、工商、质监、物价及卫生等职能部门加强监管，落实管理制度；粮油经营者能够诚信经营，规范运作。至2012年底，全市已圆满完成28家"放心粮油店"的创建任务（杨舍、金港镇各6家，塘桥、锦丰、乐余、凤凰镇各3家，南丰镇2家，大新镇、现代农业示范园区各1家）。"放心粮油店"成为粮油经营者诚信经营的示范店、消费者食品消费的放心店、政府应对突发事件的粮油应急保供店，受到城乡居民的普遍欢迎。但创建工作也存在一些问题：一是布点不到位，没有覆盖到全市所有（街道）办事处。二是经营者的积极性不高。粮油经营利润较小，诚信经营成本相对较大，年度政府奖励资金较少。三是长效管理机制不健全，监管经费没有完全落实到位。

"放心粮油工程"是一项利民惠民的民生工程，张家港市委十届七次全体（扩大）会议要求"多办民生实事；进一步完善食品安全监督体制，全力保障食品安全"。苏州市政府将放心粮油工程建设列为2013年实事项目。今年全省农村工作会议上，省委将粮食等重要农产品有效供给和质量安全问题作为全省上下必须高度重视、认真研究、切实加以解决的首要问题。中央1号文件将完善国家粮食安全保障体系列为2014年首要工作任务，并强调"在重视粮食数量的同时，更加注重品质和质量安全；强化农产品质量和食品安全监管"。综上所述，为进一步健全我市粮食安全保障体系，确保粮油市场质量安全，市粮食局拟定了《关于加强放心粮油工程建设的实施意见》，请予审批。

附件:关于加强放心粮油工程建设的实施意见

张家港市粮食局
2014 年 2 月 12 日

这篇文稿是张家港市粮食局发给张家港市人民政府的一篇关于加强放心粮油工程的请示,首段分别指出放心粮油工程的成效和问题。第二段则以系列文件为依据,分析市粮食局拟定《关于加强放心粮油工程建设的实施意见》的必要性,并以该《意见》做附件上报,是一份请求批准的请示。

(三)结尾语

请示的结尾语,一般有:"妥否,请签核批示""当否,请批复""以上请示,请审批。""以上请示,请予批复。""以上当否,请批示""以上请示,请示复""请审核批复等。

但是,有时会因为结尾语言的不规范,影响行文效能。例如:

只写"特此请示"漏掉"请予批复",或者完全表述为"特此请示,请审阅",都有可能导致无法收到批复。

或者"特此请示,若有不当,请批复。"这个结尾语意味只有在请示事项被判定"不当"时才会有批复。

或者"无论如何,望批准。""此项工程定于 6 月 15 日开工,请于此日前批准。""以上请示,事情紧急,限两个工作日内作出批复。""万请即时批复,拜谢"此类带有胁迫或命令式的语气,缺乏对上级机关的尊重,未必有利于行文。

四、请示的写作要求

1. 请示应做到一文一事

"一文一事"的原则不仅仅适用于"函"的写作,在"请示"写作中亦如此,通常一个请示只能有一个请求事项,而不能有多个请求事项。这是因为,多个请求事项会给上级机关的批复带来不必要的麻烦,缺乏针对性和单一性,导致请求的事项不突出、不明确,不利于所请求事项的及时解决。

2. 请示一般只写一个主送机关

请示若有多个主送机关叫多头请示。多头请示往往因为请示的主办机关不明确、责任难落实,可能会出现相互推诿的现象,尤其可能造成批复的结果不尽一致,在实际工作中导致工作无法开展。因此,请示原则上只能主送一个上级机关,即使向受双重领导的机关上报请示,也要写明谁是主送机关、谁是抄送机关。

多头主送,是对请示事项把握不到位,对呈请机关把握不准确的表现,亦是懒政的一种表现,反映了发文机关行事的不够严谨和随意性。

此外,请示不宜向上级机关的领导者个人行文。《党政机关公文处理工作条例》明确规定,除上级机关负责人直接交办的事项外,不得以本机关名义向上级机关负责人报送公文,不得以本机关负责人名义向上级机关报送公文。

3. 请示具有呈批性

请示的主送机关即有隶属关系的直接上级机关,无论对请示事项与否同意,都应该给予答复。由于上级机关阅处请示的行为是被动的,上级机关因此具有"被动的阅处权"。请示内容多是重要事项,上级机关通常会在最短的时间内给予答复。为提高解决问题的效率,请示写作必须开门见山、言简意赅。这一点也要求在请示有关事项时,一定不能"先斩后奏",必须未雨绸缪、尽早准备、事前行文,并且待上级机关作出明确的指示、批复后才能行动。

4. 下级机关的请示事项,如需以本机关名义向上级机关请示,应当提出倾向性意见后上报,不得原文转报上级机关

这是由请示的性质所决定的。请示属于上行文,在尚未得到上级机关指示或批准前,不宜将尚无定论的事项告知下级机关。假设已经告知下级机关,又没有得到上级机关的指示或批准,就会给下级机关造成麻烦和混乱的局面。

5. 各级党委、政府的部门向上级主管部门请示、报告重大事项,应当经本级党委、政府同意或者授权

需要指出的是,在行文中不能把矛盾和问题简单上交,必须体现出写作者自身判断的倾向性意见。不经过思考的请示,很难得到上级认可。

第十一章

纪要的写作

纪要是《党政机关公文处理工作条例》中明确的主要文种之一,是秘书部门"办文""办会""办事"的重要载体和呈现形式。纪要的特殊性与其所承载的功能,要求撰写者在撰写纪要时不仅要符合公文写作的基本要求,还要以目标与问题为导向,高标准地呈现会议的议定事项,传递与会议决策相关的诸多信息。

一、纪要的含义与特点

2012年4月16日中共中央办公厅、国务院办公厅联合印发的《党政机关公文处理工作条例》中规定:纪要适用于记载会议主要情况和议定事项。

纪要即会议纪要,作为独立的公文文种,是中国共产党民主集中制原则的产物。中华人民共和国成立前后许多事情要通过集思广益的形式召开会议研究解决,并进行传达贯彻,继而产生诸多会议文件,如会议记录、简报、讲话稿等。

1987年国务院办公厅印发的《国家行政机关公文处理办法》首次对会议纪要的适用范围做了规定:"传达会议议定事项和主要精神,要求与会单位共同遵守、执行的,用会议纪要。"1996年党中央批准印发的《中国共产党机关公文处理条例》明确指出会议纪要"用于记载会议主要精神和议定事项"。2001年开始施行的《国家行政机关公文处理办法》也明确规定:会议纪要"适用于记载、传达会议情况和议定事项"。2012年4月16日中共中央办公厅、国务院办公厅联合印发的《党政机关公文处理工作条例》则指出"纪要适用于记载会议主要情况和议定事项。"从命名上,"纪要"取代"会议纪要",但适用范围并未发生变化。

纪要的特点,一方面是内容的纪实性。会议纪要如实地反映会议内容,它不能离开会议实际自行创作,不能加入写作者的价值判断。否则,就会失去纪要内容的客观真实性。另一方面是表达的要点性。会议纪要是依据会议情况综合而成的。撰写纪要应围绕会议主旨及主要成果来整理、提炼和概括。重点应放在介绍会议成果,而不是叙述会议的过程。

二、纪要的分类

纪要,适用于记载会议主要情况和议定事项,根据会议记录和会议文件以及其他有关材料加工整理而成的,它是反映会议基本情况和精神的纪实性公文。因此,会议质量决定纪要的质量,要求撰写人员在参加会前,必须认真掌握会议相关材料,以全局视野审视会议内容,精确把握会议纪要所承载的功能定位。在参加会议时,重点掌握汇报人的汇报信息、与会人员的表态信息和会议主持人的总结信息。

纪要的分类是根据会议的类型进行划分,常见的有两种划分方式。

第一种是按照会议的性质进行划分,分为常务会议纪要、专题会议纪要和专业会议纪要。

常务会议纪要是例行型办公会议纪要,即记述例行办公会议情况及其议决事项的会议纪要,是记述机关或企业、事业等单位对重要的、综合性工作进行讨论、研究、议决等事项的一种会议纪要。

例文1:常务会议纪要大纲

县委常委会会议纪要

2021年11月16上午,县委书记在县委常委会议室主持召开2021年第36次县委常委会议,会议对近期相关的系列工作进行了研究部署,现将会议精神纪要如下:

一、调整县委巡察工作领导小组成员

会议听取了……

会议决定……

二、成立县委相关工作委员会

会议听取了……

会议决定……

三、2021年度绩效评估工作

会议听取了……

会议决定……

四、深化"放管服"改革工作

会议听取了……

会议决定……

五、疫情防控工作

会议听取了……

会议决定……

六、融媒体中心建设工作会议

会议听取了……

会议决定……

会议还传达学习了上级有关精神,研究了干部人事工作。

常务会议主要针对事务性工作展开,所涉内容繁多,因此写作者通常会通过归纳分类的方式进行纪要写作。此类会议纪要主要用于记载、传达以党政机关为主体的各级社会组织召开的工作会议,写作者对会议情况和决办事项的记录,使用法定规范格式书写,应严守公文管理写作规范。此类纪要在行文方向上以下行文为主,需要平行文、上行文时用抄送的形式。

专题会议纪要是专门记述座谈会讨论、研究的情况与成果的一种会议纪要。其主要特点是主题的集中性与观点意见的分呈性相结合,既要归纳比较集中、统一的认识,又要将各种不同观点和倾向性意见都归纳表达出来。

例文 2:专题会议纪要大纲

脱贫攻坚领导小组会议纪要

2021 年 10 月 9 日,市扶贫开发领导小组召开第 21 次会议。市委副书记××出席会议并讲话,市扶贫开发领导小组有关成员单位负责人参加会议。

会议传达学习了……

会议认为……

会议强调……

会议决定……

会议要求……

专题会议通常围绕一个议题展开,会议主题单一,不需要进行分类,有时也会通过篇段合一的方式进行写作。

专业会议纪要通常针对专业型会议,包括学术会议,主要特点是要体现会议的专业性。写作时,将会上具有典型性、代表性的发言加以整理,提炼出内容要点和精神实质,然后按照发言顺序或不同内容,分别加以阐述说明。这种写法要求如实反映与会人员的意见。

例文3:专业会议纪要

中外民族戏剧学学术研讨会纪要

陕西省西安市是中国西部地区政治、经济、文化、教育的交通枢纽,是古代"丝绸之路"的起点,也是古今中外各民族文学艺术交流融汇的重要集散地。陕西自古就是中国戏剧的发祥地之一,在这片古老的土地上,先后诞生了秦腔、阿宫腔、碗碗腔、弦板腔、眉户、道情等剧种,形成了各路戏剧交相辉映的景象。为了大力促进中国少数民族戏剧文学和中西戏剧文化比较的学术研究,经过多年来的精心策划和紧张筹备,由陕西师范大学文学院主办,《戏剧艺术》杂志社、《陕西师范大学学报》编辑部协办的"中外民族戏剧学学术研讨会",于2009年11月7日至8日在陕西师范大学雁塔校区启夏苑召开。来自北京大学、中央民族大学、四川大学、南京大学、上海戏剧学院、西北大学、陕西省戏剧家协会等国内20余所高校和社会团体的70余位专家学者参加了研讨。与会学者围绕"民族戏剧学理论""中外民族戏剧比较"和"中国传统戏剧"展开了广泛而深入的讨论。

一、合同异:民族戏剧理论的特质

多元文化共存,是这个世界的主要特征。与此相适应的民族戏剧有着各种不同的形态和内容。因此,民族戏剧学是对属于一个人种、部族、种族、族群,或代表一个国家文化现象与本质的社会共同体的表演艺术形态研究的学术体系。

为了整合产生于不同的社会文化环境的戏剧与戏曲,汉族与少数民族戏剧,中国与外国戏剧比较,戏剧文化与戏剧艺术,戏剧理论与戏剧实践,戏剧社会学与戏剧美学等学科理论,缓解戏剧学与戏曲学的分裂、对立状态,民族戏剧学学科的创立,尤其是民族戏剧学概念的明晰化就显得日益重要。

1.关于"民族戏剧"概念的界定

2.关于"民族戏剧学"的研究视野

3.关于"民族戏剧学"的研究方法拓展

二、辨东西:民族戏剧和戏剧的民族性

民族是社会中存在某些稳定特征的人群的集合体,属于实体范畴。戏剧是一种集众多艺术于一体的综合性艺术,属于精神文化的范畴。所有的戏剧都不同程度地体现出民族性,而不同民族的戏剧又表现出形态迥异的特性,两者有着内在的密切联系。因此,从民族学的角度考察戏剧,可以更好地了解戏剧的产生渊源、历史发展和传播影响。从戏剧学的角度考察民族,可以更好地了解民族的深层心理结构和情感依托。在进行"中外民族戏剧比较"这个主题下,民族戏剧学的"民族性"研究,是这次研讨会上各位专家学者广泛关注的又一个热点。

"民族戏剧"中的"民族"性体现为两方面。一方面,是客观的认同标志……另一方面……

三、学理攸同:中国传统戏剧的全方位考察

中国传统戏剧作为中华文化的代表形态之一,在千年的积淀过程中,凝聚了纷繁瑰丽的美学品质,直接揭示了中国人所追寻的生活情趣。戏曲在很大程度上是中国传统精神在艺术舞台上的体现,它植根、成长、发展于民间,真实、自然地反映了中华民族的历史生活,表达了民族的思想情愫。

作为一种成熟的戏剧形态,元杂剧融合各种表演艺术形式在戏剧历史上占据重要地位。这一戏剧形式引起许多与会学者的重视……

中国戏曲是唱、念、做、打的综合艺术,用说、唱、舞等多种手段扮演角色,表现一个完整的故事。其各个组成要素是与会学者关注的重要地方。

关于传统民族戏剧的现代化问题同样也是研讨会的关注点之一……

本次研讨会研讨内容涵盖民族戏剧的各个领域,会上提出的许多建设性意见,都为今后中外民族戏剧学的发展、建设产生积极的推动作用。

专业会议纪要通常是针对专业事项,带有极强的专业性和学术性,写作时需要对专业背景和专业知识进行介绍,写作语言要突出对专业相关知识讨论的学术性。此种纪要主要记录以事务性内容为主的社会法人、民间组织、学术团体召开的各类会议情况和主要精神,一般属于事务文书,使用约定俗成的惯用格式,写法和想法自由多样。

第二种是按照会议的目的进行划分,分为以下三类:

一是传达部署纪要,此类纪要以落实上级文件或会议精神为主,重点传达会议的主要内容,会议对所传达事项的理解,本级机关对此项工作的要求部署。

二是决定通报型纪要,此类纪要以呈现结果为主,应重点说明履行何种程序、决定了什么事项;或依据怎样的法律法规、党纪党规,对相关人员做出怎样

的奖惩。

三是议事决策型，此类纪要以讨论研究相关事项并做出决策为主。

三、会议纪要的写作结构

(一)纪要标题

纪要的标题没有固定格式要求。一般采用以下两种形式：

一是常规公文标题。即"发文机关 + 议题 + 文种"的组合方式，在发文机关标志之下撰写纪要标题。此类纪要标题作用于专题工作会议，大多省略发文机关名称，如《××商务局关于当前重点工作的专题会议纪要》《××公司增资扩股事宜投资方沟通会会议纪要》《××大学关于研究精神文明建设工作相关问题会议纪要》等。

二是针对领导办公会、工作例会等讨论问题较多的会议，以"会议名称 + 文种"的组合方式撰写标题。如《党委会议纪要》《××集团有限公司董事局会议纪要》《××区疫情防控工作会议纪要》。这类标题最为常见，既是发文机关标志，也可看成是纪要的标题。

(二)会议概况

会议概况应概括写明会议的基本情况，内容必须简洁明了。会议纪要不同于会议记录和新闻报道，不能用传统的记录式或新闻式写法，对于主持人、出席和列席人员姓名不需要进行专项列举，以显示法定公文的格式统一性。

但在工作实践中，很多纪要在会议概况部分详细叙述了会议名称、时间、地点、主持人、参加人(出席人、列席人)及研究事项等内容，对会议进行了新闻报道式概述。因此需要说明的是，纪要内容涉及的信息应根据实际情况而定，以简练为宜，不是越多越好。

概况部分用"现特将会议情况(议定事项)作如下纪要"或"经××××年××月××日××会议研究，议定决办事项如下"过渡引入正文。

(三)正文叙述

正文主体部分按照会议目的、性质确定写法和详略，记载性的正文按照纪实原则分条记述，传达性的正文分条列项分别写清事项内容和议定结果。

正文部分在写作上一般采取两种形式：

1. 概括归纳法

对于一些专题型会议,且讨论的问题比较集中,意见比较统一时,通常只需要把会议的基本情况,讨论研究的主要问题,与会人员的认识、议定的有关事项,用概括的方法进行整体归纳和说明。概括归纳法多用于专题会议纪要的写作。

例如《全面部署抗旱工作会议纪要》一文:

为贯彻国家防汛抗旱总指挥部《洪涝突发险情灾情报告暂行规定》及农业农村生产生活工作要求,2022年5月16日,市委常委、市委书记×××率队到××地调研抗旱工作,并在×××乡召开抗旱工作专题调研汇报会。现将会议纪要如下。

会议指出,今年1月以来,我市有效降水仅154.6毫米,持续无效降水近30天,干旱天气已经严重影响到我市的人畜饮水安全、春耕生产等,做好防灾、抗灾、救灾工作,刻不容缓。全市上下要正确认识抗旱工作面临的严峻形势,主动担当作为,与时间赛跑,为荣誉而战,坚决打赢抗旱攻坚战。

会议要求:

一要正确认识抗旱工作面临的严峻形势。随着旱情的发展,我市灾情将进一步加剧,抗旱形势更加严峻。当前,各乡镇、各部门开展了一些抗旱工作,但仍存在着对旱情发展和影响无知无畏、对抗旱工作无计可施、无所作为的"三无"问题,制约了我市抗旱救灾工作进展。全市上下,必须清醒认识到问题所在,提高抗旱救灾的思想自觉和行动自觉,确保"三无"问题得到彻底解决,营造抗旱工作的良好氛围。

二要围绕"三保"目标,迅速开展行动。把保人畜饮水安全、保苗、保安全稳定作为当前抗旱工作的首要目标和工作方向,主动担当作为,积极采取措施,切实解决困难。要重视农村小水窖供水卫生问题,确保人畜饮水安全达标;做好保苗栽种工作,确保粮食增产增收有保障;要密切关注饮水问题背后潜在的社会矛盾,严防抬高水价及群众抢水等问题发生,确保社会秩序安全稳定。

三要明确三项任务,推动抗旱工作落实见效。要重点抓好防灾、抗灾、救灾三项任务,确保抗旱工作有序推进。要把防灾工作做足。加强对群众的宣传动员,强化群众防灾意识,提升气象监测预报能力,进一步做好物资储备和科技防灾。要把抗灾工作做实。抓实保水、用水、管水的基础，做实气象预报、农业生产、应急救灾、增收脱贫等重点工作。要把救灾工作做准。救灾工作要快、要准，必须找准问题根源，坚持问题导向，确保救灾措施精准到户到人。

四要强化五项措施，确保抗旱工作稳步推进。建立健全工作责任制。各乡镇、各部门党政主要领导作为第一责任人，分管领导作为具体责任人，相关部门作为主要责任单位，要把抗旱工作作为当务之急，切实加强领导，主动担当责任。建立健全督查通报制。市应急管理局要牵头开展好市级督查通报。各乡镇、各部门要建立起抗旱救灾内部督查机制，主动配合好市级督查。各级领导干部，也要切实担当起指挥员、战斗员、督查员的责任。建立健全工作调度制。

会议号召，灾区各级党组织和全体共产党员一定要坚持人民利益高于一切，急人民群众之所急，解人民群众之所难，把党和政府的关怀送到每一个受灾群众中去。

这份纪要是用概括归纳法来撰写的。概况部分介绍了会议的时间、地点和背景等基本情况。主体部分是围绕抗旱这个议题展开记述，包括对灾情的认识、救灾工作的部署等概括内容。结尾部分是用号召的形式来结束全文的，既有利于会议精神的落实，又使文章结构更加完整。

2. 分项叙述法

对于召开的大中型会议或议题较多的会议，可能由于讨论的议题多、事项性质差异大，议题之间没有共性或关联性，不便于概括归纳，此时宜采取分项叙述的方法，即根据会议的主要议题分条列项进行叙述。即把会议的主要内容分成几个大的问题，然后另上标号或小标题分项来写。这种写法侧重于横向分析阐述，内容相对全面，问题也说得比较细，常常包括对目的、意义、现状的分析，以及对目标、任务、政策措施等阐述。其优点是：条目清晰，便于表述，易于领会。分项叙述法多用于工作例会或常务工作会议纪要的写作。

例文：

××市人民政府常务会议纪要

2022年4月22日上午，张峰主持召开了2022年第9次办公会，会议审议了10项议题，现纪要如下：

一、审议《江北市外来投资促进条例（草案）》

会议听取了李平关于《江北市外来投资促进条例（草案）》编制情况的汇报。

会议决定,原则同意《江北市外来投资促进条例(草案)》,由市商务局根据会议要求修改完善后按程序办理。

二、审议贯彻落实市委深改委2022年台账、督察计划有关工作安排

会议听取了赵鹏关于贯彻落实市委深改委2022年台账、督察计划有关工作安排情况的汇报

会议决定,原则同意贯彻落实市委深改委2022年台账、督察计划有关工作安排,由体改处按程序办理。

三、审议厅机关财务管理办法及配套办法起草修订情况

会议听取了办公室钱明关于厅机关财务管理办法及配套办法起草修订情况的汇报。

会议决定,原则同意厅机关财务管理办法及配套办法,由办公室根据会议要求修改完善后按程序印发。

四、审议厅机关内控管理手册

会议听取了办公室孙伟关于厅机关内控管理手册编制情况的汇报。

会议决定,原则同意厅机关内控管理手册,由办公室根据会议要求修改完善后按程序印发。

五、审议603号高速公路项目可研审批事宜

会议听取了周伟关于603号高速公路项目可研审批事宜的汇报。

会议决定,原则同意审批603号高速公路项目可行性研究报告,会后按程序办理。

六、审议东华师范大学第一附属国际中学建设项目可研报告审批事宜

会议听取了刘建关于东华师范大学第一附属国际中学建设项目可研报告审批的汇报。

会议决定原则同意审批东华师范大学第一附属国际中学建设项目可研报告,由刘建按程序办理。

七、审议江北市2022年县城排水防涝设施建设中央预算内投资申报计划

会议听取了投资计划处宋希关于江北市2022年县城排水防涝设施建设中央预算内投资计划的汇报。

会议决定，原则同意江北市 2022 年县城排水防涝设施建设中央预算内投资申报计划，投资计划处按程序上报。

八、审议《江北市关于疫情期间实施重要居民生活用品保障战略的若干意见（送审稿）》

会议听取了市疫情防控办靳惠关于《江北市关于疫情期间实施重要居民生活用品保障战略的若干意见（送审稿）》编制情况的汇报。

会议决定，原则同意《江北市关于疫情期间实施重要居民生活用品保障战略的若干意见（送审稿）》，由市疫情防控办根据会议要求修改完善后按程序办理。

九、审议申报开展乡村文化和旅游融合发展试点有关事宜

会议听取了产业处常敏关于申报开展乡村文化和旅游融合发展试点有关事宜的汇报。

会议要求，各有关处室要进一步解放思想，开拓创新，完善评审专家随机抽选制度，在组织项目资金评审和审查时，优先选用年富力强的高水平年轻专家，切实提高我委专家咨询和评审水平，助推文化旅游产业结构调整和升级创新。

十、审议医疗废物无害化处理项目中央预算内投资计划草案

会议听取了财务处范杰关于医疗废物无害化处理项目中央预算内投资计划草案编制情况的汇报。

会议决定，原则同意医疗废物无害化处理项目中央预算内投资计划草案，由财务处根据会议要求修改完善后按程序办理。

该会议纪要中涉及的议题有 10 项之多，而且事项之间没有关联性，并且不同的事项可能采用不同的程序和方式进行办理，不便于归纳，所以采用分项叙述的方法，每个议题的议决结果非常清楚，要求也较具体。

（四）结尾

会议纪要的结尾会根据具体的写作情境选择写作方式，有一些纪要不单独写结尾，即在主体最后一个问题写完就结束全文。多数纪要会对会议做出一些基本评价，发出号召，提出希望，例如《××市政府常务会议纪要》的结尾部分如下：

望有关部门认真贯彻执行会议精神，为我市就业工作做贡献，推动我市不断向前发展。

这部分是以提出希望作为结尾的。如果不要此结尾，会议的主要情况已经反映出来了，也达到了行文的目的。但是，加上这句话，文章显得有始有终。

四、纪要的写作要求

会议纪要以"纪"载"要"的行为是有历史根源的。所谓"纪"是综理或纵贯的记载，通"记"。诸葛亮提出"夫参署者，集众思，广忠益也"的观点，会议作为民主集中制、集思广益的社会组织活动，在中华人民共和国成立以来经历了一个循序渐变、应需而生的过程。1951年2月28日由毛泽东同志亲自起草的《中共中央政治局扩大会议要点》第一次将会议纪要作为正式公文，之后伴随社会发展，形成确定的使用规范，即凡是通过代表大会或委员会等民主集中制法定形式集体表决形成的文件用决定、决议发布，按领导班子首长负责制原则形成的文件用通知、通报、通告发布，按集思广益原则众议集思而成的文件用纪要发布，并且要针对纪要的写作提出相应的要求。

1. 明确纪要写作的文体意识

会议纪要是在会议记录的基础上，根据会议的议题和议定的事项经撰稿人综合整理、提炼加工形成的纪实性公文文体，在写作中需要注意区分它与其他文体的区别，例如：

纪要不是会议记录。纪要以会议记录为基础和依据，会议记录则是如实记录。另外，会议记录只作为机关和企事业单位内部存查使用的文书，不对外公布，纪要则在一定范围内公布传达，属于正式的公务文书。

纪要不是简报，同为会议文件，但是纪要是正式的公文文种，需要与会者认真遵守、执行；简报只用于反映情况，作为开展机关工作的参考。纪要反映的是会议的整体内容，会议结束后统一制发一次；简报则反映会议的阶段性内容，在会议的每个阶段都可以制发。

纪要不是决议。虽然纪要与决议都跟会议有关，并且都要求下级机关贯彻执行，但决议多适用于会议讨论通过的重大决策事项，而纪要的内容更为广泛，展现的是会议的全貌。决议只能反映整个会议的统一观点，但纪要可以反映与会者的不同观点。决议需要与会者按照法定程序表决通过才能生效，纪要草拟后，主管负责人审阅同意即可发布。

2. 会议纪要的表述者是"会议"

纪要以会议为表述主体，因此在说明会议过程时，以"会议"作为第三人称表述主体,"会议认为""会议指出""会议决定""会议要求""会议号召"等就是称谓特殊性的表现。

以下列举一些常用的纪要写作词句。

表达会议内容的词句:"会议按照……程序召开""会议听取了……(报告／意见)""会议讨论(审议)……事项(报告)""会议指出／指示……""××同志指出……""会议分析了……(形势)""会议通报了……情况""会议传达了……精神""会议总结了……""会议强调……""会议就其他问题进行了讨论(研究)"等。

表达议决事项的词句:"会议(一致)认为……""会议提议……""会议明确了……""会议原则同意／原则批准……""会议(充分)肯定了……""会议审议通过……""会议决定……""会议要求……""会议双方就……达成一致""根据……特作如下决定……"等。

表达事项活动的词句:"会议号召(倡议)……""会议要求……""会议安排(组织)……""会议对……进行了部署""会议决定……""会议要求贯彻落实……"等。

3. 详略得当

把每次召开的例会情况全部记载,甚至按照发言顺序来进行照搬式的写作是不符合公文写作规范的。会议的导语、前言部分可以以概括的方式进行书写,要求文字简洁、言简意赅。在必需的信息如参会人、主持人、议题、时间、地点等信息完备的情况下,对会议背景、意义、价值等表述则应省略,对会议的要点归纳则应详细完整。

纪要着重记载和归纳定论性结果,对于不同意见和未形成共识的事项在结尾之前可用"会议还提出了……的意见,并进行充分讨论"或"会议就××、××问题进行了广泛讨论"进行概括,不提结果,不做定论,更不做主观判断。

4. 反映真实的会议情况

会议纪要中的主要情况和议定事项主要源于会议记录,会议记录是会议过程和会议内容的真实凭证,是会后了解情况、分析问题、研究工作、总结经验的依据和参考,也是进行纪要的基础。因此会议记录必须保证内容全面、准确。

纪要必须基于会议的实际内容,不能随心所欲地增减或更改内容,更不能以写作者的主观看法或者感受来写。确有需要增减时,要经机关领导同意,必要时还应在一定范围内征求有关人员的意见。这就要求纪要忠于发言者的原意,写作者要摸清吃透会议精神,反映会议的本来面貌,表述内容需清晰明确。

附 录

党政机关公文处理工作条例

第一章 总则

第一条 为了适应中国共产党机关和国家行政机关（以下简称党政机关）工作需要，推进党政机关公文处理工作科学化、制度化、规范化，制定本条例。

第二条 本条例适用于各级党政机关公文处理工作。

第三条 党政机关公文是党政机关实施领导、履行职能、处理公务的具有特定效力和规范体式的文书，是传达贯彻党和国家方针政策，公布法规和规章，指导、布置和商洽工作，请示和答复问题，报告、通报和交流情况等的重要工具。

第四条 公文处理工作是指公文拟制、办理、管理等一系列相互关联、衔接有序的工作。

第五条 公文处理工作应当坚持实事求是、准确规范、精简高效、安全保密的原则。

第六条 各级党政机关应当高度重视公文处理工作，加强组织领导，强化队伍建设，设立文秘部门或者由专人负责公文处理工作。

第七条 各级党政机关办公厅（室）主管本机关的公文处理工作，并对下级机关的公文处理工作进行业务指导和督促检查。

第二章 公文种类

第八条 公文种类主要有：

（一）决议。适用于会议讨论通过的重大决策事项。

（二）决定。适用于对重要事项作出决策和部署、奖惩有关单位和人员、变更或者撤销下级机关不适当的决定事项。

（三）命令（令）。适用于公布行政法规和规章、宣布施行重大强制性措施、批准授予和晋升衔级、嘉奖有关单位和人员。

（四）公报。适用于公布重要决定或者重大事项。

（五）公告。适用于向国内外宣布重要事项或者法定事项。

（六）通告。适用于在一定范围内公布应当遵守或者周知的事项。

（七）意见。适用于对重要问题提出见解和处理办法。

（八）通知。适用于发布、传达要求下级机关执行和有关单位周知或者执行的事项，批转、转发公文。

（九）通报。适用于表彰先进、批评错误、传达重要精神和告知重要情况。

（十）报告。适用于向上级机关汇报工作、反映情况，回复上级机关的询问。

（十一）请示。适用于向上级机关请求指示、批准。

（十二）批复。适用于答复下级机关请示事项。

（十三）议案。适用于各级人民政府按照法律程序向同级人民代表大会或者人民代表大会常务委员会提请审议事项。

（十四）函。适用于不相隶属机关之间商洽工作、询问和答复问题、请求批准和答复审批事项。

（十五）纪要。适用于记载会议主要情况和议定事项。

第三章　公文格式

第九条　公文一般由份号、密级和保密期限、紧急程度、发文机关标志、发文字号、签发人、标题、主送机关、正文、附件说明、发文机关署名、成文日期、印章、附注、附件、抄送机关、印发机关和印发日期、页码等组成。

（一）份号。公文印制份数的顺序号。涉密公文应当标注份号。

（二）密级和保密期限。公文的秘密等级和保密的期限。涉密公文应当根据涉密程度分别标注"绝密""机密""秘密"和保密期限。

（三）紧急程度。公文送达和办理的时限要求。根据紧急程度，紧急公文应当分别标注"特急""加急"，电报应当分别标注"特提""特急""加急""平急"。

（四）发文机关标志。由发文机关全称或者规范化简称加"文件"二字组成，也可以使用发文机关全称或者规范化简称。联合行文时，发文机关标志可以并用联合发文机关名称，也可以单独用主办机关名称。

（五）发文字号。由发文机关代字、年份、发文顺序号组成。联合行文时，使用主办机关的发文字号。

（六）签发人。上行文应当标注签发人姓名。

（七）标题。由发文机关名称、事由和文种组成。

（八）主送机关。公文的主要受理机关，应当使用机关全称、规范化简称或者同类型机关统称。

（九）正文。公文的主体，用来表述公文的内容。

（十）附件说明。公文附件的顺序号和名称。

（十一）发文机关署名。署发文机关全称或者规范化简称。

（十二）成文日期。署会议通过或者发文机关负责人签发的日期。联合行文时，署最后签发机关负责人签发的日期。

（十三）印章。公文中有发文机关署名的，应当加盖发文机关印章，并与署名机关相符。有特定发文机关标志的普发性公文和电报可以不加盖印章。

（十四）附注。公文印发传达范围等需要说明的事项。

（十五）附件。公文正文的说明、补充或者参考资料。

（十六）抄送机关。除主送机关外需要执行或者知晓公文内容的其他机关，应当使用机关全称、规范化简称或者同类型机关统称。

（十七）印发机关和印发日期。公文的送印机关和送印日期。

（十八）页码。公文页数顺序号。

第十条　公文的版式按照《党政机关公文格式》国家标准执行。

第十一条　公文使用的汉字、数字、外文字符、计量单位和标点符号等，按照有关国家标准和规定执行。民族自治地方的公文，可以并用汉字和当地通用的少数民族文字。

第十二条　公文用纸幅面采用国际标准 A4 型。特殊形式的公文用纸幅面，根据实际需要确定。

第四章　行文规则

第十三条　行文应当确有必要，讲求实效，注重针对性和可操作性。

第十四条　行文关系根据隶属关系和职权范围确定。一般不得越级行文，特殊情况需要越级行文的，应当同时抄送被越过的机关。

第十五条　向上级机关行文，应当遵循以下规则：

（一）原则上主送一个上级机关，根据需要同时抄送相关上级机关和同级机关，不抄送下级机关。

（二）党委、政府的部门向上级主管部门请示、报告重大事项，应当经本级党委、政府同意或者授权；属于部门职权范围内的事项应当直接报送上级主管部门。

（三）下级机关的请示事项，如需以本机关名义向上级机关请示，应当提出倾向性意见后上报，不得原文转报上级机关。

（四）请示应当一文一事。不得在报告等非请示性公文中夹带请示事项。

（五）除上级机关负责人直接交办事项外，不得以本机关名义向上级机关负责人报送公文,不得以本机关负责人名义向上级机关报送公文。

(六)受双重领导的机关向一个上级机关行文,必要时抄送另一个上级机关。

第十六条　向下级机关行文,应当遵循以下规则:

(一)主送受理机关,根据需要抄送相关机关。重要行文应当同时抄送发文机关的直接上级机关。

(二)党委、政府的办公厅(室)根据本级党委、政府授权,可以向下级党委、政府行文,其他部门和单位不得向下级党委、政府发布指令性公文或者在公文中向下级党委、政府提出指令性要求。需经政府审批的具体事项,经政府同意后可以由政府职能部门行文,文中须注明已经政府同意。

(三)党委、政府的部门在各自职权范围内可以向下级党委、政府的相关部门行文。

(四)涉及多个部门职权范围内的事务,部门之间未协商一致的,不得向下行文;擅自行文的,上级机关应当责令其纠正或者撤销。

(五)上级机关向受双重领导的下级机关行文,必要时抄送该下级机关的另一个上级机关。

第十七条　同级党政机关、党政机关与其他同级机关必要时可以联合行文。属于党委、政府各自职权范围内的工作,不得联合行文。

党委、政府的部门依据职权可以相互行文。

部门内设机构除办公厅(室)外不得对外正式行文。

第五章　公文拟制

第十八条　公文拟制包括公文的起草、审核、签发等程序。

第十九条　公文起草应当做到:

(一)符合党的理论路线方针政策和国家法律法规,完整准确体现发文机关意图,并同现行有关公文相衔接。

(二)一切从实际出发,分析问题实事求是,所提政策措施和办法切实可行。

(三)内容简洁,主题突出,观点鲜明,结构严谨,表述准确,文字精练。

(四)文种正确,格式规范。

(五)深入调查研究,充分进行论证,广泛听取意见。

(六)公文涉及其他地区或者部门职权范围内的事项,起草单位必须征求相关地区或者部门意见,力求达成一致。

(七)机关负责人应当主持、指导重要公文起草工作。

第二十条　公文文稿签发前,应当由发文机关办公厅(室)进行审核。审核的重点是:

(一)行文理由是否充分,行文依据是否准确。

(二)内容是否符合党的理论路线方针政策和国家法律法规;是否完整准确体现发文机关意图;是否同现行有关公文相衔接;所提政策措施和办法是否切实可行。

(三)涉及有关地区或者部门职权范围内的事项是否经过充分协商并达成一致意见。

(四)文种是否正确,格式是否规范;人名、地名、时间、数字、段落顺序、引文等是否准确;文字、数字、计量单位和标点符号等用法是否规范。

(五)其他内容是否符合公文起草的有关要求。

需要发文机关审议的重要公文文稿,审议前由发文机关办公厅(室)进行初核。

第二十一条　经审核不宜发文的公文文稿,应当退回起草单位并说明理由;符合发文条件但内容需作进一步研究和修改的,由起草单位修改后重新报送。

第二十二条　公文应当经本机关负责人审批签发。重要公文和上行文由机关主要负责人签发。党委、政府的办公厅(室)根据党委、政府授权制发的公文,由受权机关主要负责人签发或者按照有关规定签发。签发人签发公文,应当签署意见、姓名和完整日期;圈阅或者签名的,视为同意。联合发文由所有联署机关的负责人会签。

第六章　公文办理

第二十三条　公文办理包括收文办理、发文办理和整理归档。

第二十四条　收文办理主要程序是:

(一)签收。对收到的公文应当逐件清点,核对无误后签字或者盖章,并注明签收时间。

(二)登记。对公文的主要信息和办理情况应当详细记载。

(三)初审。对收到的公文应当进行初审。初审的重点是:是否应当由本机关办理,是否符合行文规则,文种、格式是否符合要求,涉及其他地区或者部门职权范围内的事项是否已经协商、会签,是否符合公文起草的其他要求。经初审不符合规定的公文,应当及时退回来文单位并说明理由。

(四)承办。阅知性公文应当根据公文内容、要求和工作需要确定范围后分送。批办性公文应当提出拟办意见报本机关负责人批示或者转有关部门办理；需要两个以上部门办理的,应当明确主办部门。紧急公文应当明确办理时限。承办部门对交办的公文应当及时办理,有明确办理时限要求的应当在规定时限内办理完毕。

（五）传阅。根据领导批示和工作需要将公文及时送传阅对象阅知或者批示。办理公文传阅应当随时掌握公文去向,不得漏传、误传、延误。

（六）催办。及时了解掌握公文的办理进展情况,督促承办部门按期办结。紧急公文或者重要公文应当由专人负责催办。

（七）答复。公文的办理结果应当及时答复来文单位,并根据需要告知相关单位。

第二十五条　发文办理主要程序是：

（一）复核。已经发文机关负责人签批的公文,印发前应当对公文的审批手续、内容、文种、格式等进行复核；需作实质性修改的,应当报原签批人复审。

（二）登记。对复核后的公文,应当确定发文字号、分送范围和印制份数并详细记载。

（三）印制。公文印制必须确保质量和时效。涉密公文应当在符合保密要求的场所印制。

（四）核发。公文印制完毕,应当对公文的文字、格式和印刷质量进行检查后分发。

第二十六条　涉密公文应当通过机要交通、邮政机要通信、城市机要文件交换站或者收发件机关机要收发人员进行传递,通过密码电报或者符合国家保密规定的计算机信息系统进行传输。

第二十七条　需要归档的公文及有关材料,应当根据有关档案法律法规以及机关档案管理规定,及时收集齐全、整理归档。两个以上机关联合办理的公文,原件由主办机关归档,相关机关保存复制件。机关负责人兼任其他机关职务的,在履行所兼职务过程中形成的公文,由其兼职机关归档。

第七章　公文管理

第二十八条　各级党政机关应当建立健全本机关公文管理制度,确保管理严格规范,充分发挥公文效用。

第二十九条　党政机关公文由文秘部门或者专人统一管理。设立党委（党组）的县级以上单位应当建立机要保密室和机要阅文室,并按照有关保密规定配备工作人员和必要的安全保密设施设备。

第三十条　公文确定密级前,应当按照拟定的密级先行采取保密措施。确定密级后,应当按照所定密级严格管理。绝密级公文应当由专人管理。

公文的密级需要变更或者解除的,由原确定密级的机关或者其上级机关决定。

第三十一条　公文的印发传达范围应当按照发文机关的要求执行;需要变更的,应当经发文机关批准。

涉密公文公开发布前应当履行解密程序。公开发布的时间、形式和渠道,由发文机关确定。

经批准公开发布的公文,同发文机关正式印发的公文具有同等效力。

第三十二条　复制、汇编机密级、秘密级公文,应当符合有关规定并经本机关负责人批准。绝密级公文一般不得复制、汇编,确有工作需要的,应当经发文机关或者其上级机关批准。复制、汇编的公文视同原件管理。

复制件应当加盖复制机关戳记。翻印件应当注明翻印的机关名称、日期。汇编本的密级按照编入公文的最高密级标注。

第三十三条　公文的撤销和废止,由发文机关、上级机关或者权力机关根据职权范围和有关法律法规决定。公文被撤销的,视为自始无效;公文被废止的,视为自废止之日起失效。

第三十四条　涉密公文应当按照发文机关的要求和有关规定进行清退或者销毁。

第三十五条　不具备归档和保存价值的公文,经批准后可以销毁。销毁涉密公文必须严格按照有关规定履行审批登记手续,确保不丢失、不漏销。个人不得私自销毁、留存涉密公文。

第三十六条　机关合并时,全部公文应当随之合并管理;机关撤销时,需要归档的公文经整理后按照有关规定移交档案管理部门。

工作人员离岗离职时,所在机关应当督促其将暂存、借用的公文按照有关规定移交、清退。

第三十七条　新设立的机关应当向本级党委、政府的办公厅(室)提出发文立户申请。经审查符合条件的,列为发文单位,机关合并或者撤销时,相应进行调整。

第八章　附则

第三十八条　党政机关公文含电子公文。电子公文处理工作的具体办法另行制定。

第三十九条 法规、规章方面的公文,依照有关规定处理。外事方面的公文,依照外事主管部门的有关规定处理。

第四十条 其他机关和单位的公文处理工作,可以参照本条例执行。

第四十一条 本条例由中共中央办公厅、国务院办公厅负责解释。

第四十二条 本条例自 2012 年 7 月 1 日起施行。1996 年 5 月 3 日中共中央办公厅发布的《中国共产党机关公文处理条例》和 2000 年 8 月 24 日国务院发布的《国家行政机关公文处理办法》停止执行。